Datenanalyse mit SPSS für Fortgeschrittene 2: Multivariate Verfahren für Querschnittsdaten

Sabine Fromm

Datenanalyse mit SPSS für Fortgeschrittene 2: Multivariate Verfahren für Querschnittsdaten

2. Auflage

Sabine Fromm
Fachhochschule Nürnberg, Deutschland

ISBN 978-3-531-18793-8   ISBN 978-3-531-18794-5 (eBook)
DOI 10.1007/978-3-531-18794-5

Die Deutsche Nationalbibliothek verzeichnet diese Publikation in der Deutschen Nationalbibliografie; detaillierte bibliografische Daten sind im Internet über http://dnb.d-nb.de abrufbar.

Springer VS
© VS Verlag für Sozialwissenschaften | Springer Fachmedien Wiesbaden 2010, 2012
Das Werk einschließlich aller seiner Teile ist urheberrechtlich geschützt. Jede Verwertung, die nicht ausdrücklich vom Urheberrechtsgesetz zugelassen ist, bedarf der vorherigen Zustimmung des Verlags. Das gilt insbesondere für Vervielfältigungen, Bearbeitungen, Übersetzungen, Mikroverfilmungen und die Einspeicherung und Verarbeitung in elektronischen Systemen.

Die Wiedergabe von Gebrauchsnamen, Handelsnamen, Warenbezeichnungen usw. in diesem Werk berechtigt auch ohne besondere Kennzeichnung nicht zu der Annahme, dass solche Namen im Sinne der Warenzeichen- und Markenschutz-Gesetzgebung als frei zu betrachten wären und daher von jedermann benutzt werden dürften.

Einbandentwurf: KünkelLopka GmbH, Heidelberg

Gedruckt auf säurefreiem und chlorfrei gebleichtem Papier

Springer VS ist eine Marke von Springer DE.
Springer DE ist Teil der Fachverlagsgruppe Springer Science+Business Media
www.springer-vs.de

Inhalt

Einführung 7

Kapitel 1 Mittelwertvergleiche und Varianzanalyse 12

Kapitel 2 Faktoren- und Reliabilitätsanalyse 53

Kapitel 3 Multiple lineare Regressionsanalyse 83

Kapitel 4 Logistische Regressionsanalyse 107

Kapitel 5 Diskriminanzanalyse 159

Kapitel 6 Clusteranalyse 191

Kapitel 7 Korrespondenzanalyse 223

Literaturverzeichnis 252

Einführung

Sabine Fromm

Mit dem zweiten Band der Reihe „Datenanalyse mit SPSS für Fortgeschrittene"[1] wird eine Einführung in verschiedene multivariate Analysemethoden für Querschnittsdaten vorgelegt. Das Buch versteht sich als Arbeitshilfe für fortgeschrittene Nutzer von SPSS und setzt sowohl Grundkenntnisse im Umgang mit dem Programm, insbesondere der Syntax voraus, wie auch Grundkenntnisse der Statistik und der Methoden der quantitativen empirischen Sozialforschung. Die mathematischen Grundlagen der Verfahren werden jedoch nur soweit behandelt, wie es für das Verständnis der Auswertungen erforderlich ist. Ziel des Buches ist eine möglichst praxisnahe Darstellung der Verfahren. Aus diesem Grund werden alle Verfahren an praktischen Auswertungsfragen auf Basis realer, also nicht zu Lehrzwecken erstellter Datensätze entwickelt. Das bedeutet, dass jedes Kapitel eine komplexe Auswertungsstrategie darstellt, die auch die Aufbereitung und Transformation von Daten beinhaltet. Es bedeutet auch, dass reale Probleme wie in der Forschungspraxis auftreten: uneindeutige Ergebnisse, Verletzung von Modellannahmen usw. Die Diskussion dieser Probleme und die Darstellung möglicher Strategien des Umgangs mit ihnen ergänzen die Einführung in die Analyseverfahren.

Die vorgestellten multivariaten Verfahren lassen sich – folgt man der Einteilung bei Backhaus et al. (2006: 7ff.) – in strukturen-prüfende und strukturen-entdeckende Verfahren einteilen (Tabelle 1). Von den in diesem Buch vorgestellten Verfahren sind die Varianzanalyse, die lineare und die logistische Regressionsanalyse sowie die Diskriminanzanalyse den *strukturen-prüfenden* Verfahren zuzurechnen. Hier geht es darum, kausale Hypothesen über multivariate Zusammenhänge zu untersuchen. Die Varianzanalyse und die verschiedenen Varianten der Regressionsanalyse untersuchen die Effekte mehrerer unabhängi-

---

[1] Band 1 erscheint 2010 in dritter Auflage unter dem Titel „Datenanalyse mit SPSS für Fortgeschrittene 1: Datenaufbereitung und uni- und bivariate Statistik" als völlig überarbeitete und erweiterte Neuauflage (Hrsg.: Akremi, Leila / Baur, Nina / Fromm, Sabine). Die beiden Kapitel „Faktorenanalyse" und „Multiple lineare Regressionsanalyse", die bisher im ersten Band der „Datenanalyse mit SPSS für Fortgeschrittene" enthalten waren, wurden in diesen zweiten Band der Reihe zusätzlich aufgenommen, um alle behandelten Auswertungsverfahren in einem Band zu versammeln. Die Neuauflage der „Datenanalyse mit SPSS für Fortgeschrittene I" wird um ein Kapitel zur Schließenden Statistik (Schätzen und Testen) ergänzt.

ger Variablen auf eine abhängige Variable. Die Diskriminanzanalyse kann zumindest dann als kausalanalytisches Verfahren angesehen werden, wenn es darum geht, Gruppenzugehörigkeiten als abhängige Variable auf der Basis unabhängiger Variablen zu schätzen.

Tabelle 1: *Systematik der in diesem Buch vorgestellten multivariaten Analyseverfahren*

Bezeichnung des Verfahrens	Beispiele für typische Fragestellungen	Skalenniveau der Variablen
strukturen-prüfend		
Varianzanalyse	Wie wirken unterschiedliche Aktivierungsprogramme auf die Dauer von Sozialleistungsbezug?	abhängige Variable: metrisch unabhängige Variablen: nominal oder metrisch
Multiple lineare Regressionsanalyse	Welchen Einfluss haben Alter und Ausbildungsdauer auf das erzielte Einkommen?	abhängige Variable: metrisch unabhängige Variablen: metrisch
Logistische Regressionsanalyse	Binomiale logistische Regression: Welche Effekte haben Gefängnishaft vs. eine Unterbringung in einem Heim und die Zahl der Tage zwischen Verhaftung und Verurteilung darauf, ob ein jugendlicher Straftäter rückfällig wird?	abhängige Variable: nominal (dichotom) unabhängige Variablen: nominal oder metrisch
	Multinomiale logistische Regression: Wie wirken Geschlecht, regionale Herkunft und politische Einstellungen auf die Teilnahme an verschiedenen politischen Aktivitäten?	abhängige Variable: nominal unabhängige Variablen: nominal oder metrisch
Diskriminanzanalyse	Wie unterscheiden sich Studierende unterschiedlicher Studiengänge? Welche Rolle spielen zum Beispiel Geschlecht oder Karriereorientierung?	abhängige Variable: nominal unabhängige Variablen: metrisch
strukturen-entdeckend		
Faktoren- und Reliabilitätsanalyse	Welche Einstellungsmuster zu Gewalt finden sich bei Hauptschülern?	metrisch
Clusteranalyse	Welche typischen Muster von Erwerbskonstellationen in Haushalten finden sich in europäischen Ländern und wie lassen sich diese beschreiben?	alle Skalenniveaus möglich; mit SPSS jedoch jeweils nur metrische oder nur binäre Merkmale
Korrespondenzanalyse	Welche kulturellen Aktivitäten finden sich bei verschiedenen Alters-/Bildungsgruppen? Wie lassen sich diese dimensional interpretieren?	nominal

In der Praxis ist das Ziel der Diskriminanzanalyse aber meist das Erkennen und Erklären von Unterschieden zwischen verschiedenen bestehenden Gruppen. Ziel der *strukturen-entdeckenden* Verfahren der Faktoren- und Reliabilitätsanalyse,

Clusteranalyse und Korrespondenzanalyse ist demgegenüber die Identifizierung von Mustern in den Daten, die nicht als Zusammenhänge von unabhängigen und abhängigen Variablen interpretiert werden können. In der Faktorenanalyse sind dies Gruppen korrelierender Variablen, deren Information auf eine oder mehrere Hintergrundvariablen verdichtet wird. Mit der Clusteranalyse werden Gruppen einander ähnlicher Merkmalsträger identifiziert, und die Korrespondenzanalyse dient der Visualisierung von Zusammenhängen in Kontingenztabellen.

Alle Befehle zur Datentransformation und –auswertung wurden mit der SPSS-Syntax geschrieben. Dadurch wird nicht nur der gesamte Auswertungsprozess lückenlos dokumentiert und damit reproduzierbar, viele Arbeitsprozesse werden auch effizienter, da wiederkehrende Transformationen oder Auswertungen leicht automatisiert werden können. Bei der Berechnung der Anwendungsbeispiele zu den verschiedenen Verfahren werden nicht alle Optionen der jeweiligen SPSS-Syntax dargestellt, sondern nur die für das jeweilige Verfahren erforderlichen und gebräuchlichsten. Eine vollständige Auflistung aller Einstellungsoptionen findet sich in der „Command Syntax Reference" von SPSS, die in jeder Version von SPSS über das Hilfe-Menü aufgerufen werden kann. Die Notation der Befehlssyntax folgt derjenigen des Befehlssyntax-Referenz: Feststehende Elemente eines Befehls werden in GROSSBUCHSTABEN dokumentiert, variable Bestandteile in kleinbuchstaben.

Alle verwendeten Datensätze können entweder von der Website des Verlages (www.vs-verlag.de) heruntergeladen werden oder stehen im Internet kostenlos zum Download bereit. Von der Verlagswebsite können zusätzlich die Syntaxfiles, aufbereitete Datensätze und Dokumentationen der Datensätze geladen werden. Wir empfehlen dringend, alle Arbeitsschritte anhand der bereitgestellten Materialen auch selbst nachzuvollziehen, damit ein vertieftes Verständnis der Verfahren erreicht wird. Zudem kann aus Platzgründen nicht immer der gesamte SPSS-Output zu den einzelnen Auswertungen im Text abgebildet werden. Tabelle 2 enthält eine Übersicht über alle verwendeten und bereitgestellten Materialien und über deren Fundorte im Internet.

Sämtliche Beispiele können mit beliebigen Versionen von SPSS berechnet werden. Die Syntax für die verschiedenen Auswertungsverfahren unterscheidet sich nicht in den unterschiedlichen Versionen, und im SPSS-Output gibt es allenfalls marginale Veränderungen bei der Beschriftung von Tabellen und Grafiken.

Das Kapitel „Mittelwertvergleiche und Varianzanalyse" wurde von Nina Baur[2] verfasst, alle übrigen Kapitel von Sabine Fromm. Wir danken Meike Baas, Beate Bitzenhofer, René Büttner, Sarah Cronjäger und Maria Richter für die mühsame Arbeit des Korrekturlesens und für viele Anregungen zur Verbesserung der Verständlichkeit der Texte. Wir hoffen, mit diesem Buch eine praxisnahe Arbeitshilfe vorlegen zu können – für Verbesserungshinweise sind wir dankbar.

Göttingen und Berlin, März 2010   Sabine Fromm, Nina Baur

Tabelle 2: Arbeitsmaterialien

Datensatzbeschreibung	Datensätze und Syntaxdateien	Download von
Kapitel 1: Mittelwertvergleiche und Varianzanalyse CATI-Umfrage zum Thema „Das Bild des Mannes in der Gesellschaft". (Lehrstuhl für Soziologie und empirische Sozialforschung der Katholischen Universität Eichstätt-Ingolstadt unter Leitung von Professor Dr. Siegfried Lamnek, 2006.)	maenner.sav	http://www.vs-verlag.de/ (Seite zum Buch)
Kapitel 2: Faktoren- und Reliabilitätsanalyse Fragebogenerhebung zum Thema „Berufsausbildung und Arbeit bei jungen Erwachsenen – Lebensläufe und Institutionen im Wandel" im Rahmen des Soziologischen Forschungspraktikums an der Otto-Friedrich-Universität Bamberg. (Professur für Methoden der empirischen Sozialforschung unter Leitung von Prof. Dr. Gerhard Schulze und Mag. Daniela Watzinger, 2000.)	sozfoprakt2000.sav factor.sps	http://www.vs-verlag.de/ (Seite zum Buch)
Kapitel 3: Multiple lineare Regressionsanalyse Fragebogenerhebung zum Thema „Lebensläufe im Wandel" im Rahmen des Soziologischen Forschungspraktikums an der Otto-Friedrich-Universität Bamberg. (Professur für Methoden der empirischen Sozialforschung unter Leitung von Prof. Dr. Gerhard Schulze und Mag. Daniela Watzinger, 1992.)	leblauf.sav linReg.sps	http://www.vs-verlag.de/ (Seite zum Buch)

---

[2] Prof. Dr. Nina Baur lehrt Methoden der empirischen Sozialforschung an der TU Berlin.

Einführung

Datensatzbeschreibung	Datensätze und Syntaxdateien	Download von
Kapitel 4: Logistische Regressionsanalyse European Social Survey (Round 4 – 2008, edition 2.0). Aus diesem Datensatz werden dann deutsche Befragte ausgewählt.	ESS4e02.sav ESS4e02_logReg.sav logReg.sps	European Social Survey: http://www.europeansocialsurvey.org/ Aufbereiteter Datensatz: http://www.vs-verlag.de/ (Seite zum Buch)
Kapitel 5: Diskriminanzanalyse European Social Survey (Round 4 – 2008, edition 2.0). Aus diesem Datensatz werden dann deutsche Befragte ausgewählt.	ESS4e02.sav ESS4e02_discrim.sav discrim.sps	European Social Survey: http://www.europeansocialsurvey.org/ Aufbereiteter Datensatz: http://www.vs-verlag.de/ (Seite zum Buch)
Kapitel 6: Clusteranalyse Zusammenstellung von Variablen aus der Eurostat-Datenbank. Die Daten können zum Beispiel im Excel-Format downgeloadet und in SPSS eingelesen werden.	cluster.sav cluster.sps	Eurostat-Datenbank: http://epp.eurostat.ec.europa.eu/portal/page/portal/statistics/search_database Datensatz Cluster.sav und Syntax-Datei: http://www.vs-verlag.de/ (Seite zum Buch)
Kapitel 7: Korrespondenzanalyse World Values Survey WVS WVS 2005-List A.	wvs2005_v20090901a.sav auswahl.sav ziele.sav correspondence.sps	WVS: http://www.worldvaluessurvey.org/ Aufbereitete Datensätze: http://www.vs-verlag.de/ (Seite zum Buch)

Kapitel 1
Mittelwertvergleiche und Varianzanalyse[3]

Nina Baur

1 Einleitung: Ziele, Voraussetzungen und Varianten

Die Varianzanalyse (ANOVA = ANalysis Of VAriance) ist ein kausalanalytisches multivariates Verfahren, bei dem der Einfluss verschiedener nominalskalierter und metrischer unabhängiger Variablen auf eine abhängige metrische Variable beurteilt werden soll.

1.1 Beispiel

In der Sozialstaatsforschung gilt Deutschland als typisches Beispiel für das „male breadwinner model" (Pfau-Effinger 1999; Blossfeld / Hofmeister 2006), d. h. die *Sozialgesetzgebung* geht davon aus, dass die Aufgabe des Ehemanns und Vaters vor allem darin liegt, das Familieneinkommen zu sichern (Kolbe 2002). Wie wichtig ist es aber der deutschen *Bevölkerung*, dass Männer gute Ernährer sind? Um diese Frage beantworten zu können, wurden 2006 in einer CATI-Umfrage zum „Bild des Mannes in der Gesellschaft" deutsche Staatsbürger zwischen 18 und 92 Jahren gefragt, was einen Mann für eine Frau besonders attraktiv macht. Sieben Items maßen dabei die Einstellung zur Wichtigkeit von Ernährereigenschaften. In einer Faktorenanalyse luden diese auf einen Faktor, so dass aus diesen Items ein additiver Index (Baur 2003) „Wichtigkeit der Versorgerfähigkeit für die Attraktivität eines Mannes" gebildet wurde (100 = „sehr wichtig"; 0 = „völlig unwichtig"; Variablenname `ernahrer`), der im Folgenden als metrische Variable interpretiert wird.[4] [5]

Mit Hilfe einer Varianzanalyse kann man nun untersuchen, wie sich ver-

---

[3] Ich danke Sabine Fromm, Martina Seibt, Stefanie Schmalz, Christoph Schöll und Susanne Vogl für die hilfreichen Anregungen und kritischen Anmerkungen zum Text.

[4] Eigentlich handelt es sich hierbei um eine Ordinalskala. In der Praxis begeht man jedoch oft keine allzu großen Fehler, wenn man ordinalskalierte Variablen wie metrische behandelt, sofern man die Ergebnisse nicht allzu exakt interpretiert (was man i. d. R. ohnehin nicht tun sollte, weil jede auch noch so gute standardisierte Befragung Messfehler aufweist). Zum Ordinalskalenproblem siehe Baur 2004a, zum Einfluss der Datenqualität auf statistische Ergebnisse siehe Krämer 2006.

[5] Weitere Informationen enthalten die Arbeitsmaterialen zu diesem Kapitel auf der Buch-Website des VS-Verlags.

schiedene Bevölkerungsgruppen hinsichtlich ihrer Einschätzung der Wichtigkeit der Versorgerfähigkeit für die Attraktivität von Männern unterscheiden. Betrachtet man z. B. Geschlecht (Variable x_1) und Bildungsgrad (Variable x_2) als mögliche Einflussfaktoren, geht man bei einer Varianzanalyse folgendermaßen vor:
- Alle Personen, die bei den unabhängigen Variablen eine bestimmte Ausprägungskombination aufweisen, bilden jeweils eine Gruppe, in diesem Fall also „Frauen mit maximal Hauptschulabschluss", „Männer mit maximal Hauptschulabschluss", „Frauen mit Realschulabschluss", „Männer mit Realschulabschluss" usw.
- Man untersucht nun, ob sich diese Gruppen hinsichtlich ihrer Werte der abhängigen Variable unterscheiden, also ob z. B. Frauen mit Abitur Versorgereigenschaften bei Männern attraktiver oder weniger attraktiv finden als andere Gruppen. Inwiefern und ob sich die Gruppen unterscheiden, misst man mit Hilfe des arithmetischen Mittels der abhängigen Variablen in den jeweiligen Gruppen.

In diesem Beispiel sollen neben Geschlecht (sex) und Bildungsgrad des Befragten (schule) noch folgende unabhängige Variablen in Betracht gezogen werden:
- x_3: ob nach Einschätzung des Befragten ein Mann erst Kinder haben sollte, wenn er genug verdient, um für sie sorgen zu können (care);
- z_1: wie wichtig es dem Befragten ist, im Leben ein hohes Ausstattungsniveau (eigenes Haus, neues Auto, technische Geräte auf dem neusten Stand) zu erreichen (gueter);
- z_2: das Alter des Befragten (alter);
- z_3: das Berufsprestige von männlichen Befragten bzw. das des Partners von weiblichen Befragten, sofern letztere einen festen Partner haben (@trei_m);
- z_4: das Berufsprestige von weiblichen Befragten bzw. das der Partnerin von männlichen Befragten, sofern letztere eine feste Partnerin haben (@trei_f).

1.2 Voraussetzungen

Um eine sogenannte mehrfaktorielle Varianzanalyse mit Kovariaten durchführen zu können, müssen folgende Voraussetzungen erfüllt sein:
A) Die *abhängige Variable Y* muss intervallskaliert sein, in unserem Beispiel die „Wichtigkeit der Versorgerfähigkeit für die Attraktivität eines Mannes".
B) Eine oder mehrere *unabhängige Variablen X_1, X_2 ... X_n* (= *Faktor*)[6] müssen nominalskaliert sein mit k Ausprägungen (= Faktorstufen), z. B. Geschlecht

---

[6] Der Begriff „Faktor" wird bei der Varianzanalyse komplett anders als bei der Faktorenanalyse (siehe Kapitel 2) verwendet: Im Rahmen der Varianzanalyse meint Faktor: „unabhängige Variable". Im Rahmen der Faktorenanalyse bedeutet Faktor: „Skala", „Index", „rotierte Achse".

("männlich" – "weiblich"; k=2 Ausprägungen), Bildungsniveau ("maximal Hauptschulabschluss" – "Realschulabschluss" – "Hochschulreife" – "Hochschulabschluss"; k=4 Ausprägungen).

C) Zusätzlich kann der Einfluss einer oder mehrerer unabhängiger metrischer Variablen (z. B. "Alter in Jahren") auf die abhängige Variable untersucht werden, die sogenannten *Kovariaten* $Z_1, Z_2, ... Z_n$.

D) Die *Varianz* der abhängigen Variable muss in allen Teilgruppen *gleich* sein (vgl. hierzu Abschnitt 6).

E) Die *Residuen* ε_{ij} der abhängigen Variable müssen in allen Teilgruppen normalverteilt und ihre *Varianzen* gleich sein (vgl. hierzu Abschnitt 7).

1.3   Varianten und verwandte Verfahren

Varianzanalysen können sich darin unterscheiden, in welchem Verhältnis die verschiedenen Teilgruppen stehen, aus denen die Stichproben stammen:

– *Abhängige Stichproben* (auch "*korrelierte Stichproben*", "*gepaarte Stichproben*") liegen vor, wenn die Informationen, die bei den Merkmalsträgern erhoben werden, dem gleichen oder einem anderen Merkmalsträger paarweise zugeordnet werden können, wenn man also beispielsweise dieselbe Person zu unterschiedlichen Zeitpunkten befragt (= "Panelstudie") und der Erhebungszeitpunkt die "Gruppierungsvariable" ist oder wenn man bei Ehepaaren beide Ehepartner befragt. Die Werte in den beiden Stichproben können somit zusammenhängen, da z. B. die Meinung einer Person zum Zeitpunkt 2 von ihrer Meinung zum Zeitpunkt 1 abhängen kann oder weil Ehepartner ähnliche Auffassungen vertreten können. Ein Beispiel für Mittelwertvergleiche bei abhängigen Stichproben findet sich in Brosius / Brosius (1996).

– *Unabhängige Stichproben* (auch "*unkorrelierte Stichproben*") liegen vor, wenn die Messwerte der Merkmalsträger aus unterschiedlichen Stichproben stammen bzw. wenn Informationen zwischen den verschiedenen zu untersuchenden Merkmalsträgern einander nicht zugeordnet werden können. Dieser Fall tritt dann ein, wenn die Mittelwerte zweier Querschnittsuntersuchungen, die zu verschiedenen Zeitpunkten an verschiedenen Individuen durchgeführt wurden, miteinander verglichen werden, etwa wenn man jeweils eine Umfrage in Deutschland und den USA durchführt und dann die Meinungen der Amerikaner und der Deutschen miteinander vergleicht. Ebenso spricht man von zwei unabhängigen Stichproben, wenn man, wie in unserem Beispiel, eine Stichprobe in Subpopulationen ("Frauen mit maximal Hauptschulabschluss", "Männer mit maximal Hauptschulabschluss" usw.) aufteilt und diese miteinander vergleicht.

Weiterhin beeinflusst die Zahl der Ausprägungen der unabhängigen Variablen die Art der Varianzanalyse:
- Beim *vollständigen Modell* („*fixed model*") liegen für alle interessierenden Gruppen auch Daten vor. So wurde im obigen Beispiel für jede mögliche Ausprägungskombination aus Geschlecht und Bildungsniveau eine Teilgruppe gebildet. Ein anderes Beispiel wäre, wenn man regionale Einstellungsunterschiede der Bevölkerung aus vier Bundesländern (Baden-Württemberg, Bremen, Nordrhein-Westfalen und Sachsen-Anhalt) miteinander vergleichen will. Man würde dann nur Personen befragen, die in diesen Bundesländern wohnen.
- Dagegen wurden beim *Zufallsmodell* („*random model*") nicht alle Gruppen erfasst. Vielmehr sind die Ausprägungen der Gruppenvariablen eine Zufallsstichprobe aus einer größeren Zahl von Gruppen. Will man z. B. in einer Face-to-Face-Umfrage regionale Einstellungsunterschiede der deutschen Bevölkerung erfassen, aber Erhebungskosten sparen, könnte man zufällig vier Bundesländer auswählen (z. B. Baden-Württemberg, Bremen, Nordrhein-Westfalen und Sachsen-Anhalt). Man würde dann nur Personen befragen, die in diesen Bundesländern wohnen. Im Gegensatz zum gerade beim vollständigen Modell genannten Beispiel interessieren in diesem Fall nicht die Bewohner der vier Bundesländer, sondern *alle* Deutschen, auch die aus den anderen Bundesländern. Man muss also von den vier Gruppen auf die Gesamtheit der Deutschen verallgemeinern.

Weiterhin unterscheiden sich Varianzanalysen hinsichtlich der Zahl und der Eigenschaften der abhängigen und unabhängigen Variablen. *Mittelwertvergleiche mit t-Test* sind ein Spezialfall der Varianzanalyse, bei denen nur eine binäre unabhängige Variable vorliegt. Die Varianzanalyse ist wiederum ein Spezialfall der *verallgemeinerten linearen Modelle* (LIMO bzw. Generalized Linear Models (GLM)). Außerdem bestehen große statistische Ähnlichkeiten zwischen Varianzanalyse und *multipler linearer Regressionsanalyse*.[7] Tabelle 1 gibt eine

---

[7] Tatsächlich werden diese Verfahren i. d. R. nur deshalb getrennt behandelt, weil sie in unterschiedlichen Disziplinen entwickelt wurden. Bei einer Varianzanalyse mit Kovariaten wird einfach der Varianzanalyse eine Regressionsanalyse vor- oder nachgeschaltet. Das unkorrigierte Bestimmtheitsmaß r^2 bei der Regressionsanalyse entspricht ETA-Quadrat. *Beispiel:* Das varianzanalytische Modell im Abschnitt 10.1 auf S. 51 unten erklärt 28 % der Varianz der abhängigen Variablen. Bei den Variablen handelt es sich ausschließlich um binäre und metrische Variablen, so dass man auch mit Hilfe folgender Syntax eine multiple lineare Regressionsanalyse durchführen könnte:

```
REGRESSION VARIABLES =    ernahrer sex care alter gueter
          /DEPENDENT = ernahrer
          /METHOD = ENTER.
```

Wie die Ausgabe auf der nächsten Seite zeigt, beträgt auch hier r^2 28 %. Regressions- und Varianzanalyse sind also in gewissem Maße austauschbar. Da aber die Varianzanalyse auch nominalskalierte Variablen mit mehr als zwei Ausprägungen verarbeiten und die Stärke von Inter-

Übersicht über verschiedene Varianten der Varianzanalyse und deren Umsetzungsmöglichkeiten in SPSS.

Tabelle 1: Varianten der Varianzanalyse

Bezeichnung des Verfahrens	Zahl der abhängigen Variablen	Zahl der unabhängigen Variablen	SPSS-Prozeduren
Mittelwertvergleich mit t-Test	1	1 binäre	MEANS T-TEST
Einfaktorielle Varianzanalyse (= One-Way ANOVA)	1	1	ONEWAY ANOVA UNIANOVA
Zweifaktorielle Varianzanalyse	1	2	ANOVA UNIANOVA
Dreifaktorielle Varianzanalyse	1	3	ANOVA UNIANOVA
usw.	1	usw.	
Varianzanalyse mit Kovariaten	1	min. 2, davon min. 1 nominalskaliert und min. 1 metrisch	ANOVA
Multivariate Varianzanalyse / Mehrdimensionale Varianzanalyse (= MANOVA; Multivariate ANalysis Of VAriance)	mindestens 2	mindestens 1	MANOVA
Varianz-, Kovarianz- und Regressionsanalysen für univariate und multivariate Designs			GLM

Welche dieser Varianten gewählt wird, beeinflusst die statistischen Modelle, die zur Durchführung der Varianzanalyse gewählt werden müssen. Im Folgenden wird das Vorgehen für mehrfaktorielle Varianzanalysen mit Kovariaten beschrieben. Da hier das Vorgehen bei der Regressionsanalyse als bekannt vorausgesetzt wird, erläutere ich der Einfachheit halber zunächst das statistische Modell ohne Kovariate. Es wird davon ausgegangen, dass es sich um ein vollständiges Modell handelt, und dass die Stichproben voneinander unabhängig sind. Im Beispiel in Abschnitt 8.5 werden dann Kovariate mit berücksichtigt.

---

aktionseffekten berechnen kann, ist sie i. d. R. leistungsfähiger.

Modellzusammenfassung

Modell	R	R-Quadrat	Korrigiertes R-Quadrat	Standardfehler des Schätzers
1	,530[a]	,281	,277	14,411

a. Einflußvariablen : (Konstante), Lebensziel: Ausstattungsniveau, Alter in Jahren, Männer: erst genug verdienen, dann Kinder, Geschlecht

2 Schritt 1: Festlegung des Untersuchungsziels, Datenaufbereitung und Überprüfung der Voraussetzungen

Wie bei jeder statistischen Auswertung bestehen die ersten Schritte einer Varianzanalyse darin, die Fragestellung abzugrenzen, ein theoretisches Modell aufzustellen, geeignete Daten und Variablen auszuwählen und die Daten für die weitere Analyse aufzubereiten. Was hierbei zu beachten ist, wird in Baur/Fromm (2004) ausführlich thematisiert. In dem hier behandelten Beispiel lautet die Fragestellung: „Finden verschiedene Bevölkerungsgruppen die Versorgerfähigkeit eines Mannes unterschiedlich wichtig für seine Attraktivität?" In Abschnitt 1.1 und in der Dokumentation auf der Website werden die Maßnahmen beschrieben, die im Rahmen der Datenaufbereitung vollzogen wurden.

Des Weiteren muss *vor* der Anwendung eines statistischen Verfahrens überprüft werden, ob man dieses auf die konkreten Daten überhaupt anwenden darf.[8] Bezieht man die unter Abschnitt 1.2 angeführten Voraussetzungen auf das Beispiel, lässt sich Folgendes festhalten:

A) Die *abhängige Variable Y* „Wichtigkeit der Versorgerfähigkeit für die Attraktivität eines Mannes" kann als metrisch interpretiert werden.

B) Die unabhängigen Variablen x_1 und x_3 sind binär und können damit als *Faktoren* mit zwei Faktorstufen interpretiert werden. Die Variable „Bildungsgrad" (x_2) ist ordinalskaliert, wird aber im Folgenden als nominalskalierte Variable und damit als Faktor mit vier Faktorstufen behandelt.

C) Die unabhängigen Variablen z_1 bis z_4 können als metrisch angesehen werden und gelten damit als *Kovariate*.

In unserem Beispiel handelt es sich also um eine dreifaktorielle Varianzanalyse (x_1, x_2 und x_3 als Faktoren) mit vier Kovariaten (z_1, z_2, z_3, z_4). Ob die Voraussetzungen D (Gleichheit der Varianzen in den Teilgruppen) und E (Normalverteilung der Residuen) erfüllt sind, könnte man nur sicher sagen, wenn man die wahren Werte in der Grundgesamtheit kennen würde, was i. d. R. nicht der Fall ist – deshalb führt man ja die Varianzanalyse durch. Man behilft sich mit einer Schätzung der Verteilung der Residuen und der Varianzen in den Teilgruppen mit Hilfe der Stichprobendaten. Dies ist allerdings erst nach den ersten Analyseschritten möglich, d. h. man kann erst nach der Auswertung überprüfen, ob man sie hätte durchführen dürfen.

---

[8] Wie man verfahren sollte, wenn eine Anwendungsvoraussetzung nicht erfüllt ist, kann nicht allgemein für alle Fragestellungen und Daten gesagt werden. Bei manchen Verletzungen von Voraussetzungen genügt es, das Ergebnis später vorsichtig zu interpretieren. Dabei ist ein Kompromiss zwischen Datenqualität und statistischem Verfahren zu finden. I. d. R. muss aber ein anderes Analyseverfahren gewählt werden.

3 Schritt 2: Berechnung des Mittelwerts des gesamten Datensatzes

Vor der Durchführung der Gruppenvergleiche sollte man sich mit Hilfe univariater Statistiken ein Gefühl für den gesamten Datensatz verschaffen (Baur 2004b). Vor allem sollte der Mittelwert der abhängigen Variablen für den gesamten Datensatz berechnet werden.

3.1 Beispiel

Für das Anwendungsbeispiel ist dies mit Hilfe folgender Syntax möglich:
```
DESCRIPTIVES    VARIABLES=ernahrer
                /STATISTICS=MEAN STDDEV VARIANCE MIN MAX.
```
SPSS gibt dann aus:

Deskriptive Statistik

	Attraktivitätsmerkmal: Versorgerfähigkeit	Gültige Werte (Listenweise)
N	682	682
Minimum	5	
Maximum	100	
Mittelwert	47,49	
Standardabweichung	16,943	
Varianz	287,078	

Der Ausgabe ist zu entnehmen, dass für 682 Personen ein Skalenwert vorliegt. Die Skala kann zwar theoretisch von 0 bis 100 reichen, im Beispieldatensatz werden aber nur Werte von 5 bis 100 erreicht. Im Mittel erreichen die Befragten einen Skalenwert von 47, die Standardabweichung beträgt 17 Skalenpunkte.

4 Schritt 3: Aufteilung des Datensatzes in Gruppen

Im nächsten Analyseschritt wird der Datensatz in Gruppen aufgeteilt. Jede Ausprägungskombination bildet eine Gruppe. Bei n Faktoren mit jeweils k_i Ausprägungen ergeben sich $k_1 * k_2 * ... * k_n$ Ausprägungskombinationen bzw. Gruppen.

Betrachtet man in unserem Beispiel also die drei Faktoren x_1 („Geschlecht"), x_2 („Bildungsgrad") und x_3 („Sollte ein Mann erst genug verdienen, bevor er Kinder bekommt?"), so werden 2 * 4 * 2 = 16 Gruppen gebildet: „Frauen mit maximal Hauptschulabschluss, die zustimmen, dass ein Mann erst genug verdienen soll, bevor er Kinder bekommt", „Frauen mit maximal Hauptschulabschluss, die die Aussage ablehnen, dass ein Mann erst genug verdienen soll, bevor er Kinder bekommt", „Männer mit maximal Hauptschulabschluss, die zustimmen, dass ein Mann erst genug verdienen soll, bevor er Kinder bekommt" usw.

5 Schritt 4: Unterscheiden sich die Mittelwerte in der Stichprobe?

Der einfachste Weg festzustellen, ob sich die gebildeten Gruppen bezüglich der Werte der abhängigen Variable unterscheiden (also z. B. ob verschiedene Bevölkerungsgruppen sich in ihrer Einschätzung unterscheiden, wie wichtig die Versorgerfähigkeit für männliche Attraktivität ist), ist, die Mittelwerte der abhängigen Variablen in diesen Gruppen zu vergleichen (vgl. Grafik 1). Also berechnet man die Stichprobenmittelwerte $\bar{y}_1$ („durchschnittliche Einschätzung der Wichtigkeit der Versorgerfähigkeit bei Frauen mit max. Hauptschulabschluss, die zustimmen, dass Männer erst genug verdienen sollen, bevor sie Kinder bekommen"), $\bar{y}_2$ („durchschnittliche Einschätzung der Wichtigkeit der Versorgerfähigkeit bei Frauen mit max. Hauptschulabschluss, die die Aussage ablehnen, dass Männer erst genug verdienen sollen, bevor sie Kinder bekommen") usw. bis $\bar{y}_{16}$ („durchschnittliche Einschätzung der Wichtigkeit der Versorgerfähigkeit bei Männern mit Hochschulabschluss, die die Aussage ablehnen, dass Männer erst genug verdienen sollen, bevor sie Kinder bekommen"). Dann vergleicht man die Stichprobenmittelwerte.

Grafik 1: Mittelwerte verschiedener Gruppen

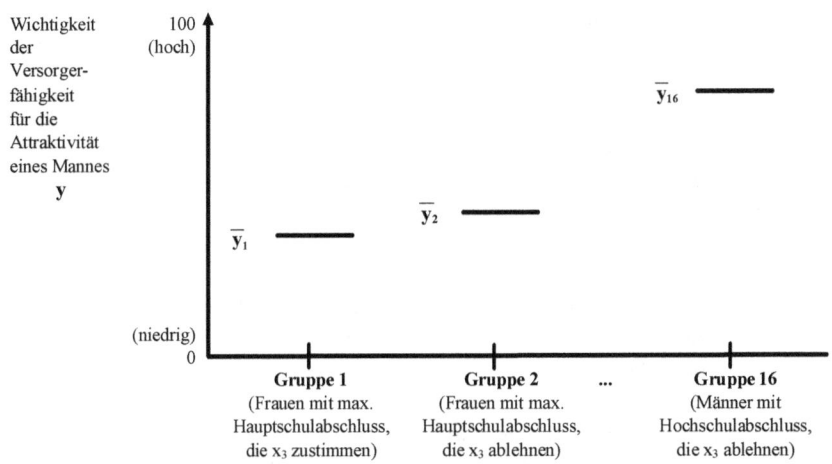

Bei Kovariaten kann man – wie bei der Regressionsanalyse – Pearson's Korrelationskoeffizienten r verwenden. Die Stärke der Korrelation bzw. die Größe des Unterschieds der Mittelwerte gibt einen ungefähren ersten Eindruck darüber, wie stark der Einfluss der jeweiligen unabhängigen Variable bzw. Variablenkombination ist.

5.1 Umsetzung in SPSS

Korrelationskoeffizienten kann man in SPSS mit Hilfe der Prozedur „CORRELATIONS" anfordern (zur Syntax vgl. Angele 2006). Mittelwertvergleiche bei unabhängigen Stichproben können mit „MEANS" berechnet werden. Die Syntax ist folgendermaßen aufgebaut:

```
MEANS      TABLES abhängigenvariablenliste
           BY unabhängigevariable1
           [BY unabhängigevariable2]
           [/MISSING= {TABLE} {INCLUDE} {DEPENDENT}]
           [/CELLS=   {COUNT} {NPCT} {MIN} {MAX} {RANGE}
                      {MEAN} {MEDIAN}{STDDEV} {SKEW} {ALL}].
```

5.1.1 Unterbefehl „MISSING"

Mit dem Unterbefehl „MISSING" gibt man an, wie fehlende Werte behandelt werden sollen:
- „TABLE": Fälle, bei denen bei irgendeiner der Variablen ein fehlender Wert auftritt, werden komplett aus der Analyse ausgeschlossen. Dies ist die Standardeinstellung, wenn man nichts angibt.
- „INCLUDE": Benutzerdefinierte fehlende Werte werden wie gültige Werte behandelt und in die Analyse mit eingeschlossen.
- „DEPENDENT": Benutzerdefinierte fehlende Werte der *unabhängigen* Variable werden wie gültige Werte behandelt und in die Analyse mit eingeschlossen. Tritt dagegen bei einer *abhängigen* Variable ein fehlender Wert auf, wird der Fall aus der Analyse ausgeschlossen.

5.1.2 Unterbefehl „CELLS"

Mit dem Unterbefehl „CELLS" wird definiert, welche Ausgaben SPSS für jede Untergruppe ausgeben soll. Gibt man nichts an, gibt SPSS Mittelwert, Standardabweichung und Zahl der Fälle in der jeweiligen Gruppe an. Ansonsten kann man u. a. wählen:
- „COUNT": Anzahl der Fälle pro Untergruppe
- „NPCT": Anteil der Fälle der Untergruppe an allen Fällen
- „MIN/MAX": kleinster bzw. größter Wert, der in der Untergruppe vorkommt
- „RANGE": Spannweite der Werte, die in der Untergruppe vorkommen
- „MEAN": Mittelwert in jeder Untergruppe

- „MEDIAN": Median der Untergruppe
- „STDDEV": Standardabweichung der Mitglieder der Untergruppe vom Gruppenmittelwert
- „SKEW": Schiefe der Verteilung der Untergruppe
- „ALL": alle Statistiken

5.2 Beispiel

Will man im Beispiel die abhängige Variable nach den drei Faktoren in 16 Untergruppen aufteilen und die jeweiligen Mittelwerte anfordern, ist dies mit folgender Syntax möglich:

```
MEANS TABLES    ernahrer BY sex BY schule BY care
                /CELLS = MEAN COUNT.
```

Der (gekürzten) SPSS-Ausgabe auf der nächsten Seite kann man zunächst den bereits in Abschnitt 3.1 auf S. 18 angeforderten Mittelwert entnehmen: Der durchschnittliche Befragte misst der Versorgerfähigkeit mit einem Wert von 47 auf einer Skala von 0 bis 100 eine eher mittlere Bedeutung für männliche Attraktivität zu. Es zeigt sich aber auch, dass durchaus starke Einstellungsunterschiede zwischen den Gruppen bestehen. So weisen Frauen mit Realschulabschluss, die die Aussage ablehnen, dass ein Mann erst Kinder haben sollte, wenn er genug verdient, um für sie sorgen zu können, im Durchschnitt einen Skalenwert von 36 auf und messen damit der Versorgerfähigkeit die geringste Bedeutung zu. Für mit Abstand am wichtigsten erachtet wird die Versorgerfähigkeit von Männern mit Realschulabschluss, die zustimmen, dass ein Mann genug verdienen sollte, bevor er Kinder bekommt (mittlerer Skalenwert von 60).

Bericht

Attraktivitätsmerkmal: Versorgerfähigkeit

Geschlecht	Schulabschluss	Männer: erst genug	Mittelwert	N
Frau	Maximal Hauptschulabschluss	Ablehnung	36,26	18
		Zustimmung	41,73	42
	Realschulabschluss	Ablehnung	35,81	44
		Zustimmung	37,95	74
	(Fach)Hochschulreife	Ablehnung	38,40	27
		Zustimmung	40,49	71
	Hochschulabschluss	Ablehnung	37,43	29
		Zustimmung	40,28	27
Mann	Maximal Hauptschulabschluss	Ablehnung	59,10	24
		Zustimmung	58,06	55
	Realschulabschluss	Ablehnung	55,24	23
		Zustimmung	**59,78**	69
	(Fach)Hochschulreife	Ablehnung	47,25	22
		Zustimmung	53,99	74
	Hochschulabschluss	Ablehnung	51,74	36
		Zustimmung	55,46	47
Insgesamt	*Insgesamt*	*Insgesamt*	**47,49**	682

Zusätzlich kann man mit folgendem Befehl den Einfluss der Kovariaten auf die abhängigen Variablen anfordern:
`CORRELATIONS ernahrer alter gueter @trei_m @trei_f.`
SPSS gibt dann die auf der nächsten Seite abgebildete (gekürzte) Ausgabe aus. Diese zeigt, dass Befragte die Versorgerfähigkeit für männliche Attraktivität für umso wichtiger erachten, je älter sie sind (r = 0,1), je wichtiger ihnen ein hohes Ausstattungsniveau an Gütern ist (r = 0,2), je höher das Berufsprestige des Mannes ist (r = 0,1) und je niedriger das Berufsprestige der Frau ist (r = -0,2).

Die Nullhypothese H_0, dass in der Grundgesamtheit kein linearer Zusammenhang zwischen Alter und Einstellung zur Versorgerfähigkeit herrscht, kann auf dem Signifikanzniveau von α = 0,099 verworfen werden.[9] Die Nullhypothese, dass in der Gesamtheit die Einstellung zur Versorgerfähigkeit nicht mit dem Berufsprestige der Frau bzw. der Wichtigkeit, die man einem hohen Ausstattungsniveau

---

[9] Damit kann die Nullhypothese auch auf allen höheren Signifikanzniveaus verworfen werden, also z. B. α = 0,1. Dies bedeutet aber *nicht*, dass der Zusammenhang in der Grundgesamtheit bei r = 0,063 liegt. Dies bedeutet auch nicht, dass die Irrtumswahrscheinlichkeit bei 10 % liegt, wenn man annimmt, dass r ≠ 0. Dass H_0 verworfen wurde, bedeutet nur, dass, wenn in der Grundgesamtheit tatsächlich r = 0 ist und wenn man sehr viele Stichproben zieht, nur α = 0,1 = 10% aller möglichen Stichproben dieses Ergebnis liefern. Näheres zum Thema Testen und Schätzen findet sich in Beck-Bornholdt / Dubben (2006) und Gigerenzer et al. (1999).

zumisst, linear zusammenhängt, kann mit $\alpha < 0{,}001$ verworfen werden.[10]

Korrelationen

		Attraktivitäts-merkmal: Versorger-fähigkeit	Alter in Jahren	Lebensziel: Aus-stattungs-niveau	Treimann-Prestige des Mannes	Treimann-Prestige der Frau
Attraktivitäts-merkmal: Versorger-fähigkeit	Korrelation nach Pearson	1	,063	,230	,103	-,174
	Signifikanz (2-seitig)		,099	,000	,014	,000
	N	682	682	682	561	579
Alter in Jahren	Korrelation nach Pearson	,063	1	,063	,059	-,042
	Signifikanz (2-seitig)	,099		,101	,163	,315
	N	682	682	682	561	579
Lebensziel: Aus-stattungs-niveau	Korrelation nach Pearson	,230	,063	1	-,041	-,090
	Signifikanz (2-seitig)	,000	,101		,331	,031
	N	682	682	682	561	579
Treimann-Prestige des Mannes	Korrelation nach Pearson	,103	,059	-,041	1	,057
	Signifikanz (2-seitig)	,014	,163	,331		,222
	N	561	561	561	561	466
Treimann-Prestige der Frau	Korrelation nach Pearson	-,174	-,042	-,090	,057	1
	Signifikanz (2-seitig)	,000	,315	,031	,222	
	N	579	579	579	466	579

Wie man der Ausgabe ebenfalls entnehmen kann, hängen die Kovariaten auch untereinander zusammen. Wie hoch ihr maximales und minimales Varianzaufklärungspotenzial ist und wie viel sie zusammen erklären, kann man mit Hilfe einer schrittweisen multiplen linearen Regressionsanalyse feststellen. In einer Varianzanalyse mit Kovariaten wird genau dies getan, indem der Varianzanalyse eine Regressionsanalyse vor-, nach- oder gleichgeschaltet wird.

6 Schritt 5: Überprüfung der Voraussetzung D (Gleichheit der Varianzen)

Wenn – wie im Beispiel – festgestellt wurde, dass sich die Mittelwerte in den Teilgruppen tatsächlich unterscheiden, stellt sich die Frage, ob man dieses Ergebnis auf die Grundgesamtheit verallgemeinern kann. Dies versucht man, mit Hilfe

---

[10] In der SPSS-Ausgabe steht zwar „0,000", aber das Signifikanzniveau kann für die meisten Tests nie die Werte 0 oder 1 annehmen, sondern ihnen höchstens sehr nahe kommen. Dies ist auch hier der Fall: Das Signifikanzniveau ist so klein, dass SPSS die hinteren Kommastellen in der Darstellung abschneidet. Klickt man in der Pivot-Tabelle der SPSS-Ausgabe auf das Signifikanzniveau zwischen Berufsprestige der Frau und Einstellung zur männlichen Versorgerfähigkeit, so erscheint der tatsächliche Wert mit allen Nachkommastellen. Dieser ist nicht „0,000", sondern „2,442992661559*E-005" bzw. „0,00002442992661559". Taucht in einer SPSS-Ausgabe beim Signifikanzniveau der Wert „0,000" auf, sollte man deshalb niemals schreiben: $\alpha = 0{,}000$, sondern: $\alpha < 0{,}001$.

der induktiven Statistik zu überprüfen. Um diese anwenden zu dürfen, müssen die Testvoraussetzungen erfüllt sein (vgl. Abschnitt 1.2). Nun kann auch die Voraussetzung D (Gleichheit der Varianzen) überprüft werden, indem man zunächst die Streuung der abhängigen Variable in jeder Teilgruppe berechnet:[11]

$$\text{Varianz der Werte innerhalb der i-ten Gruppe} = \frac{\Sigma(\text{Wert der j-ten Person in der i-ten Gruppe} - \text{Mittelwert in der Gruppe i})^2}{\text{Zahl der Fälle in der i-ten Gruppe} - 1}$$

$$s_i^2 = \frac{\Sigma(y_{ij} - \overline{y_i})^2}{n_i - 1}$$

Läge etwa die Varianz S^2_0 bei 0, würde dies bedeuten, dass sich Männer mit Realschulabschluss, die zustimmen, dass ein Mann genug verdienen sollte, bevor er Kinder bekommt (Gruppe 15), *untereinander* hinsichtlich ihrer Ansicht, dass die Versorgerfähigkeit ein wichtiges Attraktivitätsmerkmal ist, nicht unterscheiden. Je größer dagegen die Varianz ist, desto verschiedener sind die Meinungen der Mitglieder dieser Gruppe.

Die Testvoraussetzung D kann nun z. B. mit dem *Levene-Test auf Gleichheit der Varianzen* überprüft werden. Dieser Test vergleicht nicht die Streuung *aller* Gruppen gleichzeitig, sondern immer paarweise die zweier Gruppen. Die Hypothesen bei diesem Test lauten:

H_0: Die Varianzen der beiden Gruppen sind in der Grundgesamtheit gleich.
H_0: $\sigma_1^2 = \sigma_2^2$

H_A: Die Varianzen der beiden Gruppen sind in der Grundgesamtheit unterschiedlich.
H_A: $\sigma_1^2 \neq \sigma_2^2$

6.1 Umsetzung in SPSS

Den Levene-Test auf Gleichheit der Varianzen kann man in SPSS mit Hilfe der Prozedur „T-TEST"durchführen lassen, die gleichzeitig einen t-Test für unabhängige Stichproben berechnet (vgl. hierzu Abschnitt 8.1). Die Syntax lautet:

```
T-TEST    GROUPS = unabhängigevariable (wert1,wert2)
          /VARIABLES abhängigevariable.
```

---

[11] Der Terminus „$n_i - 1$" bezeichnet dabei die Zahl der Freiheitsgrade d. Die Zahl der Freiheitsgrade, die man benötigt, um eine Quadratsumme zu berechnen, entspricht der Zahl der Summanden, die man kennen muss, um die Varianz zu berechnen. Die Differenzen der einzelnen Werte vom Gruppenmittelwert heben sich gegenseitig auf:

$$\Sigma(y_{ij} - \overline{y_i}) = 0$$

Deshalb kann man die Varianz berechnen, auch wenn der Wert für einen Fall fehlt.

Mit der Prozedur kann man immer nur *zwei* Gruppen miteinander vergleichen. Mit dem Unterbefehl „VARIABLES" wird die abhängige Variable definiert. Mit dem Unterbefehl „GROUPS" definiert man die unabhängige Variable, nach der der Datensatz in Gruppen aufgeteilt wird. In Klammern kann man dabei angeben:
- *einen einzigen Wert*: Alle Fälle, die größer oder gleich diesem Wert sind, bilden die eine Gruppe; alle übrigen Werte die andere.
- *zwei Werte*: Fälle, die bei der entsprechenden Variablen den ersten Wert aufweisen, werden mit Fällen verglichen, die bei der entsprechenden Variablen den zweiten Wert aufweisen.

6.2 Beispiel

Streuen die Meinungen der Befragten hinsichtlich ihrer Einschätzung der Ernährerfähigkeit in allen Bildungsgruppen gleich? Um dies zu überprüfen, müssen alle Kombinationen aus Bildungsgraden paarweise durchgetestet werden, also:

```
(1)  T-TEST       GROUPS = schule (1,3)
                  /VARIABLES ernahrer.
(2)  T-TEST       GROUPS = schule (2,3)
                  /VARIABLES ernahrer.
```

usw., bis man alle Ausprägungskombinationen miteinander verglichen hat. Syntax (1) vergleicht die Varianz der Variablen ernahrer bei Personen mit max. Hauptschulabschluss mit der von Personen mit Hochschulreife. Die SPSS-Ausgabe auf der nächsten Seite liefert in den Spalten „Levene-Test der Varianzgleichheit" das Ergebnis des Levene-Tests:

Das Signifikanzniveau beträgt $\alpha = 0{,}36$. Die Nullhypothese wird beibehalten. Man nimmt also an, dass die Meinungen von Hauptschülern und Abiturienten in der Grundgesamtheit etwa gleich stark streuen.[12] Die Voraussetzung D, dass die Varianzen in den Teilgruppen der Grundgesamtheit gleich sein sollen, ist also für diesen Fall erfüllt. Dies bedeutet, dass man für die Interpretation des t-Tests – sofern man diesen durchführen will – im Folgenden die obere Zeile („Die Varianzen sind gleich") betrachtet (Näheres hierzu siehe Abschnitt 8.2).

---

[12] Man kann aber die Irrtumswahrscheinlichkeit für diese Annahme nicht beziffern, da die Power nicht berechnet wurde. Näheres hierzu siehe: Beck-Bornholdt / Dubben (2006).

Test bei unabhängigen Stichproben

		Levene-Test der Varianzgleichheit		T-Test für die Mitt			
		F	Signi-fikanz	T	df	Sig. (2-seitig)	Mittlere Differenz
Attraktivitäts-merkmal: Versorger-fähigkeit	Varianzen sind gleich	,847	,358	2,484	331	,013	4,366
	Varianzen sind nicht gleich			2,446	280	,015	4,366

Test bei unabhängigen Stichproben

Levene-Test der Varianzgleichheit		T-Test für die Mittelwertgleichheit						
F	Signi-fikanz	T	df	Sig. (2-seitig)	Mittlere Differenz	Standard-fehler der Differenz	95% Konfidenzintervall der Differenz	
							Untere	Obere
,847	,358	2,484	331	,013	4,366	1,758	,909	7,824
		2,446	280	,015	4,366	1,785	,853	7,879

Syntax (2) auf der vorherigen Seite vergleicht dagegen Realschüler mit Abiturienten. Wie die Ausgabe auf dieser und der folgenden Seite verdeutlicht, wird für diese Gruppen die Nullhypothese („Die Varianzen der beiden Gruppen sind in der Grundgesamtheit gleich.") auf einem Signifikanzniveau von $\alpha = 0{,}002$ verworfen.

Test bei unabhängigen Stichproben

		Levene-Test der Varianzgleichheit		T-Test für die Mitt			
		F	Signi-fikanz	T	df	Sig. (2-seitig)	Mittlere Differenz
Attraktivitäts-merkmal: Versorger-fähigkeit	Varianzen sind gleich	9,696	,002	,264	402	,792	,454
	Varianzen sind nicht gleich			,266	394	,790	,454

Kapitel 1: Mittelwertvergleiche und Varianzanalyse

Test bei unabhängigen Stichproben

Levene-Test der Varianzgleichheit		T-Test für die Mittelwertgleichheit						
F	Signifikanz	T	df	Sig. (2-seitig)	Mittlere Differenz	Standardfehler der Differenz	95% Konfidenzintervall der Differenz	
							Untere	Obere
,696	,002	,264	402	,792	,454	1,719	-2,926	3,833
		,266	394	,790	,454	1,704	-2,896	3,804

Man nimmt also an, dass die Meinungen von Realschülern und Abiturienten in der Grundgesamtheit unterschiedlich streuen. Für diese Teilgruppe ist damit die Voraussetzung der Gleichheit der Varianzen *nicht* erfüllt. Für die Interpretation des t-Tests betrachtet man die untere Zeile („Die Varianzen sind nicht gleich") (Näheres hierzu siehe Abschnitt 8.2).

7 Schritt 6: Überprüfung der Voraussetzung E (Normalverteilung der Residuen)

Um die Voraussetzung der Normalverteilung der Residuen ε_{ij} in jeder Gruppe überprüfen zu können, geht man davon aus, dass bei jeder Person die Ausprägung der abhängigen Variable Y (z. B. der „Wichtigkeit der Versorgerfähigkeit für männliche Attraktivität") durch die Addition verschiedener Einflüsse zustande kommt.[13] Folglich kann man jeden einzelnen Wert der abhängigen Variable in der Grundgesamtheit als Linearkombination darstellen:

---

[13] Diese Annahme setzt man einfach – es gibt keine Möglichkeit, sie zu überprüfen.

Ausprägung der Variable Y bei der Person j in der i-ten Gruppe	=	Konstante (Gesamtmittelwert)	+	Folge der Zugehörigkeit zur Gruppe i (Gruppenmittelwert / Wirkung der unabhängigen Variable)	+	Wirkung aller anderen Variablen, die in der Analyse nicht berücksichtigt werden (Residuum)
Y_{ij}	=	μ	+	α_i	+	ε_{ij}

Grafik 2:   Komponenten der Ausprägung der Variable Y bei einem Individuum

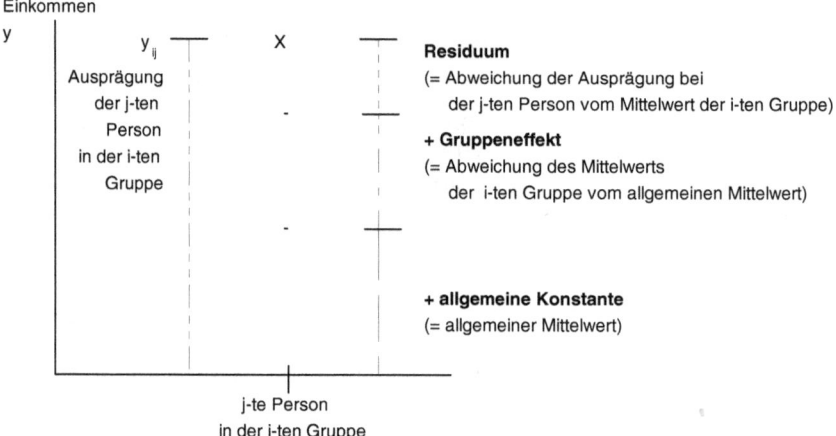

Die verschiedenen Komponenten, die die abhängige Variable bestimmen, können damit folgendermaßen aus der Stichprobe geschätzt werden:

Ausprägung der abhängigen Variable Y in der Grundgesamtheit	≅	Schätzwert der abhängigen Variable Y in der Stichprobe		Formale Bezeichnung
Gesamtmittelwert	≅	Mittelwert der gesamten Stichprobe		$\hat{\mu} = \overline{y}$
Gruppeneffekt	≅	Mittelwert der i-ten Gruppe	− Mittelwert der gesamten Stichprobe	$\hat{\alpha}_i = \overline{y}_i - \overline{y}$
Residuum	≅	Ausprägung der j-ten Person in der i-ten Gruppe	− Mittelwert der i-ten Gruppe	$\hat{\varepsilon}_{ij} = y_{ij} - \overline{y}_i$

Man nimmt nun an, dass sich die Wirkung aller anderen Variablen, die man *nicht* in die Analyse mit einbezieht, im Mittel aufhebt, d. h. dass diese Variablen *nicht*

die unterschiedlichen Gruppen unterschiedlich beeinflussen. Dies ist der Grund, warum man sie nicht in die Analyse einbeziehen muss. Diese Annahme schlägt sich in der Voraussetzung nieder, dass die Residuen ε_{ij} in jeder Gruppe i normalverteilt sein müssen.[14] Um überprüfen zu können, ob die Residuen normalverteilt sind, muss man in zwei Schritten vorgehen:
1) Mit Hilfe der Stichprobenwerte berechnet man *Schätzwerte $\hat{\varepsilon}_{ij}$ für die Residuen* ε_{ij}. Dazu zieht man für jeden einzelnen Befragten von seiner tatsächlichen Ausprägung der abhängigen Variablen den Durchschnittswert seiner Gruppe ab. Hierzu benötigt man die in Abschnitt 5 berechneten Mittelwerte. Beispiel: Gerda Müller gehört zur Gruppe der Frauen mit Realschulabschluss, die die Aussage ablehnen, dass ein Mann erst Kinder haben sollte, wenn er genug verdient. Sie erreicht auf dem Index ernahrer einen Wert von 23. Von diesem Wert zieht man ihren Gruppenmittelwert (36) ab. Das Ergebnis ist -13. Gerda Müller liegt also um 13 Indexpunkte unter dem durchschnittlichen Wert ihrer Gruppe. Diese Differenz – das Residuum – wird nicht durch die unabhängigen Variablen (die Gruppenzugehörigkeit) erklärt.
2) Mit Hilfe eines *Tests auf Normalverteilung* überprüft man, ob die Residuen normalverteilt sind. Dafür existieren verschiedene Tests, u.a. der Chi-Quadrat-Test, der Kolmogorov-Smirnov-Test und der Shapiro-Wilk-Test.[15] Die Hypothesen lauten:

H_0: Die Residuen sind normalverteilt.

H_A: Die Residuen folgen einer anderen Verteilung.

7.1 Umsetzung in SPSS

Um die Voraussetzung der Normalverteilung der Residuen in SPSS überprüfen zu können, müssen zunächst Schätzwerte für diese berechnet werden. Hierzu benötigt man für das Beispiel die auf S. 22 berechneten Mittelwerte. Die SPSS-Syntax lautet dann:

---

[14] Die Verletzung dieser Annahme beeinträchtigt die Ergebnisse nicht besonders stark, es sei denn, die Zahl der Fälle pro Gruppe ist sehr groß oder die Abweichungen von der Normalverteilung sind extrem. Es genügt also, wenn die Verteilung *approximativ* (= annähernd) normalverteilt ist. Bevor man bei Verletzung dieser Annahme ein anderes Verfahren wählt, kann man erwägen, ob die Verteilung in eine Normalverteilung transformiert werden kann.

[15] Letzterer wurde ursprünglich nur für kleine Stichproben (n < 50) konzipiert (Shapiro / Wilk 1965), wurde aber durch Royston (1982) so modifiziert, dass er auch für große Stichproben einsetzbar ist und heute als bestes Verfahren gilt. Der Kolmogorov-Smirnov-Test kann ebenfalls von SPSS berechnet werden, gilt aber als konservativ. Auf das Problem, welcher Test in welchem Fall besser geeignet ist, kann hier aus Platzgründen nicht näher eingegangen werden. Man sieht jedoch in der Beispielausgabe auf der nächsten Seite, dass es nicht egal ist, welchen Test man verwendet, da die Signifikanzniveaus, auf denen die Nullhypothese verworfen werden können, sehr unterschiedlich sind.

```
COMPUTE residuum = -9.
EXECUTE.
MISSING VALUES residuum (-9).
VARIABLE LABELS residuum "Residuen".
IF (sex=0 AND schule=1 AND care=0) residuum=ernahrer - 36.26.
IF (sex=0 AND schule=1 AND care=1) residuum=ernahrer - 41.73.
IF (sex=0 AND schule=2 AND care=0) residuum=ernahrer - 35.81.
```
Usw. für alle 16 Kombinationsmöglichkeiten. Anschließend kann man mit der Prozedur „EXAMINE" einen Test auf Normalverteilung durchführen:
```
EXAMINE    VARIABLES = residuum
           /PLOT = NPPLOT.
```
Neben einer Reihe deskriptiver Statistiken gibt SPSS auch die Ergebnisse des Kolmogorov-Smirnov- und des Shapiro-Wilk-Tests aus:

Tests auf Normalverteilung

	Kolmogorov-Smirnov[a]			Shapiro-Wilk		
	Statistik	df	Signifikanz	Statistik	df	Signifikanz
Residuen	,028	682	,200*	,997	682	,160

*. Dies ist eine untere Grenze der echten Signifikanz.

a. Signifikanzkorrektur nach Lilliefors

In diesem Beispiel wird die Nullhypothese bei beiden Tests *nicht* verworfen, d. h. man geht im Folgenden von einer Normalverteilung der Residuen in der Grundgesamtheit aus. Weiterhin gibt SPSS zweierlei Grafiken aus, von denen eine („Q-Q-Diagramm") auf der nächsten Seite abgedruckt ist.[16] In beiden Grafiken werden die beobachteten Werte mit den theoretischen Werten verglichen, die sich ergäben, wenn die Residuen normalverteilt wären. Die theoretischen Werte unter Annahme einer Normalverteilung werden dabei in Form einer Geraden abgebildet. Abweichungen zwischen der theoretischen und der empirischen Verteilung drücken sich durch den Abstand der Punkte von der Geraden aus.

Die Grafiken und die oben dargestellten Testergebnisse zeigen, dass die Residuen annähernd normalverteilt sind: die mittleren Werte entsprechen größtenteils den erwarteten Werten. Die Voraussetzung E gilt damit als erfüllt.

---

[16] Die zweite Grafik („trendbereinigtes Normalverteilungsdiagramm") wird hier nicht dargestellt, da sie keine wesentlichen neuen Informationen liefert. Um die Abweichungen der Werte von der theoretischen Verteilung besser auf mögliche Trends hin untersuchen zu können, wird für die zweite Grafik der in der ersten Grafik abgebildete Normalverteilungsplot auf die Horizontale gekippt und der Maßstab ein wenig vergrößert.

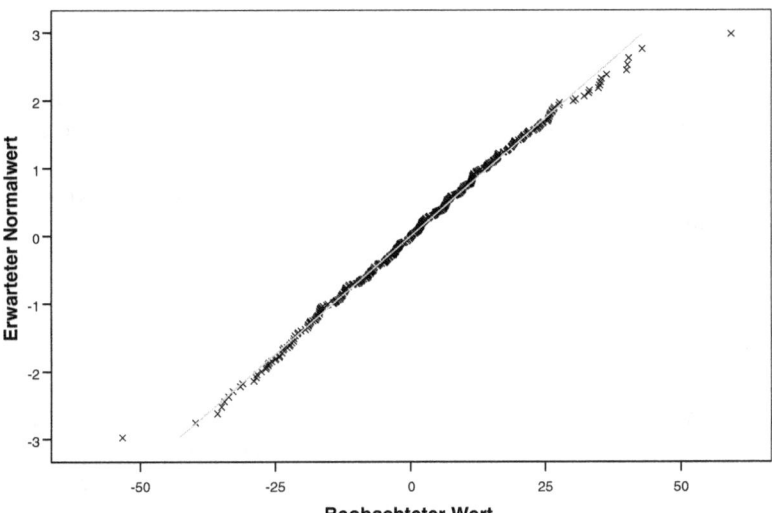

8 Schritt 7: Test auf Gleichheit der Mittelwerte, oder: Warum die Varianzanalyse Varianzanalyse heißt

Nachdem die Testvoraussetzungen überprüft wurden, kann man nun – mit Hilfe eines statistischen Tests – klären, ob sich die Mittelwerte auch in der Grundgesamtheit unterscheiden. Hierbei stellt sich zunächst die Frage: Wenn man bei der Varianzanalyse *Mittelwerte* vergleicht, warum heißt die Varianzanalyse dann *Varianz*analyse? Würde man nur die Mittelwerte vergleichen, ergäben sich zwei Probleme:
1) In verschiedenen Stichproben unterscheiden sich die Mittelwerte praktisch immer. Zieht man eine weitere Stichprobe, werden sich also wahrscheinlich sowohl die Stichprobenmittelwerte, als auch die Differenz zwischen den Mittelwerten unterscheiden.
2) Der Unterschied zwischen den beiden Mittelwerten in der Stichprobe ist vielleicht nicht statistisch signifikant, d. h. er ist vielleicht nicht groß genug, dass man davon ausgehen kann, ihn auch in der Grundgesamtheit aufzufinden.

Die Nullhypothese lautet damit:

H_0: Die Mittelwerte aller Gruppen sind in der Grundgesamtheit gleich.
H_0: $\alpha_1 = \alpha_2 = ... = \alpha_n$

H_A: Die Mittelwerte sind in mindestens zwei Gruppen der Grundgesamtheit unterschiedlich.

H_A: $\alpha_i \neq \alpha_j$ für mindestens ein Paar i und j

Wenn man die Nullhypothese verwirft, weiß man mit relativer Sicherheit, dass sich die Mittelwerte in der Grundgesamtheit in mindestens zwei Gruppen unterscheiden. Wie kann man nun diese Nullhypothese überprüfen? Anders ausgedrückt: Man kennt nur die Mittelwerte in der Stichprobe. Diese unterscheiden sich praktisch immer. Sind diese Unterschiede also nur zufällig oder weisen sie auf tatsächliche Unterschiede in der Grundgesamtheit hin?

Um dieses Problem zu lösen, stellt man folgende Überlegungen an: Die Gruppen unterscheiden sich hinsichtlich ihres Mittelwertes in der Stichprobe. Die einzelnen Werte innerhalb einer Gruppe streuen dabei um den Gruppenmittelwert. Wenn sich die Gruppenmittelwerte auch in der Grundgesamtheit deutlich unterscheiden, dann dürfte es relativ wenige Überschneidungen von Werten aus Gruppe 1, von Werten aus Gruppe 2 usw. geben. Die Streuung (Varianz) innerhalb einer Gruppe müsste relativ gering sein, die Streuung zwischen den Gruppen dagegen relativ groß. Grafisch würde sich in etwa folgendes Bild ergeben:

Grafik 3:   *Kleine Varianzen in den Teilgruppen*

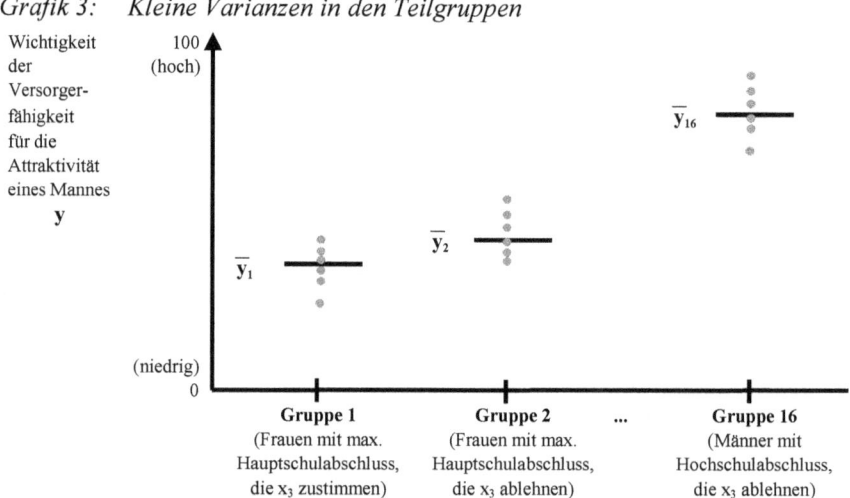

Sind die Gruppenmittelwerte dagegen in der Grundgesamtheit gleich und sind die Unterschiede in der Stichprobe möglicherweise darauf zurückzuführen, dass eine ungünstige Stichprobe gezogen wurde, dann müsste es relativ viele Überschneidungen von Werten aus Gruppe 1, Werten aus Gruppe 2 usw. geben. Die Streuung

(Varianz) innerhalb einer Gruppe müsste relativ groß sein, die Streuung zwischen den Gruppen dagegen relativ klein. Grafisch ergäbe sich folgendes Bild:

Grafik 4: Große Varianzen in den Teilgruppen

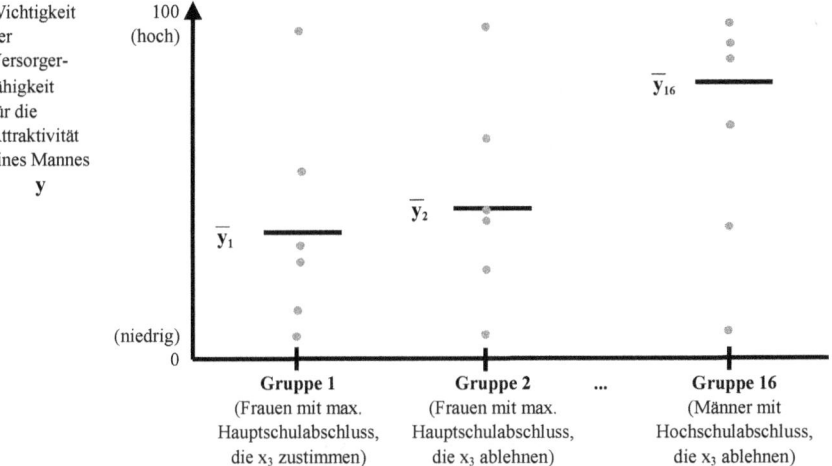

Um zu überprüfen, ob die Mittelwerte zweier Gruppen in der Grundgesamtheit gleich sind, muss man also auch ihre Varianzen berücksichtigen. Daher der Name „Varianzanalyse". Je nachdem, wie viele Variablen und Ausprägungen man miteinander vergleicht, muss man unterschiedliche Tests wählen: Existieren nur eine abhängige und eine unabhängige, binäre Variable oder will man nur zwei Gruppen miteinander vergleichen, verwendet man den t-Test. Bei einer abhängigen und einer oder mehreren unabhängigen nominalskalierten Variablen (mit mehr als zwei Ausprägungen), verwendet man den F-Test.

8.1 t-Test (bei binären Variablen bzw. paarweisen Vergleichen)

Zur Durchführung des t-Tests berechnet man zunächst den empirischen t-Wert mit Hilfe der Werte aus der Stichprobe:

$$t = \frac{\overline{y}_1 - \overline{y}_2}{\sqrt{\frac{s_1^2}{n_1} + \frac{s_2^2}{n_2}}}$$

Wenn in der Grundgesamtheit die Mittelwerte gleich wären, dann betrüge der t-Wert, der auf Basis der *Grundgesamtheit* berechnet wird, 0. In *Stichproben* weicht der t-Wert wegen Zufallsfehlern jedoch i. d. R. auch dann von 0 ab, wenn die Mittelwerte in der Grundgesamtheit gleich sind. Mit Hilfe der t-Verteilung kann man berechnen, wie häufig welche t-Werte in der Stichprobe auftreten müssten, wenn die Mittelwerte in der Grundgesamtheit gleich wären. Man formuliert dies so, dass bei einem gegebenen Signifikanzniveau α ein Anteil von $(1-α)*100$ % aller möglichen Stichproben t-Werte in einem bestimmten Wertebereich liefert (den man in Tabellen im Anhang von Statistikbüchern nachschlagen kann). So liegen bei α = 0,05 und einer Stichprobengröße von n = 682 die empirischen t-Werte von $(1-0,05)*100$ % = 95 % aller möglichen Stichproben zwischen −1,96 und +1,96. Man vergleicht nun diese theoretischen mit den empirischen (d. h. in der konkreten Stichprobe auftretenden) t-Werten. Ist der empirische t-Wert z. B. 1,3, behält man die Nullhypothese bei und geht davon aus, dass die Mittelwerte in der Grundgesamtheit gleich sind. Ist der empirische t-Wert z. B. −3 oder +5, verwirft man die Nullhypothese, weil diese empirischen Werte extrem unwahrscheinlich sind, wenn die Nullhypothese stimmt. Zu unterscheiden sind dabei zwei t-Tests für die Differenz zweier Mittelwerte:

3) Sind die Varianzen der einzelnen Gruppen in der Grundgesamtheit gleich (*„pooled variances"*), ist also die Voraussetzung D (Gleichheit der Varianzen, vgl. Abschnitt 6, S. 23ff.) erfüllt, so ist ein *pooled-variance-t-Test* anzuwenden.

4) Der t-Test für gleiche Varianzen kann leicht zu Fehlern führen, wenn entgegen der diesem Test zugrundeliegenden Annahme doch ein Unterschied zwischen den Varianzen der betrachteten Gruppen in der Grundgesamtheit besteht. Der Fehler wird dabei umso größer, je stärker sich die Varianzen unterscheiden (= *„separate variances"*). Ist die Voraussetzung D nicht erfüllt, ist deshalb ein *separate-variance-t-Test* durchzuführen. Sollten die Varianzen in der Grundgesamtheit doch gleich sein, läuft man bei der Verwendung des T-Tests mit ungleichen Varianzen Gefahr, tatsächlich in der Grundgesamtheit existierende Mittelwertunterschiede nicht zu erkennen. Je größer die Stichprobe ist, desto geringer sind allerdings die Unterschiede zwischen den beiden Testverfahren.

8.2 Umsetzung in SPSS und Beispiel

SPSS berechnet t-Tests mit der in Abschnitt 6.1 erläuterten Syntax und liefert die Ergebnisse in derselben Ausgabe wie die des Levene-Tests auf Gleichheit der Varianzen. Die Ergebnisse des Levene-Tests beeinflussen dabei, wie man die Ausgabe weiter interpretiert:

5) Die Ergebnisse des *pooled-variance-t-Tests* werden von SPSS in der Zeile „Varianzen sind gleich" mitgeteilt. Dies ist z. B. in der Ausgabe auf S. 26 der Fall, die vergleicht, wie Hauptschüler und Abiturienten die Bedeutung der Versorger-

fähigkeit für männliche Attraktivität beurteilen. Für diesen Gruppenvergleich beträgt der empirische t-Wert 2,48 mit 331 Freiheitsgraden. Die Nullhypothese, dass die Einstellungen der Gruppen in der Grundgesamtheit gleich sind, wird auf einem Signifikanzniveau von $\alpha = 0,013$ verworfen. Nimmt man eine Punktschätzung für die mittlere Differenz der Gruppenmittelwerte vor, so kann man sagen, dass im Mittel Hauptschüler einen um 4,4 Punkte höheren Skalenwert aufweisen als Abiturienten. Auf einem Konfidenzniveau von $(1-\alpha) = 0,95$ liegt die wahre, aber unbekannte Differenz der Mittelwerte im Intervall [0,9; 7,8].

6) Die Ergebnisse des *separate-variance-t-Tests* sind dagegen in der Zeile „Varianzen sind nicht gleich" abzulesen. Vergleicht man etwa Realschüler und Abiturienten (Ausgabe auf S. 26f.), so beträgt der empirische t-Wert 2,66 mit 394 Freiheitsgraden. Die Nullhypothese, dass sich die Einstellung der Gruppen in der Grundgesamtheit nicht unterscheidet, könnte damit auf einem Signifikanzniveau von $\alpha = 0,790$ verworfen werden. Da man in den Sozialwissenschaften i. d. R. Signifikanzniveaus $\alpha \leq 0,1$ wählt und das hier ausgegebene Signifikanzniveau deutlich darüber liegt, behält man in diesem Fall die Nullhypothese bei, dass es in der Grundgesamtheit keine Einstellungsunterschiede gibt.

8.3   F-Test (bei nominalskalierten Variablen im Rahmen der Varianzanalyse)

Hat der Faktor mehr als zwei Ausprägungen oder bezieht man mehrere Faktoren in das Modell ein, muss man statt des t-Tests einen F-Test durchführen. Der empirische F-Wert wird dabei folgendermaßen berechnet:[17]

7) Man berechnet zunächst die Gesamtstreuung in Form der Quadratsumme SS_t (= „<u>T</u>otal <u>S</u>um of <u>S</u>quares") mit (Gesamtzahl der Fälle − 1) Freiheitsgraden:

Gesamtstreuung = $\sum ($ Wert der j-ten Person in der i-ten Gruppe − Mittelwert der gesamten Stichprobe $)^2$

$$SS_t = \sum (y_{ij} - \bar{y})^2 = \sum y_{ij}^2 - \frac{(\sum y_{ij})^2}{n}$$

8) Dann berechnet man die Quadratsumme zwischen den Gruppen SS_b (= „<u>B</u>etween Groups <u>S</u>um of <u>S</u>quares"). Diese misst die durch das Modell *erklärte Streuung* mit (Gesamtzahl der Gruppen − 1) Freiheitsgraden:

---

[17] T-test und F-Test lassen sich ineinander überführen: Bei einfaktoriellen Varianzanalysen mit binären Variablen wird der empirische F-Wert durch die Quadrierung des empirischen t-Wertes berechnet.

$$\text{Streuung zwischen den Gruppen} = \sum \text{Zahl der Fälle in der i-ten Gruppe} \left(\text{Mittelwert der i-ten Gruppe} - \text{Mittelwert der gesamten Stichprobe} \right)^2$$

$$SS_b = \sum n_i \left(\overline{y_i} - \overline{y} \right)^2$$

9) Die Quadratsumme innerhalb der Gruppen SS_W (= „Within Groups Sum of Squares") misst die durch das Modell *nicht erklärte Streuung* bzw. die Streuung der Residuen mit (Gesamtzahl der Fälle in einer Gruppe – 1) Freiheitsgraden. Würden die unabhängigen Variablen die unterschiedlichen Ausprägungen der abhängigen Variablen bei den Befragten vollkommen erklären, betrüge die Streuung innerhalb der Gruppen $SS_W = 0$:

$$\text{Streuung der Werte innerhalb der i-ten Gruppe} = \sum \left(\text{Wert der j-ten Person in der i-ten Gruppe} - \text{Mittelwert in der Gruppe i} \right)^2$$

$$SS_w = \sum \left(y_{ij} - \overline{y_i} \right)^2 = SS_t - SS_b$$

10) Teilt man die Quadratsumme durch die Zahl der Freiheitsgrade, bekommt man einen Schätzer für die Varianz. Man kann so also die *Gesamtvarianz*, die *Varianz zwischen den Gruppen* und die *Varianz innerhalb der Gruppen* (= *Restvarianz, Residualvarianz, nicht erklärte Varianz*) schätzen.

11) Der *empirische F-Wert* berechnet sich dann folgendermaßen:

$$F = \frac{\text{Varianz zwischen den Gruppen (erklärte Streuung)}}{\text{Varianz innerhalb der Gruppen (nicht erklärte Streuung)}} = \frac{SS_b}{SS_w}$$

Wie beim t-Test überprüft man mit Hilfe der theoretischen Verteilung, wie wahrscheinlich es ist, dass dieser konkrete empirische F-Wert auftritt, wenn die Nullhypothese stimmt, dass in der Grundgesamtheit die Mittelwerte in allen Gruppen gleich sind. Würden (1-α)*100 % aller möglichen Stichproben einen F-Wert liefern, der näher am Wert 0 liegt als der empirische F-Wert, dann wird – wie beim t-Test – die Nullhypothese auf dem Signifikanzniveau α verworfen.

8.4 Umsetzung in SPSS

Mehrfaktorielle Varianzanalysen können in SPSS u. a. mit Hilfe der Prozedur „ANOVA" durchgeführt werden, deren Syntax folgendermaßen aufgebaut ist:[18]

```
ANOVA      VARIABLES= abhängigenvariablenliste
           BY unabhängigevariable1 (min,max)
           [unabhängigevariable2 (min,max) {usw.}]
```

---

[18] Die Bedeutung der hier nicht erläuterten Unterbefehle wird in Abschnitt 9.1 erklärt.

```
      [WITH kovariatenliste]
      /COVARIATES = WITH
      /MAXORDERS = ALL
      /METHOD = EXPERIMENTAL
      [/MISSING = {EXCLUDE} {INCLUDE}]
      /STATISTICS = NONE.
```

8.4.1 Unterbefehl „VARIABLES"

Mit dem Unterbefehl „VARIABLES" gibt man die abhängige und maximal fünf unabhängige Variablen (= Faktoren) an. Bei jedem Faktor muss man die kleinste und die größte Ausprägung angeben, die zur Gruppenbildung herangezogen werden soll. Diese Werte und alle dazwischen liegenden werden in die Analyse mit einbezogen. Alle Ausprägungen müssen ganzzahlig sein. Gibt man mehrere abhängige Variablen an, wird für jede abhängige Variable eine getrennte Varianzanalyse durchgeführt.

8.4.2 Unterbefehl „WITH"

Mit dem Befehl „WITH" kann man maximal zehn Kovariate definieren.

8.4.3 Unterbefehl „MISSING"

Mit dem Unterbefehl „MISSING" gibt man an, wie fehlende Werte behandelt werden sollen:
- „EXCLUDE" (Standardeinstellung): Jeder Fall, bei dem für eine der Variablen ein fehlender Wert auftritt, wird aus der Analyse ausgeschlossen.
- „INCLUDE": User-Missing-Values werden in die Analyse mit einbezogen.

8.5 Beispiel: Varianzanalyse mit experimentellem Design

In unserem Beispiel kann man einen F-Test mit folgender Syntax anfordern:
```
ANOVA ernahrer BY   sex (0,1) care (0,1) schule (1,4)
                    WITH alter gueter @trei_f @trei_m
      /COVARIATES = WITH
      /MAXORDERS = ALL
      /METHOD = EXPERIMENTAL
      /STATISTICS = REG MCA
      /MISSING = EXCLUDE.
```
SPSS gibt zunächst aus, wie viele Fälle insgesamt verarbeitet wurden. Wie der Ausgabe auf der nächsten Seite zu entnehmen ist, weisen 216 bzw. 32 % aller Befragten einen fehlenden Wert bei mindestens einer der in der Varianzanalyse verwendeten Variablen auf. Dies ist insofern ein Problem, weil sich der Daten-

satz auf 466 Fälle reduziert und unklar ist, ob es sich hierbei um systematische Ausfälle handelt.

Verarbeitete Fälle[a]

Fälle					
Eingeschlossen		Ausgeschlossen		Insgesamt	
N	Prozent	N	Prozent	N	Prozent
466	68,3%	216	31,7%	682	100,0%

a. Attraktivitätsmerkmal: Versorgerfähigkeit nach Geschlecht, Männer: erst genug verdienen, dann Kinder, Schulabschluss mit Alter in Jahren, Lebensziel: Ausstattungsniveau, Treimann-Prestige der Frau, Treimann-Prestige des Mannes

Die Ausgabe auf der folgenden Seite zeigt das Ergebnis des F-Tests. In der ersten Spalte stehen die Quadratsummen, in der zweiten die Freiheitsgrade. Die auf S. 35f. erläuterten Streuungskomponenten kann man den letzten drei Zeilen entnehmen: Aus der letzten Zeile („Insgesamt") kann man ablesen, dass die Gesamtstreuung SS_t = 133.430 mit (n – 1) = (466 – 1) = 465 Freiheitsgrade beträgt. Die „Residuen" bzw. nicht erklärte Streuung beträgt SS_w = 89.941 mit 446 Freiheitsgraden. Wie man der mit „Modell" beschrifteten Zeile entnehmen kann, beträgt die von den unabhängigen Variablen erklärte Streuung SS_b = 43.489 mit 19 Freiheitsgraden. In Spalte „F" derselben Zeile steht, dass der F-Wert des Gesamtmodells 11 beträgt und dass damit die Nullhypothese für das Gesamtmodell auf einem Signifikanzniveau von $\alpha < 0,001$ verworfen wird, d. h. man geht davon aus, dass sich die Mittelwerte in den Teilgruppen der Grundgesamtheit unterscheiden.

9 Schritt 8: Eliminierung irrelevanter unabhängiger Variablen und Einschätzung der relativen Bedeutung einzelner Variablen

Hat man in Schritt 7 die Nullhypothese H_0 verworfen, dass in der Grundgesamtheit alle Gruppenmittelwerte gleich groß sind, weiß man noch nicht, *wie groß* die Unterschiede sind. So macht es in unserem Beispiel einen Unterschied, ob sich die Befragten auf einer Skala von 0 bis 100 in ihrer Ansicht im Mittel um 0,01 Skalenpunkte, 1 Skalenpunkt oder 10 Skalenpunkte unterscheiden. Ebenso wenig weiß man, ob alle in das Modell einbezogenen Variablen auch wirklich große Erklärungskraft besitzen oder ob nur einzelne Variablen besonders bedeutsam, die anderen dagegen irrelevant sind. Irrelevante Variablen zu eliminieren, ist aber im Sinne der Modellökonomie wünschenswert, d. h. man will das theoretische Modell auf möglichst wenige aussagekräftige Variablen reduzieren.

Kapitel 1: Mittelwertvergleiche und Varianzanalyse

ANOVA[a,b]

			Experimentelle Methode				
			Quadrat-summe	df	Mittel der Quadrate	F	Sig.	B
Attraktivitätsmerkmal: Versorgerfähigkeit	Haupteffekte mit Kovariaten	(Kombiniert)	41217,875	9	4579,764	23	,000	
		Geschlecht	24062,640	1	24062,64	119	,000	
		Männer: erst genug verdienen, dann Kinder	801,974	1	801,974	4,0	,047	
		Schulabschluss	303,781	3	101,260	,502	,681	
		Ko- **Alter in Jahren**	650,094	1	650,094	3,2	,073	,078
		variate **Lebensziel: Ausstattungsniveau**	1933,493	1	1933,493	9,6	,002	,116
		Treimann-Prestige der Frau	32,159	1	32,159	,159	,690	,013
		Treimann-Prestige des Mannes	170,053	1	170,053	,843	,359	,033
	2-Weg-Wechselwirkungen	(Kombiniert)	2156,706	7	308,101	1,5	,156	
		Geschlecht * Männer: erst genug verdienen, dann Kinder	238,314	1	238,314	1,2	,278	
		Geschlecht * Schulabschluss	1860,165	3	620,055	3,1	,027	
		Männer: erst genug verdienen, dann Kinder * Schulabschluss	83,019	3	27,673	,137	,938	
	3-Weg-Wechselwirkungen	Geschlecht * Männer: erst genug verdienen, dann Kinder * Schulabschluss	114,182	3	38,061	,189	,904	
		Modell	43488,763	19	2288,882	11	,000	
		Residuen	89941,431	446	201,662			
		Insgesamt	133430,2	465	286,947			

a. Attraktivitätsmerkmal: Versorgerfähigkeit nach Geschlecht, Männer: erst genug verdienen, dann Kinder, Schulabschluss mit Alter in Jahren, Lebensziel: Ausstattungsniveau, Treimann-Prestige der Frau, Treimann-Prestige des Mannes

b. Kovariaten mit Haupteffekten eingegeben

Prinzipiell sind folgende Varianten denkbar, wie die unabhängigen Variablen auf die abhängige Variable einwirken können:

12) *Kein Effekt:* In diesem Fall wären die Mittelwerte in allen Gruppen gleich und identisch mit dem Gesamtmittelwert (vgl. Abschnitt 3). Wenn man – wie in unserem Beispiel – in Schritt 7 die Nullhypothese H_0 für das Gesamtmodell verworfen hat, ist dies extrem unwahrscheinlich.

13) *Additiver Effekt:* Die einzelnen Faktoren können jeweils unabhängig voneinan-

der die abhängige Variable beeinflussen (Baur 2004c). So könnten z. B. Männer grundsätzlich die Ernährereigenschaften für wichtiger halten als Frauen, unabhängig davon, welchen Bildungsgrad sie haben und wie sie dazu stehen, ob Männer erst Kinder bekommen sollten, wenn sie genug verdienen. Diese additiven Einflüsse nennt man *Haupteffekte* oder *Effekte 1. Ordnung*.

14) *Interaktionseffekt:* Die Faktoren können auch nur in einer spezifischen Ausprägungskombination relevant sein. So wäre es denkbar, dass Frauen an sich keine systematisch von den Männern abweichende Meinung haben, dass aber Frauen mit Hochschulabschluss sich aufgrund ihrer spezifischen Lebensumstände von anderen Gruppen unterscheiden. Solche Einflüsse nennt man *Interaktionseffekte* oder *Wechselwirkungen* (Baur 2004c). *Effekte 2. Ordnung* sind Wechselwirkungen zwischen zwei Variablen (z. B. (a) Geschlecht *und* Bildung; (b) Geschlecht *und* Einstellung zum Verhältnis des Verdiensts und Vaterwerdens; (c) Bildung *und* Einstellung zum Verhältnis des Verdiensts und Vaterwerdens). *Effekte 3. Ordnung* sind Wechselwirkungen zwischen drei Variablen (z. B. Geschlecht *und* Bildung *und* Einstellung zum Verhältnis des Verdiensts und Vaterwerdens). Bei n Faktoren kann es Effekte bis zur n-ten Ordnung geben, in unserem Beispiel also Effekte bis zur dritten Ordnung.

Würde man nur zwei Faktoren betrachten, ließe sich die Ausprägung der abhängigen Variablen bei jeder Person in der Grundgesamtheit als folgende Linearkombination aus Haupteffekten, Wechselwirkungen und Residuen darstellen:

Ausprägung der Variable Y bei der Person m in der ij-ten Gruppe		Konstante (Gesamtmittelwert)		Folge der Zugehörigkeit zur Gruppe i (Wirkung der unabhängigen Variable x_1)		Folge der Zugehörigkeit zur Gruppe j (Wirkung der unabhängigen Variable x_2)		Folge der Zugehörigkeit zur Gruppe ij (Interaktionseffekt zwischen x_1 und x_2)		Wirkung aller anderen Variablen, die in der Analyse nicht berücksichtigt werden (Residuum)
Y_{ijm}	=	μ	+	α_i	+	β_j	+	γ_{ij}	+	ε_{ijm}

Bei drei Faktoren müssen bereits wesentlich mehr mögliche Einflüsse berücksichtigt werden. So zeigt Grafik 5 die einzelnen Komponenten der Gesamtstreuung für unser Beispiel.

Grafik 5: Aufteilung der Gesamtstreuung im dreifaktoriellen Design

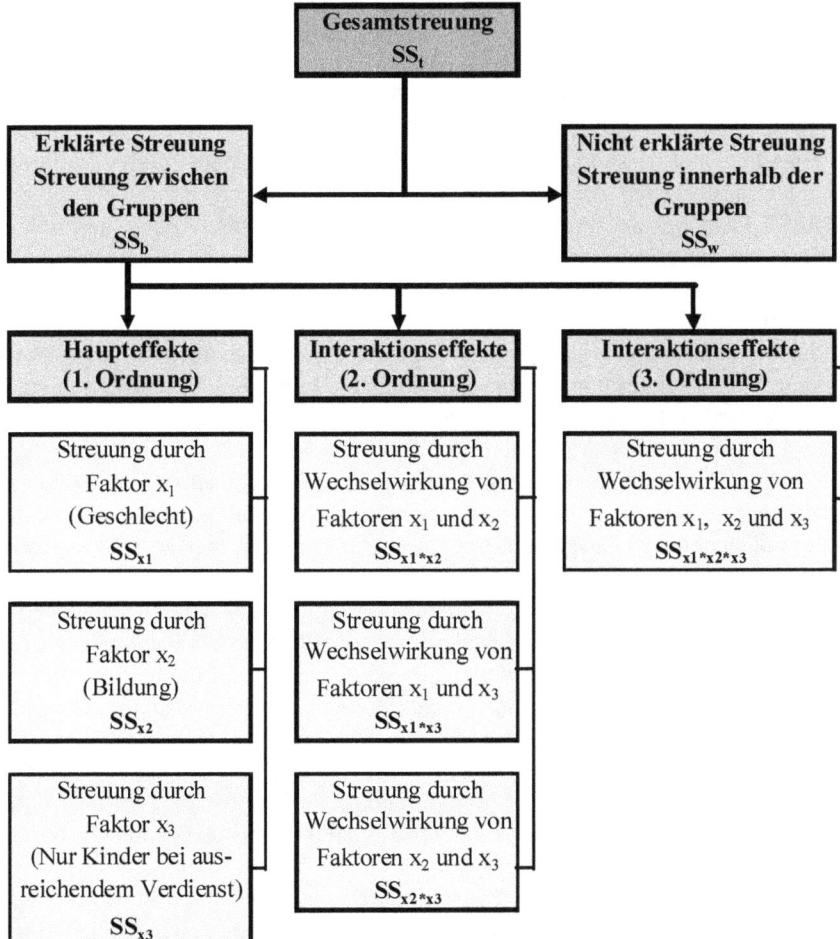

Zerlegt man die Streuung auf diese Weise, wird deutlich, dass nicht unbedingt alle Komponenten gleich wichtig sein müssen. Deshalb testet SPSS bei einer Varianzanalyse nicht nur den Einfluss des Gesamtmodells, sondern auch den jeder einzelnen Streuungskomponente. Wie der Ausgabe auf S. 39 zu entnehmen ist, führt SPSS die Haupteffekte, den Einfluss der Kovariaten sowie alle Interaktionseffekte einzeln an und testet jeweils einzeln die Nullhypothese, dass bezüglich dieser Gruppenaufteilung keine Unterschiede in der Grundgesamtheit existieren. Von allen hier betrachteten Gruppenunterschieden kann nur für folgende die Nullhypothese verworfen werden: das Geschlecht ($\alpha < 0,001$), die Meinung zu der Aussage, dass Männer erst genug verdienen sollen, bevor sie Kinder bekommen ($\alpha = 0,047$), das Alter in Jahren ($\alpha = 0,073$), der Wunsch nach einem möglichst hohen Ausstattungsniveau ($\alpha = 0,002$) sowie die Interaktion zwischen Geschlecht und Bildungsniveau ($\alpha = 0,027$).

Dies bedeutet, dass man die anderen Variablen aus dem Modell entfernen kann. Hieraus ergeben sich zwei Folgeprobleme:

15) SPSS kann bei der Prozedur „ANOVA" Interaktionseffekte einer bestimmten Ordnung nur ganz oder gar nicht berechnen. Will man also die (nicht signifikanten) Wechselwirkungen von Geschlecht und Einstellung zum Verhältnis des Verdiensts und Vaterwerdens bzw. Bildung und Einstellung zum Verhältnis des Verdiensts und Vaterwerdens weglassen, muss man auch auf die (signifikante) Wechselwirkung zwischen Bildungsgrad und Geschlecht verzichten.

Außerdem können die Interaktionseffekte nicht ohne die Haupteffekte berücksichtigt werden. Man kann also den Interaktionseffekt von Bildung und Geschlecht nicht berechnen, ohne den (nicht signifikanten) Haupteffekt der Bildung zu berechnen. Da hier das primäre Ziel Modellökonomie ist, werden im Folgenden nur die Haupteffekte betrachtet. Der Preis hierfür ist, dass ein relevanter Erklärungsfaktor ignoriert wird.

16) Lässt man Interaktionseffekte unberücksichtigt, wird – ähnlich wie bei der multiplen linearen Regressionsanalyse im Falle der Multikollinearität – die den beiden interagierenden Faktoren gemeinsame Varianz auf die beiden Faktoren verteilt, indem sie dem als erstes in das Modell eingeführten Faktor zugeschlagen wird. Man muss nun unterscheiden zwischen maximaler Erklärungskraft eines Faktors (wenn er als Erstes *vor* allen anderen Faktoren und Kovariaten in das Modell eingeführt wird) und minimaler Erklärungskraft eines Faktors (wenn er als Letztes *nach* allen anderen Faktoren und Kovariaten in das Modell eingeführt wird).

Es kann vorkommen, dass man zwischen zwei Faktoren abwägen muss, weil jeder nur signifikant ist, wenn er vor dem anderen in das Modell eingeführt wird. Für dieses Problem existiert keine allgemeine Lösung. Als Faustregel lässt sich festhalten: Man sollte dem Faktor den Vorzug geben, der insgesamt mehr Varianz erklärt und theoretisch bedeutsamer ist.

Am Ende des Streichprozesses sollte ein reduziertes Modell stehen, das idealerweise fast genauso viel Erklärungskraft besitzt wie das ursprüngliche Modell.

9.1 Umsetzung in SPSS

Um die hier genannten Analysen durchführen zu können, kann man die Prozedur „ANOVA" um folgende Unterbefehle erweitern:

```
ANOVA     VARIABLES= abhängigenvariablenliste
              BY unabhängigevariable1 (min,max)
              [unabhängigevariable2 (min,max) {usw.}]
          [WITH kovariatenliste]
          [/METHOD = {UNIQUE} {EXPERIMENTAL} {HIERARCHICAL}]
          [/COVARIATES = {FIRST} {WITH} {AFTER}]
          [/MAXORDERS = {NONE} {ALL} {n}]
          [/MISSING = {EXCLUDE} {INCLUDE}]
          [/STATISTICS = {MCA} {REG} {MEAN} {ALL} {NONE}].
```

9.1.1 Unterbefehl „MAXORDERS"

Mit „MAXORDERS" bestimmt man, wie viele Interaktionsbeziehungen berechnet werden sollen. Es werden dabei mit berücksichtigt:
- „ALL" (Standardeinstellung): alle Interaktionseffekte, maximal bis zur 5. Stufe;
- „N": alle Interaktionseffekte bis zur n-ten Stufe;
- „NONE": keine Interaktionseffekte (entspricht n=1, also der 1. Stufe).

9.1.2 Unterbefehl „COVARIATES"

Mit dem Unterbefehl „COVARIATES" legt man fest, an welcher Stelle die Kovariaten in die Analyse mit einbezogen werden sollen:
- „FIRST": zuerst die Kovariaten, dann die Faktoren (Standardeinstellung);
- „WITH": Kovariate und Faktoren gleichzeitig;
- „AFTER": zuerst die Faktoren, dann die Kovariaten.

Dieser Unterbefehl kann nur in Kombination mit den Unterbefehlen „METHOD = EXPERIMENTAL" oder „METHOD = HIERARCHICAL" verwendet werden.

9.1.3 Unterbefehl „METHOD"

Mit dem Unterbefehl „METHOD" beeinflusst man, in welcher Reihenfolge die Variablen in die Analyse einbezogen werden und wie die Gesamtquadratsumme auf die einzelnen Variablen aufgeteilt wird.
- „UNIQUE" („Regressionsansatz"; Standardeinstellung): Alle Faktoren und Kovariaten werden gleichzeitig in die Analyse mit einbezogen, d. h. alle Effekte (inklusive Interaktionseffekte) werden gleichzeitig berechnet. Bei diesem Ansatz kann man die Unterbefehle „COVARIATES", „STATISTICS = MCA" und „STATISTICS = MEAN" nicht berechnen lassen.
- „EXPERIMENTAL" („Klassisches experimentelles Design"): Wurden „COVARIATES = FIRST" und „MAXORDERS = ALL" gewählt, werden die Effekte

in der folgenden Reihenfolge in die Analyse einbezogen:
- alle Haupteffekte der Kovariaten gleichzeitig
- alle Haupteffekte der Faktoren gleichzeitig
- alle zweiseitigen Interaktionseffekte gleichzeitig
- alle dreiseitigen Interaktionseffekte gleichzeitig
- alle vierseitigen Interaktionseffekte gleichzeitig
- alle fünfseitigen Interaktionseffekte gleichzeitig

Für die Berechnung der Wirkung einer Effektgruppe wird die Restvarianz (d. h. die von den zuvor in die Analyse einbezogenen Effektgruppen nicht erklärte Varianz) zugrunde gelegt.

- „HIERARCHICAL" („hierarchischer Ansatz"): Im Gegensatz zum Unterbefehl „EXPERIMENTAL" werden hier nicht alle Variablen einer Effektgruppe gleichzeitig in das Modell eingeführt, sondern eine Variable nach der anderen. Die Eingabereihenfolge der Variablen in der Syntax ist demnach relevant. Wurden „COVARIATES = FIRST" und „MAXORDERS = ALL" gewählt, werden die Effekte in der folgenden Reihenfolge in die Analyse einbezogen:
    - Haupteffekt der Kovariaten 1 (ausschlaggebend ist die Eingabereihenfolge der Kovariaten in der Syntax im Unterbefehl „WITH")
    - Haupteffekt der Kovariaten 2
    - Haupteffekt der Kovariaten 3
    - etc.
    - Haupteffekt des Faktors 1 (ausschlaggebend ist die Eingabereihenfolge der Faktoren in der Syntax im Unterbefehl „BY")
    - Haupteffekt des Faktors 2
    - etc.
    - alle zweiseitigen Interaktionseffekte gleichzeitig
    - alle dreiseitigen Interaktionseffekte gleichzeitig
    - alle vierseitigen Interaktionseffekte gleichzeitig
    - alle fünfseitigen Interaktionseffekte gleichzeitig

Für die Berechnung der Wirkung einer Variablen wird die Restvarianz (die von den zuvor in die Analyse einbezogenen Variablen nicht erklärte Varianz) zugrunde gelegt. Damit kann man – wie bei der multiplen linearen Regressionsanalyse – das maximale und das minimale Varianzaufklärungspotenzial einer Variable berechnen: Man bezieht jede Variable einmal als erste und einmal als letzte in die Analyse mit ein.

9.1.4 Unterbefehl „Statistics"

Der Unterbefehl „STATISTICS" fordert zusätzliche Statistiken an:
- „MEAN": Mittelwert und Zahl der Fälle je Untergruppe. Dies entspricht den Mittelwerten, die man mit der Prozedur „MEANS" anfordern kann, allerdings ohne zusätzliche Statistiken und für jede unabhängige Variable getrennt.
- „MCA" („Multiple Classification Analysis"): Mit Hilfe der MCA schätzt man die Stärke der Gruppeneffekte (α-Koeffizienten). Weiterhin wird die Güte des Gesamtmodells mit Hilfe von η^2 berechnet (Näheres zu η^2 vgl. Abschnitt 10).
- „REG" („Regression Coefficients for the Covariates") schätzt die Stärke des Einflusses der Kovariaten durch Berechnung der nichtstandardisierten Regressionskoeffizienten β zum Zeitpunkt, zu dem die Kovariate in die Analyse mit einbezogen wird.
- „ALL": alle Statistiken.
- „NONE": keine Statistiken.

9.2 Beispiel

Zu Beginn dieses Kapitels wurden sieben mögliche Einflussfaktoren für die Einschätzung der Wichtigkeit der Versorgerfähigkeit für männliche Attraktivität in Erwägung gezogen (vgl. Abschnitt 1.1 auf S. 12ff.). Werden diese gleichzeitig in ein varianzanalytisches Modell eingeführt (vgl. S. 39 und 42), wird deutlich, dass hiervon allenfalls fünf relevant sind: das Geschlecht, das Bildungsniveau, das Alter in Jahren, der Wunsch nach einem möglichst hohen Ausstattungsniveau sowie die Meinung zu der Aussage, dass Männer erst genug verdienen sollten, bevor sie Kinder bekommen.

Auf S. 42 wurde erläutert, warum anschließend nur die Haupteffekte dieser fünf Variablen betrachtet werden. Wie viel erklären diese Variablen nun jeweils mindestens und höchstens? Das wird im Folgenden mit Hilfe einer Reihe von hierarchischen Varianzanalysen festgestellt, wobei aus Platzgründen jeweils nur die Varianzanalysen zur Berechnung des minimalen und maximalen Einfluss von Alter und Bildung dargestellt werden (Abschnitt 9.2.1). Um die Effektstärke der anderen drei Variablen beziffern zu können, müsste man zusätzliche hierarchische Varianzanalysen durchführen, bei denen jede Variable einmal als erste und einmal als letzte in das Modell eingeführt wird. Auf Basis der Ergebnisse der hierarchischen Varianzanalyse wird das Modell weiter reduziert und die Effektstärken der einzelnen Variablen werden mit einer Varianzanalyse im klassischen experimentellen Design geschätzt (Abschnitt 9.2.2).

9.2.1 Hierarchische Varianzanalyse

Mit der folgenden Syntax werden die Variablen in der Reihenfolge Bildungsniveau – Geschlecht – Einstellung zu der Aussage, dass Männer erst genug verdienen sollen, bevor sie Kinder bekommen – Wunsch nach einem möglichst hohen Ausstattungsniveau – Alter in das Modell mit einbezogen:

```
ANOVA ernahrer BY      schule (1,4) sex (0,1) care (0,1)
               WITH gueter alter
      /COVARIATES = AFTER
      /MAXORDERS = NONE
      /METHOD = HIERARCHICAL
      /STATISTICS = REG MCA
      /MISSING = EXCLUDE.
```

Wie die untenstehende Ausgabe zeigt, lässt sich die maximale Erklärungskraft der Bildung sowie die – in diesem Modell – minimale Erklärungskraft des Alters bestimmen. (Würde man weitere erklärungskräftige Variablen in das Modell einfügen, die mit dem Alter interagieren, würde sich allerdings die Erklärungskraft des Alters weiter reduzieren.)

ANOVA[a,b]

			Hierarchische Methode				
			Quadratsumme	df	Mittel der Quadrate	F	Sig.	B
Attraktivitätsmerkmal: Versorgerfähigkeit	Haupteffekte	(Kombiniert)	51607,77	5	10321,55	49,58	,000	
		Schulabschluss	**1800,767**	**3**	**600,256**	**2,883**	**,035**	
		Geschlecht	48269,81	1	48269,81	231,9	,000	
		Männer: erst genug verdienen, dann Kinder	1537,196	1	1537,196	7,384	,007	
	Kovariaten	(Kombiniert)	3580,079	2	1790,039	8,599	,000	
		Lebensziel: Ausstattungsniveau	3141,273	1	3141,273	15,09	,000	,12
		Alter in Jahren	**438,806**	**1**	**438,806**	**2,108**	**,147**	**,05**
	Modell		55187,85	7	7883,979	37,87	,000	
	Residuen		140312,6	674	208,179			
	Insgesamt		195500,4	681	287,078			

a. Attraktivitätsmerkmal: Versorgerfähigkeit nach Schulabschluss, Geschlecht, Männer: erst genug verdienen, dann Kinder mit Lebensziel: Ausstattungsniveau, Alter in Jahren

b. Kovariaten nach Haupteffekten eingegeben

Führt man die Schulbildung als erstes in das Modell ein, kann die Nullhypothese, dass in der Grundgesamtheit kein Unterschied zwischen den verschiedenen Bildungsgruppen besteht, auf einem Signifikanzniveau von α = 0,035 verworfen werden. Die Nullhypothese, dass in der Grundgesamtheit keine Altersunterschiede bestehen, könnte bei diesem Modell nur auf einem Signifikanzniveau von $\alpha = 0{,}147$ verworfen werden. Sie wird also beibehalten.

Ein anderes Bild ergibt sich, wenn man die Variablen in der Reihenfolge Alter – Wunsch nach einem möglichst hohen Ausstattungsniveau – Einstellung zu der Aussage, dass Männer erst genug verdienen sollen, bevor sie Kinder bekommen – Geschlecht – Bildungsniveau in das Modell einführt:

```
ANOVA ernahrer BY    care (0,1) sex (0,1) schule (1,4)
                WITH alter gueter
     /COVARIATES = FIRST
     /MAXORDERS = NONE
     /METHOD = HIERARCHICAL
     /STATISTICS = REG MCA
     /MISSING = EXCLUDE.
```

Wie die SPSS-Ausgabe zeigt, ist nun das Alter mit $\alpha = 0{,}053$ signifikant. Dafür kann nun die Nullhypothese für das Bildungsniveau nicht verworfen werden ($\alpha = 0{,}713$):

ANOVA[a,b]

			Hierarchische Methode					
			Quadratsumme	df	Mittel der Quadrate	F	Sig.	B
Attraktivitätsmerkmal: Versorgerfähigkeit	Kovariaten	(Kombiniert)	10835,0	2	5417,476	26,02	,000	
		Alter in Jahren	780,076	1	780,076	3,747	,053	,06
		Lebensziel: Ausstattungsniveau	10054,9	1	10054,875	48,30	,000	,20
	Haupteffekte	(Kombiniert)	44352,9	5	8870,580	42,61	,000	
		Männer: erst genug verdienen, dann Kinder	2115,001	1	2115,001	10,16	,002	
		Geschlecht	41953,1	1	41953,100	201,5	,000	
		Schulabschluss	**284,800**	**3**	**94,933**	**,456**	**,713**	
	Modell		55187,9	7	7883,979	37,87	,000	
	Residuen		140313	674	208,179			
	Insgesamt		195500	681	287,078			

a. Attraktivitätsmerkmal: Versorgerfähigkeit nach Männer: erst genug verdienen, dann Kinder, Geschlecht, Schulabschluss mit Alter in Jahren, Lebensziel: Ausstattungsniveau

b. Kovariaten zuerst eingegeben

Sollte nun Alter oder Bildung aus dem Modell eliminiert werden? (Für die anderen drei Variablen stellt sich diese Frage nicht, da die Nullhypothese auch dann signifikant ist, wenn sie als letztes in das Modell eingeführt werden.) Ein Teil des Problems liegt darin, dass Alter und Bildung zusammenhängen: Durch die Bildungsexpansion haben jüngere Deutsche im Durchschnitt ein höheres Bildungsniveau als ältere. Da in dieser Untersuchung aber Querschnittsdaten erhoben wurden, kann nicht festgestellt werden, ob das höhere Alter gemeinsame Ursache für steigendes Bildungsniveau und Beurteilung der Versorgerfähigkeit ist (was für die Eliminierung der Bildungsvariable aus dem Modell spräche) oder das Bildungsniveau die intervenierende Variable ist (was für die Eliminierung der Altersvariable aus dem Modell spräche; zur Drittvariablenkontrolle siehe auch Baur 2004c). In diesem Beispiel kann die Entscheidung für oder gegen eine Variable also nicht statistisch, sondern nur theoretisch getroffen werden (und ist damit nicht empirisch gesichert). Da hier von einem generationalen Wertewandel ausgegangen wird, wird im Folgenden das Bildungsniveau nicht weiter berücksichtigt.

9.2.2 Varianzanalyse mit klassischem experimentellen Design

Das Modell wurde also von ursprünglich sieben auf vier erklärende Variablen reduziert: Geschlecht – Alter – Wunsch nach einem möglichst hohen Ausstattungsniveau – Einstellung zu der Aussage, dass Männer erst genug verdienen sollen, bevor sie Kinder bekommen. Mit Hilfe einer Varianzanalyse im klassischen experimentellen Design wird nun die Stärke der einzelnen Effekte beurteilt:

```
ANOVA ernahrer BY    sex (0,1) care (0,1)
                WITH alter gueter
      /COVARIATES = WITH
      /MAXORDERS = NONE
      /METHOD = EXPERIMENTAL
      /STATISTICS = REG MCA
      /MISSING = EXCLUDE.
```

Entgegen dem ursprünglichen Modell (vgl. S. 37ff.) ist jetzt das Problem der fehlenden Werte gelöst: Alle 682 Befragten haben sämtliche hier einbezogene Fragen beantwortet und können deshalb im Modell berücksichtigt werden:

Verarbeitete Fälle[a]

Fälle					
Eingeschlossen		Ausgeschlossen		Insgesamt	
N	Prozent	N	Prozent	N	Prozent
682	100,0%	0	,0%	682	100,0%

a. Attraktivitätsmerkmal: Versorgerfähigkeit nach Geschlecht, Männer: erst genug verdienen, dann Kinder, Schulabschluss mit Lebensziel: Ausstattungsniveau

Laut der Ausgabe auf der nächsten Seite kann die Nullhypothese, dass in der Grundgesamtheit keine Gruppenunterschiede bestehen, für das Gesamtmodell auf dem Signifikanzniveau α < 0,001 verworfen werden. Gleiches gilt für die

Kapitel 1: Mittelwertvergleiche und Varianzanalyse 49

Variablen Alter auf $\alpha = 0{,}055$, für die Einstellung zu der Aussage, dass Männer erst genug verdienen sollen, bevor sie Kinder bekommen, auf $\alpha = 0{,}009$ und für die zwei übrigen Variablen auf $\alpha < 0{,}001$.

ANOVA[a,b]

			Experimentelle Methode					
			Quadratsumme	df	Mittel der Quadrate	F	Sig.	B
Attraktivitätsmerkmal: Versorgerfähigkeit	Haupteffekte mit Kovariaten	(Kombiniert)	54903,1	4	13725,763	66,092	,000	
		Geschlecht	41953,1	1	41953,100	202,0	,000	
		Männer: erst genug verdienen, dann Kinder	1409,620	1	1409,620	6,788	,009	
	Kovariate	Alter in Jahren	765,413	1	765,413	3,686	,055	,06
		Lebensziel: Ausstattungsniveau	3229,710	1	3229,710	15,552	,000	,12
	Modell		54903,1	4	13725,763	66,092	,000	
	Residuen		140597	677	207,677			
	Insgesamt		195500	681	287,078			

a. Attraktivitätsmerkmal: Versorgerfähigkeit nach Geschlecht, Männer: erst genug verdienen, dann Kinder mit Alter in Jahren, Lebensziel: Ausstattungsniveau
b. Kovariaten mit Haupteffekten eingegeben

Es scheinen also auch in der Grundgesamtheit Unterschiede zwischen den einzelnen Bevölkerungsgruppen hinsichtlich ihrer Beurteilung der Versorgerfähigkeit zu existieren. Aber wie groß sind diese Unterschiede? Zu Beginn des Abschnitts 9 wurde erläutert, dass man die Stärke des Effektes der Gruppenzugehörigkeit messen kann. Für die Kovariaten kann man die β-Koeffizienten einer Regressionsanalyse mit Hilfe des Unterbefehls „STATISTICS = REG" schätzen. Der letzten Spalte der obigen Ausgabe lassen sich so die β-Koeffizienten entnehmen: Mit jedem zusätzlichen Skalenpunkt auf der Skala „Wichtigkeit eines hohen Ausstattungsniveaus" steigt der Wert von Befragten auf der Skala „Einschätzung der Wichtigkeit der Versorgerfähigkeit für männliche Attraktivität" durchschnittlich um $b_1 = 0{,}12$ Skalenpunkte. Mit jedem Lebensjahr der Befragten steigt dieser Skalenwert im Schnitt um $b_2 = 0{,}06$ Skalenpunkte. Fazit: Je älter Befragte sind und je wichtiger ihnen materielle Güter sind, desto attraktiver erscheinen ihnen Männer, die gute Versorger sind.

Schätzer für die Gruppeneffekte (α-Koeffizienten) der einzelnen Faktoren erhält man dagegen mit Hilfe des Unterbefehls „STATISTICS = MCA". SPSS gibt dann die Ergebnisse einer multiplen Klassifikationsanalyse in einer gesonderten Ausgabe aus. Der ersten Spalte („N") der Ausgabe auf der nächsten Seite ist zu entnehmen, dass der Datensatz 332 Frauen und 350 Männer enthält. 459 Befragte stimmen der Aussage zu, dass Männer erst Kinder bekommen sollten, wenn sie genug verdienen, um sie ernähren zu können, 223 Befragte lehnen die Aussage ab.

Weiterhin gibt SPSS Schätzungen für den Mittelwert an, wenn die Kovariaten und anderen Faktoren nicht berücksichtigt werden (Spalte „Nicht angepaßt") bzw. wenn sie berücksichtigt werden (Spalte „Nach Faktoren und Kovariaten angepaßt"). Berücksichtigt man z. B. auch das Alter, den Wunsch nach einem hohen Ausstattungsniveau sowie die Einstellung zur Frage, ob Männer erst Kinder bekommen sollten, wenn sie genug verdienen, so weisen Frauen auf der Skala „Wichtigkeit der Versorgerfähigkeit für die Attraktivität eines Mannes" im Schnitt einen Wert von 39 auf (3. Spalte) und liegen damit um 8 Skalenpunkte unter dem Durchschnitt aller Befragten (letzte Spalte). Männer dagegen haben einen mittleren Skalenwert von 55 und liegen um 8 Skalenpunkte über dem Durchschnitt aller Befragten.

Multiple Klassifikationsanalyse (MCA)

			N	Vorhergesagtes Mittel		Abweichung	
				Nicht ange- paßt	Nach Faktoren und Kovariaten angepaßt	Nicht ange- paßt	Nach Faktoren und Kovariaten angepaßt
Attrak- tivitäts- merk- mal: Ver- sorger- fähig- keit	Geschlecht	Frau	332	38,78	39,29	-8,708	-8,197
		Mann	350	55,75	55,26	8,261	7,776
	Männer: erst genug verdienen, dann Kinder	Ableh- nung	223	44,58	45,39	-2,903	-2,093
		Zustim- mung	459	48,90	48,50	1,410	1,017

a. Attraktivitätsmerkmal: Versorgerfähigkeit nach Geschlecht, Männer: erst genug verdienen, dann Kinder mit Alter in Jahren, Lebensziel: Ausstattungsniveau

10 Schritt 9: Berechnung der Güte des Gesamtmodells (ETA Quadrat)

Nachdem das Modell auf wenige relevante Variablen reduziert wurde, stellt sich abschließend die Frage, wie groß die Erklärungskraft des Gesamtmodells ist und ob die Reduktion des Modells von sieben auf vier unabhängige Variablen vertretbar oder der Informationsverlust zu groß ist. Ein Maß für die Güte des Gesamtmodells ist *ETA-Quadrat* η^2 (= „*correlation ratio*"). η^2 besagt, um wie viel sich die Vorhersagegenauigkeit erhöht, wenn man die Gruppenzugehörigkeit einer Person kennt. Man kann η^2 folgendermaßen berechnen:

$$\text{ETA Quadrat} = \frac{\text{Erklärte Streuung}}{\text{Gesamtstreuung}} = \eta^2 = \frac{SS_t - SS_w}{SS_t} = \frac{SS_b}{SS_t}$$

10.1 Umsetzung in SPSS und Beispiel

Der Unterbefehl „STATISTICS = MCA" liefert nicht nur Schätzer für α-Koeffizienten, sondern auch für η^2. Dieser Unterbefehl wurde in allen obigen Syntaxen verwendet, so dass man nun die verschiedenen Ausgaben miteinander vergleichen kann. In Abschnitt 8.5 (S. 37f.) wurde eine dreifaktorielle Varianzanalyse mit vier Kovariaten im klassischen experimentellen Design durchgeführt. Für dieses varianzanalytische Modell berechnet SPSS folgende Güte:

Güte der Anpassung für das Modell

	Faktoren und Kovariaten	
	R	R-Quadrat
Attraktivitätsmerkmal: Versorgerfähigkeit nach Geschlecht, Männer: erst genug verdienen, dann Kinder, Schulabschluss mit Alter in Jahren, Lebensziel: Ausstattungsniveau, Treimann-Prestige der Frau, Treimann-Prestige des Mannes	,556	,309

Der Spalte „R-Quadrat" kann man η^2 entnehmen. Dieses beträgt 0,309. Folglich erklären die sieben unabhängigen Variablen zusammen 30,9 % der Streuung der Meinungen der Befragten hinsichtlich der Bedeutung der Versorgerfähigkeit für männliche Attraktivität. Eliminiert man alle irrelevanten Variablen und führt nur noch eine zweifaktorielle Varianzanalyse mit zwei Kovariaten durch (vgl. Abschnitt 9.2.2, S. 48f.), reduziert sich die Güte des Gesamtmodells kaum:

Güte der Anpassung für das Modell

	Faktoren und Kovariaten	
	R	R-Quadrat
Attraktivitätsmerkmal: Versorgerfähigkeit nach Geschlecht, Männer: erst genug verdienen, dann Kinder mit Alter in Jahren, Lebensziel: Ausstattungsniveau	,530	,281

η^2 liegt noch bei 0,281, d. h. obwohl drei Variablen aus dem Modell entfernt wurden, hat dies gerade einmal 2,8 Prozentpunkte Erklärungskraft gekostet, was angesichts der höheren Modellökonomie und gegenüber den rund 30 % Gesamt-Varianzaufklärungspotenzial ein sehr geringer Verlust ist. Man kann mit vier Variablen also fast genauso gut die Einstellungsunterschiede hinsichtlich der Versorgerfähigkeit erklären wie mit sieben.

Schließlich gibt SPSS bei Varianzanalysen im hierarchischen und experimentellen Design zusätzlich Schätzer für die Erklärungskraft der einzelnen Faktoren an (die der Kovariaten müsste man mit Hilfe einer schrittweisen multiplen linearen Regressionsanalyse schätzen). SPSS liefert für das Endmodell (zweifaktorielle Varianzanalyse mit zwei Kovariaten; Abschnitt 9.2.2, S. 48f.) die Ausgabe auf der nächsten Seite. Dieser ist zu entnehmen, dass Eta (η) für das Geschlecht 0,501 beträgt, wenn man die anderen drei unabhängigen Variablen außer Acht lässt. Berücksichtigt man sie dagegen, beträgt der Koeffizient Beta 0,472. Quadriert man diesen, ergibt sich das Varianzaufklärungspotenzial der einzelnen Variablen, in diesem Fall also 0,223 (wobei man diesen Wert von Hand ausrechnen muss): 22,3 % der Streuung der Einstellungsunterschiede der Befragten lassen sich durch ihr Geschlecht erklären.

Faktorauswertung[a]

		Eta	Beta Nach Faktoren und Kovariaten angepaßt
Attraktivitätsmerkmal: Versorgerfähigkeit	Geschlecht	,501	,472
	Männer: erst genug verdienen, dann Kinder	,120	,086

a. Attraktivitätsmerkmal: Versorgerfähigkeit nach Geschlecht, Männer: erst genug verdienen, dann Kinder mit Alter in Jahren, Lebensziel: Ausstattungsniveau

Kommentar zur Literatur
Eine leichtverständliche Einführung in die statistischen Grundlagen der Varianzanalyse bieten Iversen und Norpoth. Mardia vergleicht verschiedene Tests auf Normalverteilung. Cortina und Nouri erläutern verschiedene Verfahren zur Messung der Effektstärke bei Varianzanalysen. Girden legt dar, was bei Messwiederholungen (z. B. Panels) zu beachten ist. Wildt und Ahtola diskutieren den Umgang mit Kovariaten. Im SPSS Syntax Reference Guide finden sich ausführliche Beschreibungen der Funktionen der hier erwähnten SPSS-Prozeduren. Weiterführende Diskussionen der verschiedensten Arten von Problemen im Zusammenhang mit der Varianzanalyse finden sich in Krishnaiah, Hocking oder Sahai und Ageel.

Kapitel 2
Faktoren- und Reliabilitätsanalyse

Sabine Fromm

1 Dispositionen und ihre Messung

Wenn wir jemanden als „leistungsorientiert" bezeichnen, als „politisch interessiert", „ausländerfeindlich", „autoritär", „risikofreudig" oder „ängstlich", konstatieren wir das Vorliegen von *Dispositionen*: konsistenten, situationsübergreifenden Reaktionstendenzen. Es geht also nicht um ein singuläres Verhalten in einer einzigen Situation, sondern um die Tendenz, auf ähnlich strukturierte Situationen in gleichförmiger Weise zu reagieren. Beispielsweise werden wir jemanden nicht bereits dann als „sozial unsicher" bezeichnen, wenn er in einer Situation schüchtern oder verlegen auftritt, sondern erst dann, wenn sich ein entsprechendes Verhaltensmuster in einer Vielzahl ähnlich gelagerter Situationen beobachten lässt. Dabei müssen die Verhaltensweisen nicht völlig identisch sein, es genügt eine tendenzielle Gleichgerichtetheit. Dispositionen lassen sich feststellen in Hinsicht auf:
– Einstellungen (z. B. Ausländerfeindlichkeit, Rigidität, Schulangst, politisches Interesse, allgemeines Umweltbewusstsein);
– Fähigkeiten (z. B. Belastbarkeit, mathematische Problemlösungskompetenz);
– Verhalten (z. B. Durchsetzungsfähigkeit, Gewalttätigkeit).

Dispositionen sind Variablen: Sie können mehr oder weniger stark ausgeprägt sein. In den Sozialwissenschaften spielen Dispositionen sowohl als abhängige wie auch als unabhängige Variablen eine wichtige Rolle. So könnte z. B. einerseits untersucht werden, welchen Einfluss der Bildungsabschluss von Befragten auf die Intensität einer autoritären Einstellung hat. Umgekehrt ist es denkbar, dass die Variable „Autoritarismus" eine wichtige Einflussgröße zur Erklärung des Erziehungsverhaltens darstellt. Multivariate Datenanalyse mit dem Ziel der Erforschung von Dispositionen muss zwei Fragestellungen bearbeiten:
– Welche statistischen Hinweise auf die Existenz von Dispositionen lassen sich finden bzw. wie können diese inhaltlich interpretiert werden?
– Wie können die Ausprägungen der Dispositionen bei den einzelnen Merkmalsträgern gemessen werden?

Die erste Frage ist kollektivbezogen: Es geht um das Vorliegen statistischer Zusammenhänge, die eine bestimmte Struktur aufweisen. Das zweite Problem besteht darin, die Ausprägung des interessierenden Verhaltensmusters bei den einzelnen Merkmalsträgern möglichst fehlerfrei abzubilden.

Die Vorgehensweise der Faktoren- bzw. Dimensionsanalyse kann wie folgt umrissen werden: Zunächst werden sog. „Item-Batterien" formuliert. Das sind inhaltliche Statements, die bestimmte Situationen simulieren sollen. Interessiert also z. B. das Muster von Einstellungen zur Berufsarbeit, so wird man für verschiedene Aspekte des Berufslebens jeweils mehrere Items formulieren, also etwa zur Zufriedenheit mit den Arbeitsinhalten, der Bedeutung von Karrierechancen oder der Präferenz für selbstbestimmtes vs. angeleitetes Arbeiten. Diese Items, die man in ihrer Gesamtheit als „Skala" bezeichnet, werden den Befragten der Stichprobe mit der Bitte vorgelegt, Zustimmung oder Ablehnung auszudrücken (z. B.: „Ein gutes Verhältnis zu den Kollegen ist sehr wichtig für mich", „Ich schätze geregelte Arbeitszeiten", etc.). Zustimmung oder Ablehnung kann dabei zweiwertig gemessen werden (z. B. „stimme zu" / „stimme nicht zu") oder mit einer mehrstufigen Antwortskala (z. B. „völlig zutreffend", „eher zutreffend", „teils, teils", „eher nicht zutreffend", „völlig unzutreffend"). Dabei wird angenommen, dass Dispositionen als latente Hintergrundvariablen die Reaktionen auf die Items steuern. Ist es gerechtfertigt, das Vorliegen von Dispositionen anzunehmen, so bedeutet das, dass sich die untersuchten Merkmalsträger tendenziell gleichförmig verhalten werden. Es wird also Gruppen von Merkmalsträgern geben, die auf bestimmte Gruppen von Items tendenziell ablehnend reagieren, während sie anderen Gruppen von Items zustimmen. Derartige Antwortmuster auf der inhaltlichen Ebene schlagen sich statistisch als Muster in der Item-Item-Korrelationsmatrix nieder. Wenn z. B. viele Befragte ein Item A befürworten, ein Item B aber ablehnen, so zeigt sich das statistisch im Vorliegen einer negativen Korrelation zwischen den beiden Items, die umso stärker ist, je deutlicher das Antwortmuster ausgebildet ist, je eindeutiger also das Befürworten von „A" mit der Ablehnung von „B" einhergeht.

Statistisches Ziel der Faktorenanalyse ist es nun, ausgehend von den Reaktionen der Befragten auf die Items, eine oder mehrere derartige Dispositionsvariablen zu konstruieren. Dabei sind die mehrdimensionale Fragestellung der Faktorenanalyse und die eindimensionale Fragestellung der Reliabilitätsanalyse zu unterscheiden: Bei der Faktorenanalyse geht es zunächst um die Frage, ob eine dimensionale Struktur überhaupt erkennbar ist und welche bzw. wie viele Dispositionen sich sinnvoll unterscheiden lassen. Die Reliabilitätsanalyse wird verwendet, um zu überprüfen, wie gut *eine* Skala geeignet ist, eine Disposition zu messen. Mit ihrer Hilfe wird eine Aussage über die Konsistenz der Skala gemacht: Ist es gerechtfertigt, die Items, aus denen die Skala besteht, als zusammengehörige Klasse von

Situationssimulationen zu verstehen? Zeigen die Befragten konsistente Reaktionsmuster auf die vorgelegten Items? Typischerweise wird man also zunächst eine Faktorenanalyse durchführen, um Aufschluss über die dimensionale Struktur der Daten zu gewinnen. In einem zweiten Schritt können die per Faktorenanalyse identifizierten Dispositionen mit einer Reihe von Dimensionsanalysen jeweils auf ihre Eindimensionalität hin überprüft werden.

Im Folgenden wird zunächst kurz das Konzept der Dimensionsanalyse bzw. die Likert-Skalierung als ein Modell der Dimensionsanalyse vorgestellt (Abschnitt 2). Danach wird das Konzept der Faktorenanalyse erläutert und ihre Berechnung mit SPSS an einem Beispiel ausführlich demonstriert (Abschnitt 3). Die einzelnen Faktoren werden sodann wiederum dimensionsanalytisch überprüft (Abschnitt 4) und die Werte bei den Merkmalsträgern bestimmt (Abschnitt 5). Einige Hinweise zur SPSS-Syntax für den Befehl „FACTOR" schließen das Kapitel ab (Abschnitt 6).

2 Das Konzept der Dimensionsanalyse

2.1 Ziele

Wie bereits ausgeführt, besteht das Ziel der Dimensionsanalyse in der Konstruktion geeigneter Skalen zur Messung von Dispositionen. Dazu existieren verschiedene Verfahren, die sich hinsichtlich ihrer Modellannahmen unterscheiden, vor allem bezüglich der vorgestellten Beziehung zwischen der Ausprägung der Dimension und der Bejahungswahrscheinlichkeit der Items und hinsichtlich des angenommenen Zusammenhangs zwischen den Items. In jedem Verfahren umfasst die Dimensionsanalyse drei Schritte:

- *Dimensionsbestimmung:* Ist es sinnvoll, von der Existenz einer Dimension (Disposition) auszugehen, und wie kann diese inhaltlich bestimmt werden?
- *Itemselektion:* Welche der verwendeten Items eignen sich gut für die Messung der Dimension, welche weniger gut?
- *Aufstellen einer Messvorschrift:* Wie kann die Ausprägung der Dimension bei den einzelnen Merkmalsträgern gemessen werden?

Die Beziehung zwischen Items und Dimension wird mit dem Konzept der „Traceline" („Item-Charakteristik") beschrieben, die den Zusammenhang zwischen der Dimensionsausprägung und der Bejahungswahrscheinlichkeit eines Items modelliert. Verfahren zur Konstruktion von Skalen unterscheiden sich u. a. hinsichtlich der angenommenen Item-Tracelines. Abbildung 1 zeigt einige Tracelines, die unterschiedlichen theoretischen Skalierungsmodellen entstammen:

Abbildung 1: Das Konzept der Item-Traceline

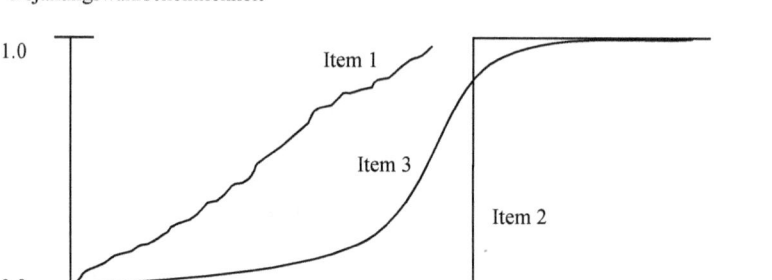

Item 1 hat eine monoton-positive, fast lineare Traceline: Hier wird angenommen, dass die Bejahungswahrscheinlichkeit des Items umso größer ist, je stärker die Dimension beim Befragten ausgeprägt ist. Die Traceline von *Item 2* ist deterministisch: Bis zu einer bestimmten Ausprägung der Dimension wird das Item abgelehnt, ab diesem Schwellwert befürwortet. Der Zusammenhang von Dimensionsausprägung und Bejahungswahrscheinlichkeit bei *Item 3* ist als logistische Funktion modelliert: Eine wachsende Ausprägung der latenten Dimension führt zunächst nur zu einer geringen Zunahme der Bejahungswahrscheinlichkeit, im mittleren Bereich der Dimensionsausprägung führt jeder weitere Zuwachs zu einem starken Anwachsen der Bejahungswahrscheinlichkeit, bei sehr stark ausgeprägter Dimension führen weitere Zuwächse wiederum nur zu geringfügigen Veränderungen.

Im Folgenden wird kurz das Konzept der so genannten Likert-Skalierung (Methode der summierten Ratings) skizziert, die der Faktorenanalyse zugrunde liegt.

2.2 Das Konzept der Likert-Skalierung

2.2.1 Skalenniveau

Die Items müssen mindestens Intervallskalenniveau aufweisen, d.h. die Antwortvorgaben müssen gleichabständig kodiert werden.

2.2.2 Item-Traceline

Die Tracelines der Items verlaufen monoton bzw. annähernd linear. Das bedeutet, es wird angenommen, dass die Bejahungswahrscheinlichkeit eines Items umso größer ist, je stärker die Dimension ausgeprägt ist, und dass eine Zunahme der Dimensionsausprägung zu einer proportionalen Veränderung der Bejahungswahrscheinlichkeit führt. Es wird keine Rangfolge der Items vorausgesetzt: Alle betrachteten Items sind prinzipiell gleich wichtig für die Messung der Disposition.

Abbildung 2: Item-Traceline der Likert-Skalierung

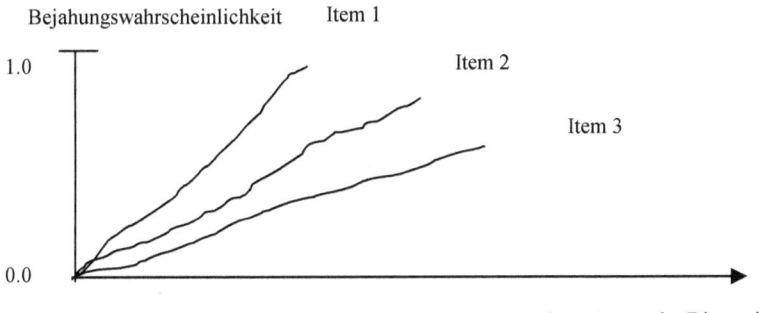

Wie Abbildung 2 illustriert, gilt für jedes Item die Annahme, dass seine Bejahungswahrscheinlichkeit bei nicht vorhandener Dimensionsausprägung vom Maße Null ist und mit wachsender Ausprägung der Dimension ungefähr gleichmäßig zunimmt. Je stärker zum Beispiel die Disposition „Prüfungsangst" ausgeprägt ist, desto größer ist die Wahrscheinlichkeit, dass ein Item „Vor Prüfungen kann ich oft tagelang kaum noch schlafen" bejaht wird.

2.2.3 Dimensionsbestimmung und Zusammenhangskonzept

Das Verfahren der Dimensionsanalyse stützt sich auf zusammenhangsanalytische Überlegungen. Existiert eine Disposition, zeigen die untersuchten Merkmalsträger also konsistente Verhaltensmuster in Bezug auf die Items, so *muss* sich das statistisch darin niederschlagen, dass die Items untereinander korrelieren (vgl. Abschnitt 1). Dabei werden zwei Formen des Zusammenhangs unterschieden: Der Zusammenhang zwischen jeweils zwei Items wird mit dem Korrelationskoeffizienten Pearson's r gemessen. Zusätzlich wird der Zusammenhang *aller* Items der Skala bestimmt. Das Maß für die Homogenität der gesamten Skala ist Cronbach's Alpha. Je höher der Wert von Alpha ist, desto besser erfassen die Items die Dimension:

$$\alpha = \frac{i * \bar{r}}{1 + \bar{r}(i-1)} \qquad 0 \leq \alpha \leq 1$$

Dabei ist:

i = Anzahl der Items
$\bar{r}$ = durchschnittliche Korrelation der Items

Die durchschnittliche Korrelation zwischen den Items wird berechnet, indem man über die paarweisen Korrelationskoeffizienten summiert und diese Summe durch die Anzahl der Items dividiert. Alpha ist also nicht nur abhängig von der Stärke der Korrelation zwischen den Items, sondern auch von der Anzahl der Items, aus denen die Skala besteht. Die Anzahl der Items trägt allerdings mit abnehmendem Grenznutzen zur Höhe des Alpha-Wertes bei; ab ca. 20 Items ist kein weiterer Zuwachs mehr zu erwarten.

Als wünschenswert wird in der Literatur meist ein Alpha-Wert von mindestens 0,8 genannt (z. B. Schnell / Hill / Esser 1995: 143), was aber in der Praxis häufig nicht erreicht wird.

2.2.4 Itemselektion

Existieren deutlich von Null abweichende und positive Korrelationen[19], so wird man versuchen, im nächsten Schritt die Skala zu optimieren, indem man sie auf die besonders geeigneten Items reduziert. In der Regel sind nicht alle Items, die ursprünglich zur Konstruktion einer Skala verwendet wurden, geeignet, die interessierende Disposition zu messen. Für jedes Item muss entschieden werden, ob es Bestandteil der Skala bleiben soll oder nicht. Als Maß dafür, wie gut ein Item die Dimension erfasst, wird meist der Trennschärfekoeffizient (SPSS: „item-total correlation") verwendet: die Korrelation des betrachteten Items mit dem Gesamtpunktwert aller anderen Items. Dazu wird für die Analyse jedes Items eine neue Variable gebildet, indem bei jedem Befragten die Antwortcodes aller Items außer dem jeweils betrachteten aufaddiert werden. Das jeweils interessierende Item wird dann mit dieser Variable korreliert. Je stärker der statistische Zusammenhang ist, desto besser passt das Item inhaltlich zur betrachteten Dimension. SPSS gibt zusätzlich für jedes Item den Wert aus, den Alpha annehmen würde, ließe man das

---

[19] Die Forderung nach positiven Korrelationen resultiert aus der Modellannahme positiver Item-Tracelines. Existieren negative Zusammenhänge, so müssen die entsprechenden Items semantisch „gedreht" werden (s. u. 2.2.5).

betreffende Item bei der Konstruktion der Skala unberücksichtigt (SPSS: „alpha if item deleted"). Würde sich der Wert von Alpha ohne dieses Item deutlich verschlechtern, ist das ein Hinweis auf die Güte des Items.

2.2.5 Messvorschrift

Zur Messung der Dimensionsausprägung bei jedem Merkmalsträger wird ein additiver Punktwert über alle Items gebildet. Damit dieser korrekt berechnet wird, müssen sog. „negativ gepolte" Items rekodiert werden: Die Item-Traceline der Likert-Skala modelliert einen *positiven* Zusammenhang zwischen Bejahungswahrscheinlichkeit und Dimensionsausprägung. Häufig sind aber einzelne Items einer Skala so formuliert, dass ihre *Ablehnung* eine stärkere Ausprägung der Dimension zum Ausdruck bringt. Wird zum Beispiel die Disposition „Ausländerfeindlichkeit" gemessen, so könnte ein „negativ gepoltes" Item lauten: „Ich empfinde es als Bereicherung, in einer ethnisch gemischten Gesellschaft zu leben." Befragte mit starker Ausprägung der Disposition „Ausländerfeindlichkeit" werden dieses Item ablehnen, also bei einer z. B. fünfstufigen Zustimmungsskala den Wert 1 ankreuzen. Das würde dazu führen, dass der Gesamtpunktwert des Befragten kleiner wird. Demgegenüber würde jemand mit nicht ausländerfeindlicher Gesinnung dem Item zustimmen (z. B. mit den Werten 4 oder 5), erhielte also einen insgesamt höheren Punktwert. Aus diesem Grund müssen derartige Items für die Dimensionsanalyse so rekodiert werden, dass die Reihenfolge der Ausprägungen genau umgekehrt wird. Jemand der auf einer fünfstufigen Antwortskala den Wert 5 hatte, erhält nun den Wert 1, jemand der 4 hatte, erhält den Wert 2 usw. Diese Operation ist notwendig, damit die Summe der Antworten in konsistenter Weise interpretiert werden kann.

3 Das Konzept der Faktorenanalyse

3.1 Fragestellung

Die Faktorenanalyse stellt eine Verallgemeinerung der Dimensionsanalyse nach dem Modell der Likert-Skalierung dar: Es wird untersucht, ob mehrere latente Dimensionen vorliegen und wie diese inhaltlich bestimmt werden können. So könnte mit einer Vielzahl von Items, die sich auf Einstellungen zur Erwerbsarbeit beziehen, untersucht werden, welche Grundorientierungen hier sinnvoll unterschieden werden können, z. B. allgemeine Berufszufriedenheit, Karriereorientierung, Wichtigkeit von Zeitautonomie, Vereinbarkeit mit familiären Verpflichtungen usw. Ist die Annahme mehrerer Dispositionen gerechtfertigt, werden sich in den Reaktionsweisen der untersuchten Merkmalsträger mehrere Verhaltensmuster bezüglich. der Situationen zeigen. Statistisch bedeutet das dann, dass die Items gruppenweise untereinander korrelieren: Items, die zu einer Dimension gehören, korrelieren miteinander, nicht aber mit den Items, die zu einer anderen Dimension gehören. Die Faktorenanalyse besteht also in der inhaltlich und statistisch sinnvollen Konstruktion theoretischer Hintergrundvariablen (Faktoren, Dimensionen, Dispositionen, Skalen), die das Zustandekommen von Korrelationen in Gruppen von Variablen erklären.

„Durch die Faktorenanalyse wird dem Variablengeflecht eine Ordnung unterlegt, aus der sich die angetroffene Konstellation der Variablen erklären läßt. (...) Die eigentliche Aufgabe der Faktorenanalyse ist es, dasjenige Ordnungssystem herauszufinden, das mit den theoretischen Kontexten der untersuchten Variablen am besten zu vereinbaren ist." (Bortz 1989: 618)

Faktoren sind *Konstrukte*: Es „gibt" nicht eine bestimmte Anzahl von Faktoren in einem „dimensionalen Universum". Die Frage, welche und wie viele Faktoren sinnvoll konstruiert und unterschieden werden sollen, muss stets aufgrund statistischer und inhaltlicher Überlegungen beantwortet werden. Existieren also z. B. Hinweise auf die Existenz einer Disposition „Berufszufriedenheit", so muss entschieden werden, ob diese Dimension in weitere Subdimensionen aufgespalten wird (z. B. Zufriedenheit mit den Arbeitsinhalten, den Formen der Kooperation, Akzeptanz betrieblicher Anreiz- und Kontrollsysteme u. ä.), ob sie als eigenständige Disposition behandelt wird, oder ob sie als Element einer übergeordneten Dimension (z. B. allgemeine Lebenszufriedenheit) verstanden werden sollte. Welche Entscheidung man trifft, hängt immer vom Forschungsinteresse und der theoretischen Perspektive ab und ist nicht aus den Daten „ableitbar". Sie ist aber auch nicht etwa willkürlich – man wird sich dabei von inhaltlichen und statistischen Überlegungen leiten lassen.

Wenn das Hauptziel der Faktorenanalyse auch die Entwicklung von Hypothesen über dimensionale Strukturen im Datensatz und die Konstruktion entsprechender Variablen ist, werden mit diesem Verfahren darüber hinaus auch andere Zwecke erfüllt. So kann das Ziel der Faktorenanalyse auch eine Datenreduktion sein, da eine Vielzahl korrelierender Variablen durch wenige Faktoren ersetzt wird (Vorteile: Interpretation, Handhabung). Weiterhin kann die Faktorenanalyse zur Überprüfung der Dimensionalität komplexer Merkmale eingesetzt werden.

3.2 Das Anwendungsbeispiel: Berufsmotivationen

Die nachstehenden Analysen beziehen sich auf eine Anzahl von Items, mit denen Berufsorientierungen bei jungen Erwachsenen mit hohem Schulabschluss gemessen wurden (Datensatz „sozfoprakt2000.sav"; siehe Einführung, Tabelle 2). Dazu wurde folgende Frage gestellt, die anhand der als v135 bis v151 bezeichneten Items beantwortet werden sollte:

„Wenn Sie ganz allgemein an Beruf bzw. an Berufstätigkeit denken – auch wenn Sie zurzeit nicht berufstätig sind: Welche der folgenden Merkmale sind für Sie wichtig? Kreuzen Sie bitte auf der Skala den jeweils für Sie zutreffenden Wert zwischen sehr wichtig (1) und ganz unwichtig (5) an."

Die einzelnen Items im Anwendungsbeispiel (Tabelle 1) sind so kodiert, dass die größte Zustimmung mit dem kleinsten numerischen Wert kodiert wird. Für die Faktorenanalyse spielt das zunächst keine Rolle. Hier geht es nur darum, dass die dimensionale Struktur – Korrelationen von Itemgruppen – erfasst wird. Die anschließende eindimensionale Überprüfung muss jedoch die Modellannahme der Likert-Skalierung erfüllen, dass eine stärkere Ausprägung der Dimension in einer größeren Zustimmung zu den Items zum Ausdruck kommt. Die Items werden daher so rekodiert, dass Merkmalsträger, die ursprünglich den Wert 1 aufwiesen, nun den Wert 5 erhalten usw. Die Struktur der Korrelationen bleibt dabei vollständig erhalten. Außerdem zeigt die Analyse der eindimensionalen Häufigkeiten jedes Items (die hier nicht dokumentiert wird), dass benutzerdefinierte fehlende Werte mit 99 kodiert, aber

Tabelle 1: Items des Anwendungsbeispiels Berufsmotivationen

	sehr wichtig (1)	(2)	(3)	(4)	ganz unwichtig (5)	Item-Nr.
Gutes Arbeitsklima						(v135)
Die Möglichkeit, den Beruf mit den eigenen Interessen zu verbinden						(v136)
Häufiges Reisen im Beruf						(v137)
Soziales Ansehen, Prestige						(v138)
Hohes Maß an Selbständigkeit						(v139)
Abwechslungsreiche Tätigkeit						(v140)
Gute Aufstiegschancen						(v141)
Nähe des Arbeitsplatzes zur Wohnung						(v142)
Möglichkeit der Teilzeitarbeit						(v143)
Kurze Einarbeitungszeit						(v144)
Umgang mit anderen Menschen						(v145)
Hohes Maß an Eigenverantwortung						(v146)
Gesicherte Zukunft						(v147)
Viel Freizeit						(v148)
Selbstverwirklichung						(v149)
Gute Verdienstmöglichkeit						(v150)
Flexible Arbeitszeit						(v151)

noch nicht als fehlend definiert wurden. Sie müssen also noch aus der Analyse ausgeschlossen werden. Dies kann in einem Arbeitsschritt mit der „Umpolung" der Items erfolgen:

```
RECODE v135 to v151
(1=5) (2=4) (3=3) (4=2) (5=1) (99 = sysmis).
EXECUTE.
```

3.3 Die Teilschritte der Faktorenanalyse mit SPSS

3.3.1 Überblick und SPSS-Syntax

Die Faktorenanalyse umfasst mehrere, aufeinander aufbauende Teilschritte:
- die Berechung der Korrelationsmatrix;
- die Extraktion und Rotation der Faktoren;
- die Berechnung der Factorscores.

Mit der nachstehenden Syntax werden diese Berechnungen für das Anwendungsbeispiel angefordert.

```
******Faktorenanalyse mit Eigenwertkriterium.
FACTOR
  /VARIABLES v135 v136 v137 v138 v139 v140 v141 v142 v143
    v144 v145 v146 v147 v148 v149 v150 v151  ❶
  /MISSING LISTWISE  ❷
  /ANALYSIS v135 v136 v137 v138 v139 v140 v141 v142 v143
    v144 v145 v146 v147 v148 v149 v150 v151  ❸
  /PRINT UNIVARIATE INITIAL CORRELATION SIG KMO EXTRACTION
    ROTATION  ❹
  /FORMAT SORT BLANK(.30)  ❺
  /PLOT ROTATION  ❻
  /CRITERIA MINEIGEN(1) ITERATE(25)  ❼
  /EXTRACTION PC  ❽
  /CRITERIA ITERATE(25)  ❾
  /ROTATION VARIMAX  ❿
  /SAVE REG(ALL).  ⓫
```

Erläuterungen:
- ❶ Definition der Variablen, auf die sich die Faktorenanalyse beziehen soll.
- ❷ Festlegung der Methode des Ausschlusses fehlender Werte. Im Beispiel werden alle Merkmalsträger ausgeschlossen, die bei mindestens einer der im Unterbefehl „/VARIABLES" festgelegten Variablen einen fehlenden Wert aufweisen (fallweiser Ausschluss, LISTWISE).
- ❸ An dieser Stelle könnte die Analyse auf eine Teilmenge der Variablen eingeschränkt werden. Im Anwendungsbeispiel werden jedoch alle Variablen verwendet.

- ❹ Festlegung der numerischen Ausgabe: univariate Itemstatistiken, Korrelationsmatrix, Signifikanz der Korrelationen, KMO-Test, Ausgabe der Informationen zur Extraktion und Rotation der Faktoren.
- ❺ Sortierte Darstellung der Faktorladungen und Ausschluss der Anzeige niedriger Faktorladungen (< 0,30); damit wird eine übersichtliche Zuordnung der Items zu den Faktoren erzeugt.
- ❻ Steuerung des graphischen Outputs.
- ❼ Steuerung der Faktorenextraktion: Alle Faktoren mit einem Eigenwert ab 1,0 werden extrahiert.
- ❽ Festlegung der Methode der Faktorenextraktion. Im Beispiel wird die Hauptkomponentenmethode angewendet.
- ❾ Steuerung der maximalen Anzahl von Iterationen.
- ❿ Steuerung der Methode der Faktorenrotation. Im Beispiel soll eine orthogonale Rotation nach der Varimax-Methode durchgeführt werden.
- ❶❶ Speicherung der regressionsanalytisch geschätzten Werte jeder Person bei jedem Faktor (Factorscores) als neue Variable.

3.3.2 Berechnung und Inspektion der Korrelationsmatrix

Grundlage der Faktorenanalyse ist die Berechnung der Korrelationen zwischen allen in die Faktorenanalyse einbezogenen Items. Da in der Regel eine Vielzahl von Items verwendet wird, ist die Struktur ihrer Korrelationen meist nicht bereits aus der Korrelationsmatrix ersichtlich. Gehen allerdings alle Korrelationen gegen Null, kann bereits an dieser Stelle davon ausgegangen werden, dass den Daten keine dimensionale Struktur unterliegt.

Wie die Tabelle der Item-Item-Korrelationen („Korrelationsmatrix") zeigt, existieren im Anwendungsbeispiel zahlreiche, deutlich von Null abweichende, wenn auch nicht sehr hohe Korrelationen. Die untere Hälfte der Matrix bringt die Signifikanz dieser Korrelationen zum Ausdruck: So weisen etwa die Items v137 und v141 mit einem Wert von r = 0,294 eine deutliche Korrelation auf, die, wie die Matrix der Signifikanzen zeigt, auch hochsignifikant ist. Dies bedeutet, es ist sehr unwahrscheinlich, dass die Korrelation in der Stichprobe nur zufällig zustande gekommen ist, wenn in der Grundgesamtheit kein Zusammenhang besteht.

Korrelationsmatrix

		V135	V136	V137	V138	V139	V140	V141	V142	V143	V144	V145	V146	V147	V148	V149	V150	V151
Korrelation	V135	1,000	,274	,142	-,079	-,005	-,041	-,111	,289	,196	,134	,276	,001	,153	,203	-,155	-,055	,015
	V136	,274	1,000	,238	,114	,098	,184	-,043	,171	,217	,057	,273	,028	,089	,164	,257	-,047	-,008
	V137	,142	,238	1,000	,176	,127	,148	,294	-,088	-,035	,078	,155	,069	,029	-,065	,277	,263	,060
	V138	-,079	,114	,176	1,000	,134	,091	,328	-,006	,005	,109	,089	,122	-,001	,085	,203	,327	,077
	V139	-,005	,098	,127	,134	1,000	,242	,172	,078	,125	-,102	,233	,487	,012	-,190	,265	,186	,202
	V140	-,041	,184	,148	,091	,242	1,000	,130	,059	,083	,051	,285	,149	-,053	-,145	,143	,102	,070
	V141	-,111	-,043	,294	,328	,172	,130	1,000	-,164	-,336	,059	,089	,158	,296	-,144	,193	,553	,087
	V142	,289	,171	-,088	-,006	,078	,059	-,164	1,000	,500	,175	,101	-,087	,215	,373	-,211	-,047	,092
	V143	,196	,217	-,035	,005	,125	,083	-,336	,500	1,000	,226	,198	-,065	,071	,225	-,109	-,193	,202
	V144	,134	,057	,078	,109	-,102	,051	,059	,175	,226	1,000	,201	-,116	,202	,183	-,005	,067	,041
	V145	,276	,273	,155	,089	,233	,285	,089	,101	,198	,201	1,000	,223	,044	,004	,175	,052	,046
	V146	,001	,028	,069	,122	,487	,149	,158	-,087	-,065	-,116	,223	1,000	,065	-,176	,123	,218	,004
	V147	,153	,089	,029	-,001	,012	-,053	,296	,215	,071	,202	,044	,065	1,000	,251	,071	,367	-,031
	V148	,203	,164	-,065	,085	-,190	-,145	-,144	,373	,225	,183	,004	-,176	,251	1,000	-,071	,000	,081
	V149	-,155	,257	,277	,203	,265	,143	,193	-,211	-,109	-,005	,175	,123	,071	-,071	1,000	,333	,117
	V150	-,055	-,047	,263	,327	,186	,102	,553	-,047	-,193	,067	,052	,218	,367	,000	,333	1,000	,193
	V151	,015	-,008	,060	,077	,202	,070	,087	,092	,202	,041	,046	,004	-,031	,081	,117	,193	1,000
Signifikanz (1-s(	V135		,000	,037	,160	,473	,306	,082	,000	,007	,046	,000	,495	,027	,005	,025	,245	,424
	V136	,000		,001	,076	,110	,010	,293	,015	,003	,238	,000	,362	,131	,019	,001	,278	,459
	V137	,037	,001		,013	,055	,031	,000	,134	,332	,163	,026	,195	,359	,208	,000	,000	,225
	V138	,160	,076	,013		,046	,127	,000	,472	,475	,085	,133	,063	,496	,145	,005	,000	,167
	V139	,473	,110	,055	,046		,001	,015	,164	,059	,100	,002	,000	,440	,008	,000	,009	,005
	V140	,306	,010	,031	,127	,001		,051	,231	,149	,261	,000	,031	,253	,034	,036	,101	,189
	V141	,082	,293	,000	,000	,015	,051		,019	,000	,231	,000	,023	,000	,035	,008	,000	,137
	V142	,000	,015	,134	,472	,164	,231	,019		,000	,014	,102	,139	,003	,000	,004	,277	,124
	V143	,007	,003	,332	,475	,059	,149	,000	,000		,002	,006	,209	,188	,002	,087	,007	,005
	V144	,046	,238	,163	,085	,100	,261	,231	,014	,002		,006	,072	,005	,010	,474	,200	,302
	V145	,000	,000	,026	,133	,002	,000	,131	,102	,006	,006		,002	,293	,482	,014	,258	,281
	V146	,495	,362	,195	,063	,000	,031	,023	,139	,209	,072	,002		,208	,013	,062	,003	,479
	V147	,027	,131	,359	,496	,440	,253	,000	,003	,188	,005	,293	,208		,001	,188	,000	,349
	V148	,005	,019	,208	,145	,008	,034	,035	,000	,002	,010	,482	,013	,001		,188	,498	,156
	V149	,025	,001	,000	,005	,000	,036	,008	,004	,087	,474	,014	,062	,188	,188		,000	,071
	V150	,245	,278	,000	,000	,009	,101	,000	,277	,007	,200	,258	,003	,000	,498	,000		,007
	V151	,424	,459	,225	,167	,005	,189	,137	,124	,005	,302	,281	,479	,349	,156	,071	,007	

Weitere Hinweise darauf, ob die Struktur der Korrelationen eine Faktorenanalyse sinnvoll erscheinen lässt, liefern der Bartlett-Test auf Sphärizität und der Kaiser-Meyer-Olkin-Test. Der *Bartlett-Test* prüft die Hypothese, dass in der Grundgesamtheit alle Korrelationskoeffizienten den Wert Null haben. Im Anwendungsbeispiel ist das Ergebnis des Bartlett-Tests signifikant und erlaubt die Interpretation, dass in der Grundgesamtheit zumindest zwischen einigen Variablen Korrelationen bestehen. Die Nullhypothese kann also zurückgewiesen werden.

KMO- und Bartlett-Test

Maß der Stichprobeneignung nach Kaiser-Meyer-Olkin.		,637
Bartlett-Test auf Sphärizität	Ungefähres Chi-Quadrat	562,590
	df	136
	Signifikanz nach Bartlett	,000

Der *Kaiser-Meyer-Olkin-Test* („KMO-Test") basiert auf den partiellen Korrelationen zwischen den Itempaaren, also den Korrelationen, aus denen die Einflüsse der anderen Items eliminiert wurden. Wird die gemeinsame Streuung von Items durch einen Faktor bestimmt, müssten die partiellen Korrelationskoeffizienten deshalb klein sein. Das Kaiser-Meyer-Olkin-Maß KMO nimmt Werte zwischen

Null und Eins an, wobei der Wert umso größer ist, je kleiner die partiellen Korrelationen sind. Nach der von Kaiser (1974) vorgeschlagenen Testbewertung gilt ein KMO-Maß von 0,637 als „mittelmäßig". Insgesamt kommt man nach Inspektion der Korrelationsmatrix zu dem Schluss, dass die Items in mittlerem Maße für eine Faktorenanalyse geeignet sind.

3.3.3 Die Extraktion und Rotation der Faktoren

Für die Ermittlung der Faktoren existieren verschiedene statistische Verfahren. Im Folgenden wird ausschließlich die *Hauptkomponentenmethode* (HKM) oder auch *Prinicipal Component Analysis* (PCA) berücksichtigt (Voreinstellung in SPSS). Bei diesem Verfahren wird angenommen, dass die gesamte Varianz einer Variable im Modell erklärt werden kann. Die Projektionen der Messwerte auf die neuen Achsen lassen sich mathematisch als Linearkombinationen der ursprünglichen Messwerte darstellen.

Der Algorithmus der Faktorenextraktion zielt auf die Konstruktion neuer Achsen, die möglichst viel Varianz im statistischen Sinne erklären. Vor der Extraktion der Faktoren können die m Items als m-dimensionales Koordinatensystem gedacht werden. Dieser Raum soll in seiner Dimensionalität reduziert werden. Dazu wird als erste Hauptkomponente (Faktor) diejenige extrahiert, die den größten Teil der Gesamtvarianz aller Items im statistischen Sinn erklärt, d.h. es wird eine neue Achse konstruiert, auf der die Merkmalswerte möglichst gut streuen. Als nächstes wird eine weitere Hauptkomponente extrahiert, die einen maximalen Anteil der verbleibenden Gesamtvarianz erklärt, usw. Grundsätzlich könnten so viele Faktoren extrahiert werden, wie es Items gibt, was natürlich unsinnig wäre, da es in der Faktorenanalyse ja darum geht, Komplexität zu reduzieren.

Abbildung 3: Faktorenextraktion

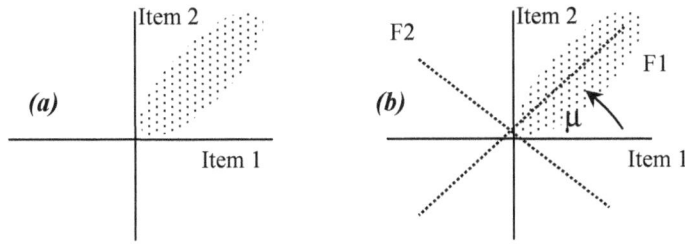

Abbildung 3 verdeutlicht die Logik des Extraktionsverfahrens am Beispiel der Situation mit zwei Items (Bortz 1989: 635). Bei der Faktorenextraktion wird das ursprüngliche Koordinatensystem (a) mit den Achsen Item 1 und Item 2 entgegen dem Uhrzeigersinn um einen Winkel µ so rotiert (b), dass erstens die Merkmalswerte auf einer Achse maximal variieren (F1) und zweitens die Korrelation zwischen den beiden neuen Achsen gleich Null wird. Bei mehr als zwei Merkmalen (Achsen) werden nach Festlegung der beiden ersten Achsen die verbleibenden so rotiert, dass eine dritte, neue Achse einen maximalen Anteil der verbleibenden Varianz aufklärt usw. Die letzte der p Achsen ist nach Festlegung von p-1 Achsen nicht mehr frei rotierbar, sie erklärt daher nur einen minimalen Varianzanteil.

Wie viele Achsen (Hauptkomponenten) erforderlich sind, um die korrelative Struktur der Daten abzubilden, hängt von der Stärke und dem Muster der Korrelationen ab:
- Bei sehr hohen Korrelationen zwischen *allen* Items ist die Gesamtvarianz aller Merkmalswerte mit *einer* neuen Achse erfassbar;
- Gehen alle Korrelationen gegen Null, sind zur statistischen Aufklärung der Gesamtvarianz so viele Achsen erforderlich, wie es Items gibt;
- Bei hohen Korrelationen *innerhalb* von Item-Gruppen und niedrigen Korrelationen *zwischen* diesen Gruppen liegt die Zahl der zur Aufklärung eines möglichst großen Varianzanteils erforderlichen Achsen zwischen Eins und der Zahl der Items.

Um zu einer Entscheidung über die Zahl und die inhaltliche Interpretation der Dimensionen im Datensatz zu kommen, betrachtet man verschiedene Aspekte der Beziehungen zwischen Faktoren und Items:
Faktorladungen (SPSS: „Komponentenmatrix"; „rotierte Komponentenmatrix"): Faktorladungen („Komponentenmatrix") geben Aufschluss über die Beziehungen zwischen den Items und den Faktoren. Um einen Faktor inhaltlich zu interpretieren, betrachtet man die Items, die hoch auf ihn „laden" (sog. „Markierungsitems") und versucht, ihren gemeinsamen inhaltlichen Nenner zu bestimmen. Bei orthogonalen Faktoren sind die Faktorladungen größengleich den Korrelationen zwischen einem Faktor und einer Variable. Bei nicht-orthogonalen Faktoren können die Faktorladungen auch Werte > 1 annehmen. Die Faktoren (in SPSS als „Komponenten" bezeichnet) stehen in den Spalten der Tabelle, die Items in den Zeilen. Liest man die Tabelle spaltenweise, erhält man die Information, durch welche Items der jeweilige Faktor bestimmt wird. Auf Faktor 1 laden also z. B. vor allem die Items v150, v141, v149, v139, v137, v146 und v138 hoch, etwas schwächer die Items v145 und v140. Faktor 2 wird charakterisiert

Komponentenmatrix [a]

	Komponente					
	1	2	3	4	5	6
V150	,696		,448			
V141	,675		,396			
V149	,589					,318
V139	,545		-,470	,416		
V137	,512			-,460		
V146	,484		-,359	,333	-,438	
V138	,482				,345	
V142		,718		,318		
V143		,709				
V135		,574			-,403	
V148		,538	,432			
V136		,500		-,481		,345
V145	,379	,435	-,335			
V147		,312	,567		-,417	
V151				,426	,538	
V144		,433	,310			-,595
V140	,390		-,394			-,424

Extraktionsmethode: Hauptkomponentenanalyse.
a. 6 Komponenten extrahiert

durch die Items v142, v143 usw. Beim zeilenweisen Lesen der Tabelle sieht man, auf welche Faktoren das jeweils betrachtete Item hoch lädt. Ideal ist die Situation der sog. *Einfachstruktur* (Thurstone 1945): Es gibt nur hoch ladende Items, und jedes Item lädt nur auf einen Faktor hoch. Die Einfachstruktur ist Voraussetzung für eine sinnvolle Interpretation der Faktoren. Wie die Komponentenmatrix zeigt, ist dies hier jedoch nicht der Fall. Es zeichnet sich kein deutliches Ladungsmuster ab, und viele Items laden hoch auf mehrere Faktoren. Das Fehlen eines deutlichen Ladungsmusters liegt nicht zwangsläufig am Fehler einer ausgeprägten korrelativen Struktur, sondern wird durch das Extraktionsverfahren zumindest begünstigt. Die sukzessive Extraktion aus der jeweils verbleibenden Restvarianz führt dazu, dass auf den ersten Faktor aus rein rechnerischen Gründen viele Items hoch laden. Durch diese Vorgehensweise wird *Unabhängigkeit* der Faktoren erzwungen. Das heißt: auch wenn zwischen den gemessenen Dispositionen in der Realität Zusammenhänge bestehen, können diese sich statistisch nicht niederschlagen (vgl. Abschnitt 5). Da die Faktorenextraktion nach rein mathematischen Kriterien erfolgt, ist es nicht überraschend, dass eine inhaltliche Interpretierbarkeit der Faktoren nicht gewährleistet, ja nicht einmal wahrscheinlich ist. Eine bessere Aufteilung der Faktorladungen auf die Faktoren, und damit eine bessere Interpretierbarkeit, kann mit einer *Rotation* der Faktoren erreicht werden. Grundlage für die Interpretation der Faktoren ist in der Praxis deshalb nicht die Komponentenmatrix, sondern die rotierte Komponentenmatrix.

Bei der Rotation der Faktoren wird die Faktorladungsmatrix einer Transformation unterzogen, bei der die Achsen des Koordinatensystems (die Faktoren) so gedreht werden, dass sich die Position der Items zu den Achsen verändert (die

Faktorladungen), aber die relationale Struktur der Items zueinander erhalten bleibt. Das bedeutet, dass sich die von den einzelnen Faktoren erklärten Varianzanteile verändern, die insgesamt durch das Modell erklärte Varianz bleibt aber gleich.

Rotierte Komponentenmatrix

	Komponente					
	1	2	3	4	5	6
V142	,780					
V143	,670	-,307				
V148	,650		-,300			
V135	,526					-,464
V150		,794				
V141		,774				
V147	,430	,654				
V146			,786			
V139			,783			
V136		,320		,737		
V149				,644		
V137				,624		
V140					,660	
V145					,625	
V144			-,430		,564	
V151						,710
V138			,375			,396

Extraktionsmethode: Hauptkomponentenanalyse.
Rotationsmethode: Varimax mit Kaiser-Normalisierung.
a. Die Rotation ist in 9 Iterationen konvergiert.

Grundsätzlich sind orthogonale und schiefwinklige Rotation zu unterscheiden: bei der orthogonalen Rotation (z. B. „/ROTATION VARIMAX") bleiben die Achsen senkrecht aufeinander stehen, d.h. die Unabhängigkeit der Faktoren wird erhalten. Bei der schiefwinkligen Rotation wird diese Anforderung aufgegeben (z. B. „/ROTATION OBLIMIN"). Betrachtet man die rotierte Komponentenmatrix (die Matrix der Faktorladungen nach der Rotation), so zeigt sich bei der sechsfaktoriellen Lösung, dass auch mit der Rotation keine Einfachstruktur erreicht wurde. Viele Items laden weiterhin deutlich auf mehrere Faktoren, was deren Interpretation sehr erschwert. Wir werden noch sehen, dass das Varianzaufklärungspotenzial der Faktoren 4 bis 6 sehr gering ist (Tabelle „Erklärte Gesamtvarianz"). Deshalb wird eine zweite Faktorenanalyse mit einer benutzerdefinierten, geringeren Anzahl Faktoren berechnet (s. u., S. 72ff.).

Kommunalitäten: Kommunalitäten sind Messgrößen, die sich auf die einzelnen Items beziehen. Sie geben an, welcher Betrag der Streuung *eines* Items durch *alle* Faktoren gemeinsam erklärt wird. Items mit niedriger Kommunalität werden durch die Faktorenlösung schlecht erfasst. Rechnerisch ergibt sich die Kommunalität einer Variable als Summe ihrer quadrierten Faktorladungen bei allen

Kapitel 2: Faktoren- und Reliabilitätsanalyse

Faktoren. Dabei ist zu beachten, dass die Variablen bei der Faktorenanalyse z-standardisiert werden, so dass die Varianz jeder Variable gleich Eins ist.

$$0 \leq \sum a_p^2 \leq 1 \quad \textit{Kommunalität eines Items über alle Faktoren}$$

mit:
a^2 = quadrierte Faktorladung des Items beim jeweiligen Faktor
p = Zahl der Faktoren

In der Tabelle „Kommunalitäten" wird die Kommunalität der Items vor und nach der Extraktion der Faktoren gemäß dem voreingestellten Eigenwertkriterium gezeigt. Mit „Anfänglich" ist die Situation gemeint, in der ebenso viele Faktoren existieren wie Items. Hier hat jedes Item die Kommunalität 1, da jedes Item eine Achse darstellt und sich somit selbst und vollständig erklärt. Dies ist eine *Modellannahme* der Hauptkomponentenmethode und liefert keine Information über die Datenstruktur!

Kommunalitäten

	Anfänglich	Extraktion
V135	1,000	,562
V136	1,000	,696
V137	1,000	,498
V138	1,000	,396
V139	1,000	,729
V140	1,000	,524
V141	1,000	,705
V142	1,000	,646
V143	1,000	,688
V144	1,000	,668
V145	1,000	,596
V146	1,000	,679
V147	1,000	,690
V148	1,000	,602
V149	1,000	,599
V150	1,000	,728
V151	1,000	,571

Extraktionsmethode: Hauptkomponentenanalyse.

Interessant für die Interpretation sind ausschließlich die Ergebnisse unter der Überschrift „Extraktion": Hier wird die Situation betrachtet, in der eine Anzahl von Faktoren extrahiert wurde, die kleiner ist als die Zahl der Items. Für jedes Item wird angegeben, welchen Anteil seiner Varianz *alle* Faktoren zusammen erklären. Es wird deutlich, dass die Items im Modell unterschiedlich gut erklärt werden. So wird Item v150 mit einer Kommunalität von 0,728 relativ gut erklärt, Item v138 mit einem Wert von 0,396 eher schlecht.

Eigenwerte (SPSS: „Erklärte Gesamtvarianz"): Eigenwerte beziehen sich auf die Faktoren und geben an, welcher Betrag der Gesamtstreuung *aller* Variablen durch *einen* Faktor erklärt wird. Rechnerisch ist der Eigenwert eines Faktors die Summe über die quadrierten Faktorladungen bei einem Faktor.

Erklärte Gesamtvarianz

Komponente	Anfängliche Eigenwerte			Summen von quadrierten Faktorladungen für Extraktion			Rotierte Summe der quadrierten Ladungen		
	Gesamt	% der Varian	Kum ulierte	Gesamt	% der Varianz	Kumuli erte %	Gesamt	% der Varianz	Kumuli erte %
1	2,867	16,862	16,862	2,867	16,862	16,862	2,350	13,825	13,825
2	2,500	14,708	31,570	2,500	14,708	31,570	2,141	12,596	26,421
3	1,716	10,093	41,663	1,716	10,093	41,663	1,694	9,967	36,388
4	1,296	7,624	49,287	1,296	7,624	49,287	1,647	9,686	46,074
5	1,177	6,925	56,212	1,177	6,925	56,212	1,454	8,555	54,629
6	1,021	6,008	62,220	1,021	6,008	62,220	1,291	7,591	62,220
7	,927	5,454	67,675						
8	,869	5,113	72,788						
9	,813	4,780	77,567						
10	,710	4,179	81,747						
11	,579	3,404	85,150						
12	,539	3,170	88,321						
13	,497	2,925	91,246						
14	,478	2,811	94,057						
15	,406	2,390	96,447						
16	,321	1,888	98,336						
17	,283	1,664	100,0						

Extraktionsmethode: Hauptkomponentenanalyse.

Der Eigenwert bringt die Bedeutung eines Faktors zum Ausdruck und gibt einen Hinweis darauf, wie viele Faktoren in einem gegebenen Datensatz sinnvollerweise extrahiert werden können. SPSS gibt die Eigenwerte vor und nach der Extraktion sowie nach der Rotation der Faktoren aus. Die Ergebnisse unter der Überschrift „Anfängliche Eigenwerte" geben die Situation wieder, wenn so viele Faktoren extrahiert werden wie Items in der Analyse sind. Die Hauptkomponentenmethode ist so konstruiert, dass die gesamte Varianz erklärt wird. Daher addieren sich die Varianzanteile der einzelnen Faktoren zu 100 Prozent auf. Es ist jedoch offensichtlich unsinnig, so viele Faktoren zu extrahieren, wie es Items gibt: Erstens soll ja die Information, die in der Korrelationsmatrix enthalten ist, verdichtet werden. Zweitens weist die Mehrzahl der Faktoren einen Eigenwert < 1 auf und erklärt somit weniger Varianz als ein einzelnes Item. Ziel der Faktorenanalyse ist es nun, die Zahl der Faktoren so zu reduzieren, dass einerseits möglichst viel Varianz erklärt, andererseits aber die Zahl der Faktoren so weit wie möglich reduziert wird. Dabei werden statistische und inhaltliche Kriterien angewendet.

Per Voreinstellung verwendet SPSS zur Extraktion der Faktoren das sog. „Eigenwertkriterium": Es werden alle Faktoren extrahiert, die einen Eigenwert > 1 aufweisen. Die Ergebnisse dieser Extraktion stehen unter der Überschrift „Summe von quadrierten Faktorladungen für Extraktion"[20]: Im Anwendungsbeispiel wurden sechs Faktoren extrahiert, die zusammen 62,2% der Varianz im Modell erklären. Faktor 6 hat einen Eigenwert von 1,021, Faktor 7 ist mit einem Eigenwert von 0,927 kleiner als 1 und wird deshalb nicht mehr extrahiert.

Da die Faktoren jeweils regressionsanalytisch aus der verbleibenden Restvarianz geschätzt werden, ist ihr Varianzaufklärungspotenzial zwangsläufig sehr unterschiedlich. Aus der Übersicht „Rotierte Summe der quadrierten Ladungen" wird ersichtlich, dass nach der Rotation die Varianzanteile, die durch die einzelnen Faktoren erklärt werden (Eigenwerte), etwas gleichmäßiger verteilt sind. Der Anteil der durch alle Faktoren erklärten Varianz an der Gesamtvarianz bleibt gleich.

Bevor im nächsten Schritt eine Faktorenanalyse mit benutzerdefinierter Zahl der Faktoren berechnet wird, folgt zunächst eine Übersicht über die verschiedenen Aspekte der Varianzerklärung und ihre Veränderung durch die Rotation der Faktoren.

Tabelle 2: Varianzanteile

Bezeichnung	Welche Varianzanteile werden erklärt?	Veränderung des erklärten Varianzanteils durch eine Rotation der Faktoren?
Summe der Eigenwerte	durch *alle* Faktoren zusammen erklärter Varianzanteil *aller* Items	nein
Eigenwert	durch *einen* Faktor erklärter Varianzanteil *aller* Items	ja
Kommunalität	durch *alle* Faktoren zusammen erklärter Varianzanteil *eines* Items	nein
Faktorladung	in quadrierter Form (und nur bei orthogonalen Faktoren): durch einen Faktor erklärter Varianzanteil eines Items	ja

Nachdem die Faktorenanalyse mit dem Eigenwertkriterium (Voreinstellung in SPSS) nicht zu einer zufriedenstellenden Lösung führte, wird versucht, mit einer benutzerdefinierten Zahl von Faktoren eine Einfachstruktur zu erzielen. Wie

---

[20] Leider ist die Beschriftung des SPSS-Outputs hier nicht konsistent. In den ersten drei Spalten der Tabelle werden Eigenwerte als solche bezeichnet, in den Spalten unter „Summe von ...." stehen ebenfalls die Eigenwerte, die ja nichts anderes sind als die Summe der quadrierten Faktorladungen beim jeweiligen Faktor.

kommt man zu einer benutzerdefinierten Lösung? Am wichtigsten ist hier zunächst die Betrachtung der Eigenwerte. Nur drei Faktoren haben Eigenwerte, die deutlich größer als 1 sind. Bei einer größeren Zahl von Items wäre es eventuell sinnvoll, auch eine vierfaktorielle Lösung zu überprüfen. Im Anwendungsbeispiel wird darauf verzichtet, da sonst die Zahl der Markierungsitems zu klein würde. Einen weiteren Hinweis auf die sinnvoll zu extrahierende Zahl der Faktoren gibt der sog. „Screeplot", der die Größe des Eigenwertes der einzelnen Faktoren graphisch darstellt.

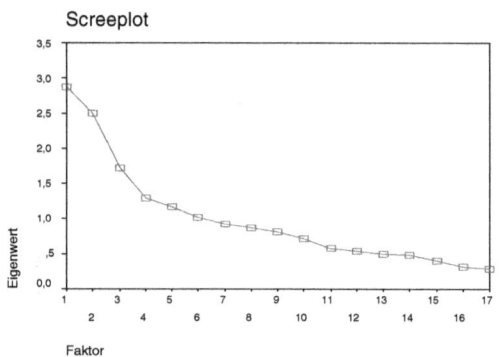

Man stellt fest, beim wievielten Faktor die Kurve sich abflacht und nimmt dies als Hinweis auf die Zahl der zu extrahierenden Faktoren. Im Anwendungsbeispiel tritt eine deutliche Abflachung nach dem vierten Faktor auf, aufgrund der geringen Zahl von Items soll jedoch, wie bereits erwähnt, eine dreifaktorielle Lösung versucht werden. Diese muss dann darauf überprüft werden, ob sie inhaltlich sinnvoll interpretierbar ist und ob sie ausreichende statistische Kennwerte aufweist.

Nachstehend ist die SPSS-Syntax für eine dreifaktorielle Lösung aufgeführt. Neben dem Unterbefehl „/PLOT EIGEN", mit dem der Screeplot angefordert wird, ändert sich lediglich der Unterbefehl zur Anzahl der Faktoren. Der Unterbefehl „/CRITERIA" muss vor dem Unterbefehl „/EXTRACTION" stehen.

```
FACTOR
  /VARIABLES v135 v136 v137 v138 v139 v140 v141 v142 v143
   v144 v145 v146 v147 v148 v149 v150 v151
  /MISSING listwise
  /ANALYSIS v135 v136 v137 v138 v139 v140 v141 v142 v143
   v144 v145 v146 v147 v148 v149 v150 v151
  /PRINT UNIVARIATE INITIAL CORRELATION SIG KMO EXTRACTION
   ROTATION
  /FORMAT SORT BLANK(.30)
```

```
/PLOT eigen ROTATION(1,2)
/CRITERIA factors(3) ITERATE(25)
/EXTRACTION PC/ROTATION VARIMAX
/SAVE REG(ALL)
/METHOD=CORRELATION .
```

Die Item-Item-Korrelationsmatrix bleibt bei Beschränkung auf drei Faktoren natürlich gleich. Nur statistischen Kenngrößen verändern sich.

In der sechsfaktoriellen Lösung wurden 62,2% der Varianz erklärt, bei drei Faktoren sind es nun nur noch 41,7%. Die Beschränkung auf drei Faktoren muss also mit einem erheblichen Verzicht auf Varianzaufklärung bezahlt werden. Nach der Rotation verteilen sich die Erklärungspotenziale relativ gleichmäßig auf die Faktoren. Faktor 1 erklärt 14,5% der Varianz im Gesamtmodell, Faktor 2 14,0% und Faktor 3 13,1%.

Obwohl immer noch einige Items auf mehrere Faktoren laden, ist die Struktur der rotierten Komponentenmatrix gegenüber der sechsfaktoriellen Lösung nun wesentlich eindeutiger. Es geht nun darum, die inhaltliche Interpretierbarkeit der Faktoren zu untersuchen und zu entscheiden, wie mit den nichteindeutigen Items umgegangen werden soll.

Erklärte Gesamtvarianz

Komponente	Anfängliche Eigenwerte			Summen von quadrierten Faktorladungen für Extraktion			Rotierte Summe der quadrierten Ladungen		
	Gesamt	% der Varianz	Kumulierte %	Gesamt	% der Varianz	Kumulierte %	Gesamt	% der Varianz	Kumulierte %
1	2,867	16,862	16,862	2,867	16,862	16,862	2,474	14,550	14,550
2	2,500	14,708	31,570	2,500	14,708	31,570	2,389	14,052	28,602
3	1,716	10,093	41,663	1,716	10,093	41,663	2,220	13,061	41,663
4	1,296	7,624	49,287						
5	1,177	6,925	56,212						
6	1,021	6,008	62,220						
7	,927	5,454	67,675						
8	,869	5,113	72,788						
9	,813	4,780	77,567						
10	,710	4,179	81,747						
11	,579	3,404	85,150						
12	,539	3,170	88,321						
13	,497	2,925	91,246						
14	,478	2,811	94,057						
15	,406	2,390	96,447						
16	,321	1,888	98,336						
17	,283	1,664	100,000						

Extraktionsmethode: Hauptkomponentenanalyse.

Zur inhaltlichen Interpretation der Faktoren gelangt man, indem man die „Markierungsitems" jedes Faktors betrachtet („Rotierte Komponentenmatrix"), also die Items, die besonders hoch auf diesen Faktor laden. Für den *Faktor 1* sind dies die Items v142, v143, v148 (uneindeutig, lädt auch auf Faktor 3), v135, v144 und v136 (uneindeutig, lädt auch auf Faktor 3). Items mit niedrigen Ladungen (< 0,3) wurden ja bereits aus der Darstellung (nicht aus der Analyse!) ausgeschlossen.

Rotierte Komponentenmatrix[a]

	Komponente		
	1	2	3
V142	,729		
V143	,665		
V148	,629		-,319
V135	,562		
V144	,476		
V136	,422		,406
V150		,823	
V141		,781	
V147	,389	,545	
V138		,492	
V149		,412	,407
V137		,404	,325
V139			,715
V145	,317		,584
V140			,572
V146			,559
V151			

Extraktionsmethode: Hauptkomponentenanalyse.
Rotationsmethode: Varimax mit Kaiser-Normalisierung.
a. Die Rotation ist in 6 Iterationen konvergiert.

Was ist der gemeinsame inhaltliche Nenner der Items, die den Faktor 1 bilden? Es geht hier um die Wichtigkeit der Nähe des Arbeitsplatzes zur Wohnung, um kurze Einarbeitungszeiten, Möglichkeit der Teilzeitarbeit, Betriebsklima usw. – Weder inhaltliche Aspekte der Arbeit noch klassische Karriereorientierungen spielen hier eine Rolle, wichtig ist die Vereinbarkeit von Berufstätigkeit und Privatleben. Der Faktor kann deshalb als „Bedeutung der Vereinbarkeit von Beruf und Privatleben" bezeichnet werden. *Faktor 2* beinhaltet Items, die die Bedeutung externer Gratifikationen des Berufes widerspiegeln, wie Item v138 (Soziales Ansehen, Prestige) oder v150 (Verdienstmöglichkeiten). Dieser Faktor kann als „extrinsische Berufsmotivation" bezeichnet werden. *Faktor 3* schließlich bringt die Wichtigkeit inhaltlicher Aspekte der Arbeit und vor allem der autonomen Gestaltung der Arbeit zum Ausdruck: Wesentlich sind die Items selbständiges und abwechslungsreiches Arbeiten (v139, v140) und Eigenverantwortung (v146). Faktor 3 kann als „intrinsische Berufsmotivation" aufgefasst werden. Alle drei Faktoren lassen sich gut inhaltlich interpretieren. Eine dreifaktorielle Lösung kann also sowohl im Hinblick auf inhaltliche wie auch auf statistische Kriterien gerechtfertigt werden.

Um zu verdeutlichen, was es bedeutet, wenn Items eindeutig bzw. nicht eindeutig auf einen Faktor laden, wurde mit dem Unterbefehl „/PLOT ROTATION(1,2)"[21] eine Grafik angefordert, die die Items in einem durch die ersten beiden Faktoren aufgespannten Koordinatensystem zeigt („Komponentendiagramm im rotierten Raum").

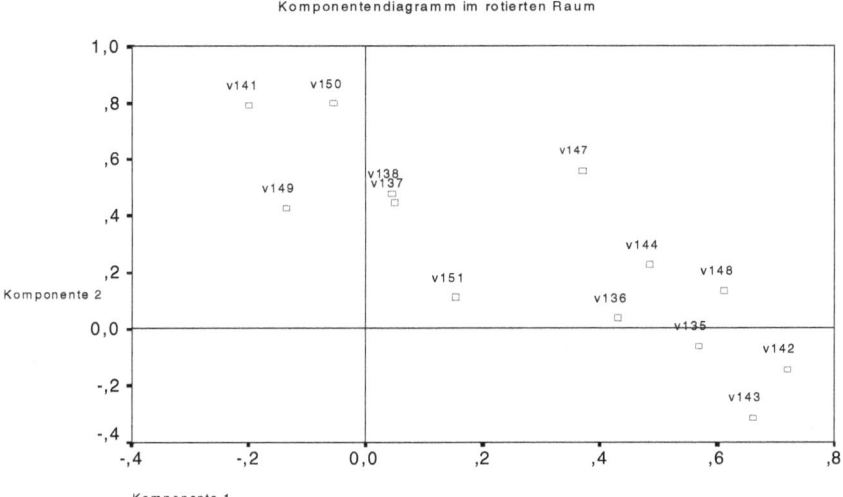

Faktor 1 bildet die horizontale Achse. Die Items, welche hoch auf diesen Faktor laden, liegen nahe an dieser Achse und weit vom Ursprung entfernt. Umgekehrt liegen diejenigen Items, die hoch auf Faktor 2 laden, nahe an der vertikalen Achse, und ebenfalls weit vom Ursprung entfernt. Zugleich ist zu erkennen, dass alle Items positiv auf den jeweiligen Faktor laden. Uneindeutig in Bezug auf diese beiden Faktoren lädt Item v147: Wie die Tabelle der rotierten Faktorladungen zeigt, lädt dieses Item mit 0,389 auf Faktor 1 und mit 0,542 auf Faktor 2. In der grafischen Darstellung liegt v147 daher fast auf einer 45°-Linie zwischen den Achsen. Inhaltlich würde das Item v147 („Gesicherte Zukunft") zu beiden Faktoren passen, da eine gewisse Sicherheit der Lebensverhältnisse einerseits die Vereinbarkeit von Beruf und privaten Interessen erleichtert und andererseits häufig als Ausdruck des Berufsprestiges gilt. Hier zeigt sich also reale Unschärfe.

---

[21] Fordert man den Plot ohne Definition der Achsen an („/PLOT ROTATION"), so werden die Items im Raum der ersten drei Faktoren dargestellt.

Für die Interpretation der Ergebnisse ist es sehr wichtig zu verstehen, dass diese drei Faktoren keine Typen darstellen. Die Aussage, dass sich im Kollektiv der Befragten drei verschiedene Typen nach ihrer beruflichen Grundmotivation unterscheiden ließen, wäre falsch. Vielmehr haben wir drei Variablen konstruiert, die in unterschiedlich starker Ausprägung vorliegen können. Von Typen können wir dann sprechen, wenn sich spezifische Muster der Kombination dieser Ausprägungen finden lassen. Typen wären in unserem Fall also Personen, für die z. B. nur eine der gefundenen Orientierungen wichtig ist, oder aber zwei bzw. drei dieser Orientierungen. So könnte es z. B. durchaus sein, dass intrinsische *und* extrinsische Orientierungen vorliegen.

3.3.4 Berechnung der Dimensionsausprägung bei den Merkmalsträgern

Nach der Entscheidung für eine dreifaktorielle Lösung geht es nun darum, die Ausprägung der Faktoren bei den einzelnen Merkmalsträgern zu messen. SPSS nimmt eine regressionsanalytische Schätzung vor, um die sog. "Factorscores" zu schätzen. Die Berechnung dieser sogenannten „Factorscores" wird durch den Unterbefehl „/SAVE REG(ALL)" gesteuert. SPSS erzeugt nun 3 neue Variablen, die per Voreinstellung mit den Labels fac1_1, fac2_1 und fac3_1 bezeichnet werden (Abbildung 4). Diese Variablen sind standardisiert auf einen Mittelwert von 0 und eine Varianz von 1.

Abbildung 4: Factorscores

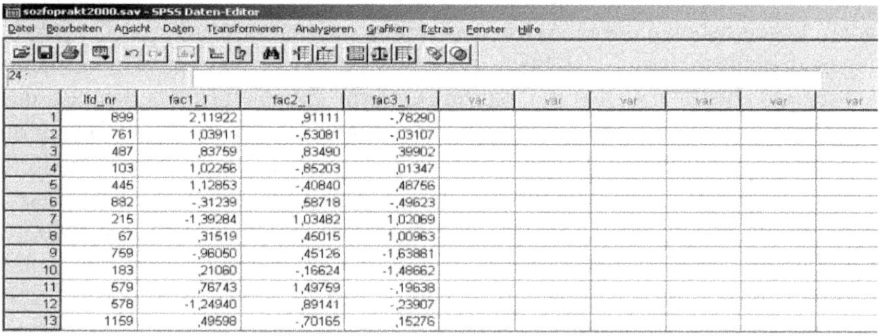

	lfd_nr	fac1_1	fac2_1	fac3_1
1	899	2,11922	,91111	-,78290
2	761	1,03911	-,53081	-,03107
3	487	,83759	,83490	,39902
4	103	1,02256	-,85203	,01347
5	445	1,12853	-,40840	,48756
6	882	-,31239	,58718	-,49623
7	215	-1,39284	1,03482	1,02069
8	67	,31519	,45015	1,00963
9	759	-,96050	,45126	-1,63881
10	183	,21060	-,16624	-1,48662
11	579	,76743	1,49759	-,19638
12	578	-1,24940	,89141	-,23907
13	1159	,49598	-,70165	,15276

Mit der regressionsanalytischen Schätzung wird allerdings Unabhängigkeit der Factorscores der einzelnen Faktoren erzwungen, was inhaltlich häufig nicht gerechtfertigt erscheint. Außerdem gehen auch die „schlechteren" Items in die Berechnung ein. Die alternative Berechnung von Summenscores („COMPUTE") ist deshalb häufig sinnvoller (Abschnitt 5).

Zuvor sollen jedoch die einzelnen Faktoren dimensionsanalytisch überprüft werden. Die Berechnung der Summenscores bezieht sich dann nur noch auf diejenigen Items, die in der Analyse bleiben.

4 Dimensionsanalytische Überprüfung der Faktoren mit der Prozedur „RELIABILITY"

4.1 Einführung

Für die Überprüfung der Eindimensionalität der Faktoren wurden Items, die in der Faktorenanalyse nicht eindeutig auf einen Faktor luden, aus der Analyse ausgeschlossen. Es sind dies: v136, v145, v147, v149. Diese Items sind offenbar zu unspezifisch. v148 lädt relativ stark auf die Faktoren 1 und 3, allerdings mit unterschiedlichen Vorzeichen. Auch dieses Item wird aus der Analyse ausgeschlossen. Existieren negativ gepolte Items, so müssen diese vor der Durchführung der eindimensionalen Überprüfung der Faktoren umgepolt werden (s. o. 2.2.5). Im Beispiel gab es jedoch keine negativen Faktorladungen. Mittels der SPSS-Prozedur „RELIABILITY" wird für *jeden* der Faktoren nun eine entsprechende Analyse durchgeführt. Fehlende Werte werden bei dieser Prozedur fallweise ausgeschlossen (SPSS ermöglicht hier keinen paarweisen Ausschluss).

4.2 Berechnung der Skalen

4.2.1 Faktor 1: Vereinbarkeit Beruf/Privatleben

```
RELIABILITY
  /VARIABLES=v135 v142 v143 v144
  /FORMAT=NOLABELS
  /SCALE(vereinb)=ALL/MODEL=ALPHA
  /STATISTICS=DESCRIPTIVE SCALE CORR
  /SUMMARY=TOTAL.
```

— Univariate Statistiken für die Variablen in der Analyse:

```
R E L I A B I L I T Y   A N A L Y S I S   -   S C A L E   (VEREINB)

                    Mean        Std Dev       Cases
  1.     V135      4,7233        ,5727        159,0
  2.     V142      3,2453       1,1785        159,0
  3.     V143      3,0566       1,3837        159,0
  4.     V144      2,5472       1,1567        159,0
```

- Die Korrelationsmatrix der jeweiligen Variablen:

```
              Correlation Matrix
              V135      V142      V143      V144
V135          1,0000
V142          ,2888     1,0000
V143          ,1956     ,4999     1,0000
V144          ,1345     ,1749     ,2257     1,0000
       N of Cases =    159,0
```

- Statistiken für die Skala: Hier werden Statistiken für die gesamte Skala, nicht für die einzelnen Items ausgegeben.

```
                                              N of
Statistics for    Mean    Variance   Std Dev  Variables
Scale            13,5723   8,6767    2,9456      4
```

- Statistiken zur Beurteilung der einzelnen Items:

```
Item-total Statistics
         Scale      Scale     Corrected
         Mean      Variance    Item-       Squared     Alpha
         if Item   if Item     Total       Multiple    if Item
         Deleted   Deleted     Correlation Correlation Deleted

V135     8,8491    7,4707      ,2804       ,0928       ,5681
V142    10,3270    4,7911      ,4840       ,2899       ,3790
V143    10,5157    4,0994      ,4752       ,2713       ,3822
V144    11,0252    5,9614      ,2439       ,0622       ,5863
```

Von Bedeutung sind hier insbesondere die Angaben zur „Corrected Item-Total Correlation" und zu „Alpha if Item Deleted": Die „Corrected Item-Total Correlation", der sog. „Trennschärfekoeffizient", gibt an, wie stark das jeweilige Item mit einem Punktwert, der aus allen anderen Items gebildet wird, korreliert, wie gut es also zur Skala passt. Besonders gute Werte ergeben sich hier für die Items v142 und v143. „Alpha if Item Deleted" zeigt, wie sich der Wert von Alpha verändern würde, ließe man das betreffende Item bei der Analyse unberücksichtigt. Wenn der Wert von Alpha sich bei einer Berechnung der Skala ohne dieses Item verbessern würde, ist das ein Hinweis auf mangelnde Eignung des Items. Im Anwendungsbeispiel trifft das auf Item v144 zu: Der Alphawert würde ohne dieses Item von 0,5697 auf 0,5863 steigen.

Da die Zahl der Items jedoch ohnehin schon gering ist, die Verbesserung nur marginal wäre, und das Item `v144` inhaltlich gut zur Skala passt, wird es im Weiteren nicht aus der Analyse ausgeschlossen.

– Alpha-Koeffizienten:

```
Reliability Coefficients     4 items
Alpha =    ,5697      Standardized item alpha =    ,5756
```

SPSS gibt neben Alpha auch den Wert für "Standardized Item Alpha" aus. Wie unterscheiden sich diese Werte? Cronbach's Alpha wird aus den Kovarianzen errechnet, während das standardisierte Alpha auf den Korrelationen der Items beruht. Anders als die Korrelationen werden Kovarianzen nicht um die Standardabweichungen der Items korrigiert. Sind die Standardabweichungen der Items einer Skala gleich, so ergeben sich identische Werte für Cronbach's Alpha und das standardisierte Alpha. Sind sie nicht gleich, nimmt Cronbach's Alpha einen kleineren Wert an (so wie im Anwendungsbeispiel). Bei identischen Antwortkodierungen für alle Items werden die beiden Werte nur in sehr geringem Maße voneinander abweichen. Werden allerdings Items mit unterschiedlichen Antwortkodierungen verwendet, so müssen sie zunächst standardisiert werden. In diesem Fall ist dann das standardisierte Alpha der geeignete Wert, sonst Cronbach's Alpha. Cronbach's Alpha für die Skala „Vereinbarkeit Beruf/Privatleben" nimmt mit 0,5697 einen Wert mittlerer Güte an.

Die gleichen Berechnungen werden nun auch für die anderen beiden Faktoren durchgeführt. Im Folgenden werden nur die jeweilige Befehlssyntax und die Werte für Alpha dokumentiert.

4.2.2 Faktor 2: Extrinsische Motivation

```
RELIABILITY
  /VARIABLES=v138 v141 v150
  /FORMAT=NOLABELS
  /SCALE(extrins)=ALL/MODEL=ALPHA
  /STATISTICS=DESCRIPTIVE SCALE
  /SUMMARY=TOTAL .
```

```
Alpha = 0.6502
```

4.2.3 Faktor 3: Intrinsische Motivation:

```
RELIABILITY
  /VARIABLES=v139 v140 v145 v146
```

```
/FORMAT=NOLABELS
/SCALE(intrins)=ALL/MODEL=ALPHA
/STATISTICS=DESCRIPTIVE SCALE
/SUMMARY=TOTAL .
```

Bei diesem Faktor ergibt sich ein Problem: Item `v140` (abwechslungsreiche Tätigkeit) hat schlechte Werte sowohl beim Trennschärfekoeffizienten wie auch bei „Alpha if Item deleted". Andererseits passt das Item aber inhaltlich gut zur Skala, zudem würde diese bei Ausschluss des Items auf nur zwei Indikatoren reduziert. Versuchsweise wird Item `v145` hinzugenommen, das auch – wenn auch nur schwach – auf Faktor 1 lädt. Dadurch erhöht sich die Homogenität der Skala erheblich, auch Item `v140` ist nun konsistent mit der Skala. Alpha weist den Wert 0,6029 auf.

5 Berechnung von Summenscores

Wie bereits ausgeführt, erzwingt die regressionsanalytische Schätzung der Factorscores deren Unabhängigkeit. Dies kann problematisch sein, da in der Realität häufig ein Zusammenhang zwischen verschiedenen Dispositionen gegeben ist. Eine gute Alternative zur Berechnung der Factorscores ist daher die Messung der Dimensionsausprägung durch Summenscores. Dabei werden einfach für jeden Merkmalsträger seine Werte bei allen Items einer Skala addiert. Voraussetzung ist, dass alle Items gleich gepolt sind und dass alle das gleiche Antwortspektrum besitzen (also z. B. eine fünfstufige oder eine dreistufige Antwortskala). Ist das Antwortspektrum nicht identisch, muss es standardisiert werden. Im Beispiel:

```
COMPUTE vereinb = v142+v143+v135+v144.
COMPUTE extrins = v150+v141+v138.
COMPUTE intrins = v139+v140+v145+v146.
```

Die Variable `vereinb` variiert dann zwischen dem Wert 4 (wenn jemand bei allen vier Items den niedrigsten Wert 1 aufweist) und 20 (wenn jemand bei allen Items den höchsten Wert 5 aufweist).

Tabelle 3 (S. 81) verdeutlicht die Unterschiede und Zusammenhänge zwischen den verschiedenen Scores anhand ihrer Korrelationen:

```
CORRELATIONS
  /VARIABLES=fac1_1 fac2_1 fac3_1 job extrins intrins
  /PRINT=TWOTAIL NOSIG
  /MISSING=listwise.
```

Die regressionsanalytisch berechneten Factorscores können aufgrund ihres Konstruktionsprinzips nicht miteinander korrelieren, was durch die Korrelationsmatrix bestätigt wird. Sie weisen aber jeweils sehr hohe Korrelationen mit demjenigen Summenscore auf, der ihnen inhaltlich entspricht. So korreliert Faktor 1 (fac1_1) zu 0,9 mit vereinb. Beide Variablen bilden also offensichtlich – wie gewünscht – die gleiche Information ab. Innerhalb der Summenscores treten deutliche Korrelationen auf, vor allem zwischen extrinsischer und intrinsischer Motivation. Das heißt, dass es eine nicht unerhebliche Zahl von Merkmalsträgern gibt, bei denen beide Dispositionen gleichermaßen ausgeprägt sind. Ein schwacher negativer Zusammenhang besteht zwischen der Bedeutung der Vereinbarkeit von Beruf und Privatleben und einer extrinsischen Motivation. Eine starke Ausprägung der einen Disposition geht hier vielfach mit einer schwachen Ausprägung der anderen einher. Die Korrelationen der Faktoren verdeutlichen noch einmal, dass Dispositionen nicht als Typen (fehl-)interpretiert werden dürfen. Mit der Berechnung der Dimensionsausprägung bei den einzelnen Merkmalsträgern sind die typischen Teilschritte einer Faktorenanalyse abgeschlossen. Die neu gebildeten Variablen können nun für weitere Analysen verwendet werden.

Tabelle 3: Korrelationen der Faktor- und Summenscores

Korrelationen

		REGR factor score 1 for analysis 1	REGR factor score 2 for analysis 1	REGR factor score 3 for analysis 1	VEREINB	EXTRINS	INTRINS
REGR factor score 1 for analysis 1	Korrelation nach Pearson	1	,000	,000	,900**	-,093	,039
	Signifikanz (2-seitig)	.	1,000	1,000	,000	,245	,628
REGR factor score 2 for analysis 1	Korrelation nach Pearson	,000	1	,000	-,104	,889**	,128
	Signifikanz (2-seitig)	1,000	.	1,000	,192	,000	,107
REGR factor score 3 for analysis 1	Korrelation nach Pearson	,000	,000	1	,091	,158*	,904**
	Signifikanz (2-seitig)	1,000	1,000	.	,251	,047	,000
VEREINB	Korrelation nach Pearson	,900**	-,104	,091	1	-,122	,106
	Signifikanz (2-seitig)	,000	,192	,251	.	,127	,183
EXTRINS	Korrelation nach Pearson	-,093	,889**	,158*	-,122	1	,245**
	Signifikanz (2-seitig)	,245	,000	,047	,127	.	,002
INTRINS	Korrelation nach Pearson	,039	,128	,904**	,106	,245**	1
	Signifikanz (2-seitig)	,628	,107	,000	,183	,002	.

**. Die Korrelation ist auf dem Niveau von 0,01 (2-seitig) signifikant.
*. Die Korrelation ist auf dem Niveau von 0,05 (2-seitig) signifikant.
a. Listenweise N=159

6 Hinweise zur Befehlssyntax für die Prozedur „FACTOR" in SPSS

Wie bei den meisten SPSS-Prozeduren, ist es auch bei der Befehlssyntax für „FACTOR" möglich, zusätzliche Optionen anzufordern, die im Menü nicht enthalten sind:
- Festlegen von Konvergenzkriterien für die Iteration bei der Extraktion und Rotation;
- Anfordern von einzelnen Diagrammen für rotierte Faktoren;
- Festlegen der Anzahl der zu speichernden Faktorwerte;
- Festlegen von Diagonalwerten für die Methode der Hauptachsen-Faktorenanalyse;
- Speichern der Korrelationsmatrizen oder Matrizen der Faktorladungen für eine spätere Analyse;
- Einlesen von Korrelationsmatrizen oder Matrizen der Faktorladungen.

Kapitel 3
Multiple lineare Regressionsanalyse

Sabine Fromm

1 Einführung

In soziologischen Untersuchungen geht es häufig um die Frage, ob und wie eine oder mehrere unabhängige Variablen auf eine abhängige Variable einwirken. Eine typische Fragestellung wäre etwa, von welchen Einflussgrößen die Höhe des Einkommens einer Person abhängt. In diesem Fall wäre das Einkommen die abhängige Variable, Größen wie das Alter, die berufliche Qualifikation, die Dauer der Berufstätigkeit, das Geschlecht usw. die unabhängigen Variablen.

Um den Zusammenhang zwischen der abhängigen Variable und den sie erklärenden unabhängigen Variablen zu analysieren, muss eine Modellannahme hinsichtlich der Art des Zusammenhangs getroffen werden. Dieser kann verschiedene Formen annehmen, er kann z. B. logistisch sein oder exponentiell oder aber – wie im Folgenden genauer dargestellt – linear. Welche Form des Zusammenhangs man annimmt, kann einerseits in empirischen Erkenntnissen begründet sein, andererseits durch Hypothesen und theoretische Annahmen über den Gegenstandsbereich. Ein *linearer* Zusammenhang liegt dann vor, wenn sich die Ausprägung der abhängigen Variable proportional mit der Veränderung der unabhängigen Variable verändert. So könnte z. B. jedes zusätzliche Berufsjahr einen durchschnittlichen Anstieg des Einkommens um den Faktor 0,05 bewirken.

Das Ziel der multiplen linearen Regressionsanalyse besteht darin, eine Schätzgleichung zur möglichst genauen Beschreibung der durchschnittlichen linearen Abhängigkeit einer Variable von mehreren anderen Variablen aufzustellen. Dies beinhaltet Aussagen über:
- die Stärke und Richtung des Einflusses der einzelnen unabhängigen Variablen auf die abhängige Variable;
- die Erklärungskraft aller unabhängigen Variablen zusammen (Modellgüte);
- die Schätzung von Ausprägungen der abhängigen Variable bei Merkmalsträgern, bei denen diese nicht bekannt ist.

Die multiple lineare Regressionsanalyse kann somit zu erklärenden ebenso wie zu prognostischen Zwecken eingesetzt werden.

2 Statistische Grundlagen

2.1 Das Grundmodell der einfachen linearen Regression mit nur zwei Variablen

2.1.1 Modellannahmen

Bevor auf die Grundlagen der *multiplen* linearen Regressionsanalyse und ihre Berechnung mit SPSS eingegangen wird, werden am Grundmodell der *einfachen* linearen Regression mit nur zwei Variablen die wichtigsten Konzepte erläutert. In diesem Modell wird angenommen, dass der Zusammenhang zwischen zwei Variablen durch eine lineare Funktion beschrieben werden kann. Dabei sei:

Y abhängige Variable (Kriterium)
X unabhängige Variable (Prädiktor)

Theoretisch ist bei der Beschreibung des linearen Zusammenhangs zwischen dem linearen Modell der Gesamtheit und dem der Stichprobe zu unterscheiden: Grundlegend für ersteres ist die Vorstellung, dass in der *Grundgesamtheit* eigentlich ein deterministischer Zusammenhang zwischen Kriterium Y und Prädiktor X besteht, der aber durch eine Störvariable U überlagert und so zu einem stochastischen Zusammenhang wird. Man kann sich vorstellen, dass jedem X-Wert eine „Urne" von Y-Werten zugeordnet ist, die in Abhängigkeit von U variieren. Die Störvariable ist jedoch nicht beobachtbar und damit auch nicht messbar. Weiterhin wird angenommen, dass die Y-Werte alle normalverteilt sind. Angenommen wird ein Zusammenhang der Form:

$$Y = \beta_0 + \beta_1 X + U$$

Dabei ist:
- *β_0 (Regressionskonstante):* Im bivariaten Modell ist dies der Achsenabschnitt von Y bei X=0, an dem die Regressionsgerade die Y-Achse schneidet (vgl. Abbildung 1). Inhaltlich ist dieser Achsenabschnitt nur interpretierbar, wenn X=0 im Stütz- bzw. Geltungsbereich des Modells liegt. Im Beispiel mit den Variablen Einkommen und Anzahl der Berufsjahre würde diese Größe das geschätzte Einkommen eines Berufsanfängers (0 Berufsjahre) wiedergeben.
- *β_1 (Regressionskoeffizient):* Der Regressionskoeffizient ist der Steigungsparameter der Regressionsgeraden. Er gibt an, um wie viele Einheiten sich Y durchschnittlich ändert, wenn sich X um eine Einheit ändert. Der Regressionskoeffizient gibt also die Bedeutung eines Prädiktors für das Kriterium an. Besteht z. B. ein linearer Zusammenhang zwischen dem Alter eines Autos und den In-

standhaltungskosten, wobei die Instandhaltungskosten jährlich um den Faktor 0,1 zunehmen, so könnte man den Zusammenhang formulieren als:

Y (Instandhaltungskosten) = 0,1 * X (Alter)

- *U (Störvariable):* Über die Störvariable U wirken Zufallseinflüsse auf den Zusammenhang von Y und X ein. Inhaltlich kann U als die Gesamtheit der im Modell nicht berücksichtigten Variablen vorgestellt werden. Da U nicht beobachtet und gemessen werden kann, kann der Wert von Y nicht fehlerfrei aus X bestimmt, sondern lediglich geschätzt werden. Die Modellgleichung zur Bestimmung des Kriteriums lautet:

$$Y' = \beta_0 + \beta_1 X \qquad (Y' = \text{Schätzwert für Y})$$

In der *Stichprobe* tritt U nicht auf, die Stichprobe ist ja immer schon eine Realisation von X- und Y-Werten. Die Schätzgleichung für Y lautet hier:

$$Y' = b_0 + b_1 x$$

Die Funktion $Y' = b_0 + b_1 x$ beschreibt den Zusammenhang zwischen Y und X zwar „im Wesentlichen", jedoch nicht perfekt. Die tatsächlich beobachteten Werte y_i weichen deshalb mehr oder weniger stark von den Werten auf der Regressionsgeraden ab. Sie setzen sich zusammen aus den jeweiligen Schätzwerten y'_i und den sogenannten Residuen e_i:

$$y_i = y'_i + e_i \qquad \text{bzw.} \qquad y'_i = y_i - e_i$$

Die Residuen sind *beobachtete* Abweichungen zwischen dem Messwert y_i eines jeden Merkmalsträgers und dem Schätzwert (y_i'), der auf der Regressionsgeraden liegt. Die e_i sind also nicht etwa Realisationen der U_i! Die Störvariable der Gesamtheit hat keine Realisationen. Umgekehrt existieren in der Gesamtheit keine Residuen. Ziel der Regressionsschätzung ist es, die Parameter b_0 und b_1 der Regressionsgeraden so zu bestimmen, dass die quadrierten Abstände der y-Werte (Messwerte) zur Regressionsgeraden – auf der die Schätzwerte liegen – insgesamt minimiert werden (Methode der kleinsten Quadrate).

Abbildung 1: Streuung der Messwerte um die Regressionsgerade

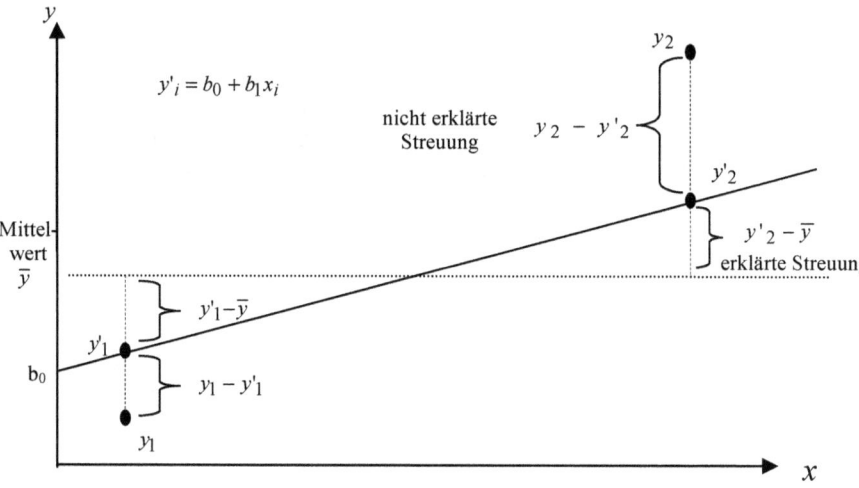

Die Koeffizienten b_0 und b_1 werden berechnet als:

$$b_0 = \bar{y} - b_1 \bar{x} \quad \text{und} \quad b_1 = s_{xy} / s^2_x$$

mit:

$\bar{y}$ = Mittelwert der abhängigen Variable in der Stichprobe
$\bar{x}$ = Mittelwert der unabhängigen Variable in der Stichprobe
s_{xy} = Kovarianz von x und y in der Stichprobe
s^2_x = Varianz des Merkmals x in der Stichprobe

Für die Stichprobe kann der Zusammenhang zwischen Kriterium und Prädiktor dann mit folgender Formel beschrieben werden:

$$Y = b_0 + b_1 x + e$$

Die Quadratsumme der Residuen stellt den Teil der Streuung dar, der durch die Regressionsgerade *nicht* „erklärt" wird ($y_i - y'_i$). Unter der durch die Regressionsgerade „erklärten" Streuung versteht man dagegen die Abweichungen der *Schätzwerte* vom Mittelwert ($y' - \bar{y}$).

Die gesamte Abweichung eines jeden y-Wertes vom Mittelwert $\bar{y}$ lässt sich also in zwei „Teilstrecken" zerlegen: die Distanz Messwert–Schätzwert und die Distanz Schätzwert–Mittelwert von Y.

$$y_i - \bar{y} = (y_i - y'_i) + (y'_i - \bar{y})$$

Summiert man über alle Fälle und quadriert die Differenzen, ergibt sich:

$$\sum_{i=1}^{n}(y_i - \bar{y})^2 = \sum_{i=1}^{n}(y_i - y'_i)^2 + \sum_{i=1}^{n}(y'_i - \bar{y})^2$$

Gesamtstreuung   nicht erklärte Streuung   erklärte Streuung

Auf dieser Streuungszerlegung basiert das *Bestimmtheitsmaß* r^2, das die Güte des Modells zum Ausdruck bringt:

$$r^2 = \frac{\sum_{i=1}^{n}(y'_i - \bar{y})^2}{\sum_{i=1}^{n}(y_i - \bar{y})^2} = \frac{\text{erklärte Streuung}}{\text{Gesamtstreuung}} \quad \text{Es gilt}: 0 \le r^2 \le 1$$

Bei der Verwendung von standardisierten Variablen verkürzt sich die Regressionsgleichung schließlich zu:

$$y = b_1 x + e$$

Der Regressionskoeffizient b_1 wird dann identisch mit dem Korrelationskoeffizienten zwischen Y und X.

2.1.2 Modellvoraussetzungen

- *Skalenniveau*: Das Kriterium muss mindestens Intervallskalenniveau aufweisen. Die Prädiktoren müssen intervallskalierte oder aber dichotome bzw. dichotomisierte Variablen mit den Ausprägungen 0 und 1 sein (Dummy-Variablen).
- *Vorliegen einer linearen Beziehung zwischen Kriterium und Prädiktor(en)*: Nichtlineare Beziehungen kann man ggf. linearisieren, zum Beispiel durch Logarithmieren einer exponentiellen Funktion. Allerdings darf der lineare Zusammenhang nicht zu hoch sein, da man sonst ja zweimal die gleiche Information erfassen würde.
- *Keine Autokorrelation der Residuen*: Bei Autokorrelation bestehen systematische Verbindungen zwischen den Residuen benachbarter Fälle (Voraussetzung ist also, dass die Fälle irgendwie sortiert sind). Autokorrelation tritt v. a. bei Zeitreihen auf, hier stellen die Fälle der Stichprobe benachbarte Zeitpunkte dar. Wird diese Modellannahme verletzt, so muss mit erheblichen Verzerrungen bei

der Bestimmung von Konfidenzintervallen für die Regressionskoeffizienten gerechnet werden. Zur Überprüfung eignet sich die Berechnung des Durbin-Watson-Koeffizienten. Dieser kann Werte zwischen 0 und 4 annehmen: Werte < 1 oder > 3 ergeben sich bei erheblicher Autokorrelation. Beim Wert 2 liegt keinerlei Autokorrelation vor.

– *Keine Heteroskedastizität der Residuen:* Die Streuung der Residuen ist bei Heteroskedastizität nicht konstant. Dies kann etwa dann der Fall sein, wenn bei einer Reihe von Beobachtungen der Beobachter in seiner Aufmerksamkeit nachlässt, und dadurch Messfehler auftreten. Die Folgen sind vergleichbar denen bei Autokorrelation.

Die Forderung nach Homoskedastizität und Nicht-Autokorrelation ist insbesondere bei induktiven Fragestellungen wichtig, z. B. bei der Bestimmung von Konfidenzintervallen für den Regressionskoeffizienten. Sie läuft im Wesentlichen darauf hinaus, dass die Residuen einer Normalverteilung folgen sollten und insbesondere nicht systematisch, in Abhängigkeit voneinander, variieren. Dies ist notwendig, damit die Signifikanzprüfungen zu unverzerrten Ergebnissen führen.

Um Scheinkausalität zu erkennen, sollte außerdem die Modellspezifikation durch Verfahren zur Drittvariablenkontrolle überprüft werden (vgl. hierzu Baur 2004/2008).

2.2 Das Modell der multiplen linearen Regression

2.2.1 Schätzgleichung

Anders als bei der einfachen linearen Regression werden nun *mehrere* unabhängige Variablen x zur Schätzung der abhängigen Variablen Y herangezogen. Die Schätzgleichung für Y wird erweitert zu:

$$Y = b_0 + b_1 x_1 + b_2 x_2 + \ldots + b_m x_m$$

Bei standardisierten Variablen:

$$Y = b_1 x_1 + b_2 x_2 + \ldots + b_m x_m$$

Auch im multivariaten Modell geht es darum, die b-Parameter so zu bestimmen, dass die Summe der quadrierten Abweichungen minimiert wird. Die Vorstellung einer zum Modell gehörenden Regressionsgeraden muss allerdings aufgegeben werden und wird durch das Modell einer Regressionsebene (dreidimensionaler Raum) bzw. -hyperebene (multidimensionaler Raum) ersetzt. Auch hier besteht das Ziel dann darin, die quadrierten Abstände der Datenpunkte zur Regressionsebene bzw. -hyperebene zu minimieren.

2.2.2 Das Problem der Multikollinearität

Das Modell der multiplen linearen Regression setzt *additive* Kausalität voraus. Das bedeutet, dass die *unabhängigen* Variablen nicht miteinander korrelieren dürfen. Nur dann ist es möglich, die Varianzaufklärungsanteile der einzelnen Prädiktoren genau zu bestimmen, und nur dann ist die im Modell erklärte Gesamtvarianz gleich der Summe der Varianzaufklärungspotenziale der einzelnen Prädiktoren. Andernfalls müssen Interaktionseffekte beachtet werden, d.h. die erklärte Varianz von Y setzt sich zusammen aus dem jeweiligen Erklärungspotenzial der einzelnen Prädiktoren und einem gemeinsamen Erklärungspotenzial der Prädiktoren. Das hat zur Folge, dass das Varianzaufklärungspotenzial der einzelnen Prädiktoren nicht genau bestimmt werden kann. Damit sind die Regressionskoeffizienten nicht als Maß für die Bedeutsamkeit eines Prädiktors interpretierbar: Der Regressionskoeffizient eines Prädiktors wird rechnerisch nicht mehr ausschließlich vom Zusammenhang des Prädiktors mit dem Kriterium bestimmt, sondern zusätzlich durch die Interkorrelation der Prädiktoren.

„Je größer die Interkorrelation zwischen den Prädiktorvariablen und je größer die Korrelation der anderen Prädiktorvariablen mit der Kriteriumsvariablen, desto weniger wird das b-Gewicht durch die Einzelkorrelation der Prädiktorvariablen mit der Kriteriumsvariablen bestimmt." (Bortz 1989: 561)

Die Annahme additiver Kausalität wird in der Realität fast immer verletzt. In aller Regel tritt zumindest eine schwache Korrelation zwischen den unabhängigen Variablen auf. Können die unabhängigen Variablen in eine Linearbeziehung zueinander gebracht werden, spricht man von Multikollinearität. In diesem Fall müssen eine oder mehrere Variablen aus dem Modell entfernt werden. Woran kann man erkennen, ob Multikollinearität vorliegt?

- *Überprüfen der Korrelationsmatrix:* Das Vorliegen hoher paarweiser Korrelationen zwischen den Prädiktorvariablen weist auf Multikollinearität hin. Es kann aber nicht umgekehrt aus dem Fehlen hoher paarweiser Korrelationen geschlossen werden, dass keine Multikollinearität vorliegt, da in der Korrelationsmatrix nur die paarweisen, nicht aber die multiplen Korrelationen ausgewiesen werden.
- *Regressionsschätzung:* Jede der Prädiktorvariablen wird aus den jeweils anderen Prädiktorvariablen regressionsanalytisch geschätzt. Das Maß $1-r^2$ für jede dieser Regressionen wird als *Toleranz* einer Variablen bezeichnet und kann in SPSS zur Multikollinearitätsprüfung herangezogen werden.

Um den Varianzerklärungsbeitrag einer einzelnen unabhängigen Variable beim Vorliegen von Multikollinearität abzuschätzen, ist es sinnvoll, die *semipartiellen*

Korrelationen zu betrachten oder eine Serie von Regressionsanalysen durchzuführen, bei der jede Variable einmal an erster und einmal an letzter Stelle in das Modell aufgenommen wird (s. u. 3.2.4). Auf diese Weise können zumindest das maximale und das minimale Varianzaufklärungspotenzial dieser Variablen bzw. Variablengruppen bestimmt werden.

3 Multiple Regressionsanalyse mit SPSS – ein Anwendungsbeispiel

3.1 Beschreibung des Datensatzes und der Variablen

Grundlage der folgenden Auswertungen ist der Datensatz „leblauf.sav" (siehe Einführung, Tabelle 2). Befragt wurden 333 Personen folgender Altersklassen: 20 – 25 Jahre, 40 – 45 Jahre, 60 – 65 Jahre. Neben zahlreichen Informationen zum Lebenslauf wurde mittels verschiedener Skalen u. a. die Tendenz der Befragten zu Autoritarismus gemessen. Nach einer dimensionsanalytischen Überprüfung wurden die nachstehenden Items in die Autoritarismus-Skala aufgenommen (Tabelle 1) und daraus die Variable auto, ein Summenscore gebildet. Höhere Werte der Variable auto bedeuten, dass die Dispostion zu Autoritarismus stärker ausgeprägt ist. Der Wert von Cronbach's Alpha für die Skala beträgt 0,7415. Die Variable v914 wurde umgepolt, da sie negativ auf den Faktor „Autoritarismus" lädt.[22]

Tabelle 1: Items zur Berechnung der abhängigen Variable „auto"

Itemname	Item
v908	Die vielen Ausländer in Deutschland können irgendwann zu einer Bedrohung für unsere Kultur werden.
v914 (-)	Ich finde es sehr gut, dass man den Kriegsdienst verweigern kann.
v919	Auch in der heutigen Zeit sollte wohl eher der Mann das Sagen in der Familie haben.
v924	In unserem öffentlichen Leben gibt es zuviel Kritik und zuwenig Ordnung.
v931	Es wäre besser, wenn es wieder gesetzliche Bestimmungen gegen Homosexualität gäbe.
v932	Man sollte mit den Jugendlichen vielleicht wieder etwas strenger umgehen, dann bliebe uns manches Problem erspart.
v937	Eine möglichst straffe politische Führung scheint mir das Beste für uns zu sein.

Mit Hilfe einer multiplen linearen Regressionsanalyse soll nun der Einfluss der nachstehenden Merkmale (Tabelle 2) auf die Ausprägung der Autoritarismus-Tendenz bei den Befragten untersucht werden.

Da die Prädiktoren ursprünglich z. T. ordinal erhoben wurden, die Regressionsanalyse bei den Prädiktoren aber mindestens Intervallskalenniveau voraus-

---

[22] Siehe dazu den Abschnitt 2.2.5 im Kapitel Faktoren- und Reliabilitätsanalyse in diesem Buch.

setzt, mussten einige Variablen zunächst geeignet transformiert werden. Im Beispiel wurden diese Variablen dichotomisiert. Möglich wäre jedoch auch die Bildung von Dummy-Variablen, wobei jede Ausprägung des ursprünglichen Merkmals zu einer neuen dichotomen Variable wird.

Tabelle 2: Prädiktoren

Variablenname	Variablenlabel	Ausprägungen
bild_bef	Bildungsabschluss des Befragten	0 höchstens Hauptschulabschluss 1 mind. mittlere Reife
bild_m	Höchster Schulabschluss der Mutter	wie bild_bef
bild_v	Höchster Schulabschluss des Vaters	wie bild_bef
v172	Berufstätigkeit der Mutter	0 nie berufstätig 1mind. zeitweise berufstätig
sex	Geschlecht	0 weiblich 1 männlich
alter	Alter des Befragten	(Lebensalter in Jahren)
lebzuf	Lebenszufriedenheit des Befragten	(Skala: kleine Werte = geringe Zufriedenheit)
fam_erz	Ausmaß autoritärer Erziehungspraktiken in der Herkunftsfamilie	(Skala: kleine Werte = geringe Tendenz zu autoritären Praktiken)

3.2 Durchführung einer multiplen Regressionsanalyse mit der Prozedur „REGRESSION"

3.2.1 Befehlsstruktur

Einziger obligatorischer Unterbefehl nach „REGRESSION" ist „/DEPENDENT = variable", mit dem die abhängige Variable definiert wird. Von besonderer Bedeutung ist der Unterbefehl „/METHOD", mit dem festgelegt wird, nach welchem Algorithmus die unabhängigen Variablen in die Schätzgleichung aufgenommen werden sollen. Grundsätzlich ist hier zu unterscheiden zwischen dem Verfahren „/METHOD = ENTER", bei dem alle Variablen gleichzeitig und ohne ihre Eignung zu prüfen in das Modell aufgenommen werden und allen anderen Verfahren, welche die Variablen schrittweise aufnehmen.

Nachstehend die Befehlssyntax für das Modell einer Regressionsanalyse mit schrittweiser Aufnahme der Prädiktoren:

```
REGRESSION
   /DESCRIPTIVES MEAN STDDEV CORR SIG N
   /MISSING pairwise  ❶
   /STATISTICS COEFF OUTS R ANOVA ZPP COLLIN TOL CHANGE  ❷
   /CRITERIA=PIN(.10) POUT(.15)  ❸
   /NOORIGIN  ❹
   /DEPENDENT auto  ❺
   /METHOD= stepwise bild_bef bild_m bild_v sex fam_erz
    alter lebzuf  ❻
   /RESIDUALS DURBIN HIST(ZRESID) NORM(ZRESID).  ❼
```

Im Einzelnen wird mit den Unterbefehlen folgender Output erzeugt:

❶ *Paarweiser* Ausschluss fehlender Werte: Für jedes Variablenpaar werden in die Korrelationsberechnung alle Fälle einbezogen, die bei diesen beiden Variablen gültige Werte haben, auch wenn sie bei anderen Variablen fehlende Werte aufweisen.

❷ Anforderung von Statistiken: Koeffizienten, Varianzanalyse, Kollinearitätsanalyse, Veränderungen in r^2.

❸ Signifikanzkriterien (F-Signifikanzwerte) für die Aufnahme bzw. den Ausschluss von Variablen.

❹ Modell mit Konstante berechnen.

❺ Definition der abhängigen Variable.

❻ Festlegung der Aufnahmemethode: Die Variablen werden schrittweise auf ihre Eignung für die Schätzung der abhängigen Variable überprüft. Auf jeder Stufe wird für die neu aufgenommene Variable und für die bereits im Modell befindlichen Variablen das Signifikanzkriterium für Aufnahme und Ausschluss geprüft. Dieser Prozess wird so lange fortgesetzt, bis keine Variable mehr aufgenommen oder ausgeschlossen werden kann.

❼ Prüfung der Residuen: Durbin-Watson-Test und grafische Tests auf Normalverteilung der Residuen.

In den nächsten Abschnitten werden unterschiedliche Vorgehensweisen miteinander verglichen: Zunächst wird ein schrittweiser Algorithmus durchgeführt, um die Variablen zu identifizieren, die einen relevanten und signifikanten Einfluss auf die abhängige Variable haben (3.2.2). In einem zweiten Schritt wird diese Vorgehensweise mit der gleichzeitigen Aufnahme aller Variablen verglichen und die Frage geprüft, ob trotz beispielsweise inferenzstatistischer Bedenken Gründe für die Aufnahme weiterer Variablen sprechen (3.2.3). Schließlich wird mit zwei unterschiedlichen Strategien das minimale und maximale Varianzaufklärungspotential der einzelnen Prädiktoren bestimmt (3.2.4).

3.2.2 Modell mit schrittweiser Aufnahme der Variablen (METHOD=STEPWISE)

Erster Schritt der Modellprüfung ist die Inspektion der Korrelationsmatrix. Nur wenn alle die Prädiktoren mit dem Kriterium linear zusammenhängen ist es sinnvoll, eine multiple lineare Regressionsanalyse durchzuführen.

Korrelationen

		AUTO	Bildungsabschluss Befragter (dich.)	Bildungsabschluss Mutter (dich.)	Bildungsabschluss Vater (dich.)	SEX	FAM_ERZ	ALTER	LEBZUF
Korrelation nach Pearson	AUTO	1,000	-,418	-,225	-,220	,167	-,096	,483	,161
	Bildungsabschluss Befragter (dich.)	-,418	1,000	,383	,411	-,003	-,041	-,347	-,081
	Bildungsabschluss Mutter (dich.)	-,225	,383	1,000	,493	-,020	,062	-,295	-,067
	Bildungsabschluss Vater (dich.)	-,220	,411	,493	1,000	,090	,011	-,187	-,029
	SEX	,167	-,003	-,020	,090	1,000	-,020	,116	,046
	FAM_ERZ	-,096	-,041	,062	,011	-,020	1,000	-,206	,119
	ALTER	,483	-,347	-,295	-,187	,116	-,206	1,000	,274
	LEBZUF	,161	-,081	-,067	-,029	,046	,119	,274	1,000
Signifikanz (einseitig)	AUTO	.	,000	,000	,000	,002	,061	,000	,004
	Bildungsabschluss Befragter (dich.)	,000	.	,000	,000	,481	,244	,000	,081
	Bildungsabschluss Mutter (dich.)	,000	,000	.	,000	,365	,149	,000	,128
	Bildungsabschluss Vater (dich.)	,000	,000	,000	.	,059	,426	,001	,314
	SEX	,002	,481	,365	,059	.	,365	,017	,212
	FAM_ERZ	,061	,244	,149	,426	,365	.	,000	,024
	ALTER	,000	,000	,000	,001	,017	,000	.	,000
	LEBZUF	,004	,081	,128	,314	,212	,024	,000	.
N	AUTO	286	278	271	258	286	259	284	279
	Bildungsabschluss Befragter (dich.)	278	322	306	293	322	289	320	300
	Bildungsabschluss Mutter (dich.)	271	306	315	290	315	281	313	292
	Bildungsabschluss Vater (dich.)	258	293	290	300	300	273	298	281
	SEX	286	322	315	300	333	297	331	309
	FAM_ERZ	259	289	281	273	297	297	295	277
	ALTER	284	320	313	298	331	295	331	307
	LEBZUF	279	300	292	281	309	277	307	309

Im Einzelnen können aus der Korrelationsmatrix aller Variablen im Modell (Kriterium und Prädiktoren) folgende Informationen entnommen werden:
- Alle unabhängigen Variablen mit Ausnahme von fam_erz weisen deutlich von Null abweichende Zusammenhänge mit auto auf.
- Die Zusammenhänge der unabhängigen Variablen mit auto sind signifikant.
- Zwischen den unabhängigen Variablen bestehen z. T. deutliche Zusammenhänge, was auf Multikollinearität hindeutet (z. B. zwischen dem Bildungsabschluss der Mutter und dem des Vaters).

Die nächsten Tabellen informieren über die Aufnahmereihenfolge der Variablen und den jeweils erzielten Zuwachs an Varianzaufklärung. Sie fassen also die

Modellgüte zusammen, ohne aber auf die Einzelheiten der Modellbildung und die Güte der einzelnen Prädiktoren einzugehen. Es zeigt sich, dass nur die drei Merkmale Alter, Bildungsabschluss des Befragten und Geschlecht ausreichend Erklärungspotenzial besitzen bzw. signifikante Einflüsse auf die Ausprägung des Merkmals „Autoritarismus" haben. Nur diese Variablen werden mit dem stepwise-Algorithmus in das Modell aufgenommen, und zwar in der Reihenfolge Alter, Bildungsabschluss und Geschlecht.

Aufgenommene/Entfernte Variablen [a]

Modell	Aufgenommene Variablen	Entfernte Variablen	Methode
1	ALTER	.	Schrittweise Auswahl (Kriterien: Wahrscheinlichkeit von F-Wert für Aufnahme <= ,100, Wahrscheinlichkeit von F-Wert für Ausschluß >= ,150).
2	Bildungsabschluss Befragter (dich.)	.	Schrittweise Auswahl (Kriterien: Wahrscheinlichkeit von F-Wert für Aufnahme <= ,100, Wahrscheinlichkeit von F-Wert für Ausschluß >= ,150).
3	SEX	.	Schrittweise Auswahl (Kriterien: Wahrscheinlichkeit von F-Wert für Aufnahme <= ,100, Wahrscheinlichkeit von F-Wert für Ausschluß >= ,150).

a. Abhängige Variable: AUTO

In der Tabelle „Modellzusammenfassung" werden für jeden Schritt der Modellbildung die Maßzahlen zur Beurteilung der Modellgüte ausgegeben:

Modellzusammenfassung

Modell	R	R-Quadrat	Korrigiertes R-Quadrat	Standardfehler des Schätzers	Änderungsstatistiken					Durbin-Watson-Statistik
					Änderung in R-Quadrat	Änderung in F	df1	df2	Änderung in Signifikanz von F	
1	,483[a]	,234	,231	1,72353	,234	78,049	1	256	,000	
2	,552[b]	,305	,300	1,64451	,071	26,195	1	255	,000	
3	,566[c]	,320	,312	1,62980	,015	5,622	1	254	,018	2,014

a. Einflußvariablen : (Konstante), ALTER
b. Einflußvariablen : (Konstante), ALTER, Bildungsabschluss Befragter (dich.)
c. Einflußvariablen : (Konstante), ALTER, Bildungsabschluss Befragter (dich.), SEX
d. Abhängige Variable: AUTO

- *R (multipler Korrelationskoeffizient):* Der multiple Korrelationskoeffizient zur Berechnung des Zusammenhangs zwischen mehreren Prädiktorvariablen und einer Kriteriumsvariablen. Auf Stufe 1 des Modells ist nur eine unabhängige Variable gegeben (`alter`), der multiple Korrelationskoeffizient ist hier identisch mit dem bivariaten Koeffizienten. Auf den nächsten Stufen werden dann die Korrelationen von zwei bzw. drei unabhängigen Variablen mit dem Kriterium berechnet.
- *R-Quadrat:* Anteil an aufgeklärter Varianz im Gesamtmodell (insgesamt: r^2 = 0,320). Ein Varianzaufklärungspotenzial von ca. 32% ist für sozialwissenschaftliche Fragestellungen relativ gut: Fast ein Drittel der Varianz der Variable `auto` kann durch die betrachteten Prädiktoren erklärt werden.

Kapitel 3: Multiple lineare Regressionsanalyse

- *Korrigiertes R-Quadrat:* Anpassungskorrektur, um eine Überschätzung des Varianzaufklärungspotenzials zu vermeiden; die Fallzahl und die Zahl der Variablen werden berücksichtigt.
- *Änderung in R-Quadrat:* Die Änderung in R-Quadrat zeigt den Zuwachs an Varianzaufklärung an, der sich durch die Aufnahme eines weiteren Merkmals ergibt. Da Alter und Bildungsabschluss des Befragten deutlich korreliert sind, ist es nicht erstaunlich, dass die Aufnahme des Bildungsabschlusses zusätzlich zum Alter keinen großen Zugewinn bringt. Die Variable Geschlecht korreliert von vornherein schwächer mit auto.
- *Durbin-Watson-Statistik:* Dieser Koeffizient gibt Aufschluss über eine mögliche Autokorrelation der Residuen. Der Wert 2 besagt, dass keinerlei Autokorrelation vorliegt. Dies war auch nicht zu erwarten, da der Datensatz nicht systematisch geordnet ist.

ANOVA[d]

Modell		Quadratsumme	df	Mittel der Quadrate	F	Signifikanz
1	Regression	231,848	1	231,848	78,049	,000[a]
	Residuen	760,463	256	2,971		
	Gesamt	992,311	257			
2	Regression	302,689	2	151,345	55,962	,000[b]
	Residuen	689,622	255	2,704		
	Gesamt	992,311	257			
3	Regression	317,622	3	105,874	39,858	,000[c]
	Residuen	674,689	254	2,656		
	Gesamt	992,311	257			

a. Einflußvariablen : (Konstante), ALTER
b. Einflußvariablen : (Konstante), ALTER, Bildungsabschluss Befragter (dich.)
c. Einflußvariablen : (Konstante), ALTER, Bildungsabschluss Befragter (dich.), SEX
d. Abhängige Variable: AUTO

Die Tabelle „ANOVA" informiert darüber, welche Varianzanteile durch das Regressionsmodell („Regression") erklärt bzw. als nicht erklärte Varianz von den Residuen erzeugt werden („Residuen"). Die Information dieses Outputs unterstützt die Information des Bestimmtheitsmaßes r^2: Zwar wird nur der kleinere Anteil der Gesamtvarianz durch das Modell erklärt, doch ist dieser Anteil mit fast einem Drittel relativ hoch.

Koeffizienten

Modell		B	Nicht standardisierte Koeffizienten Standardfehler	Standardisierte Koeffizienten Beta	T	Signifikanz	Korrelationen Nullter Ordnung	Partiell	Teil	Kollinearitätsstatistik Toleranz	VIF
1	(Konstante)	6,633	,309		21,470	,000					
	ALTER	,058	,007	,483	8,835	,000	,483	,483	,483	1,000	1,000
2	(Konstante)	7,793	,372		20,957	,000					
	ALTER	,046	,007	,385	6,910	,000	,483	,397	,361	,880	1,137
	Bildungsabschluss Befragter (dich.)	-1,127	,220	-,285	-5,118	,000	-,418	-,305	-,267	,880	1,137
3	(Konstante)	7,666	,372		20,582	,000					
	ALTER	,044	,007	,368	6,628	,000	,483	,384	,343	,866	1,154
	Bildungsabschluss Befragter (dich.)	-1,148	,218	-,290	-5,256	,000	-,418	-,313	-,272	,878	1,139
	SEX	,486	,205	,124	2,371	,018	,167	,147	,123	,985	1,015

a. Abhängige Variable: AUTO

In der Tabelle „Koeffizienten" werden die einzelnen Schritte der Modellbildung genauer betrachtet: Modell 1 ist das Modell mit alter als einziger erklärenden Variable, in Modell 2 wird zusätzlich der Bildungsabschluss des Befragten berücksichtigt, in Modell 3 schließlich zusätzlich das Geschlecht. Die Aufnahmereihenfolge gibt die Relevanz der Prädiktoren wieder.

– *B (nichtstandardisierte Regressionskoeffizienten b_1)*: Setzt man die nichtstandardisierten Regressionskoeffizienten und die Regressionskonstante in die Schätzgleichung zur Bestimmung der Werte von auto ein, so muss die Gleichung lauten:

auto = 7,666 + 0,044*Alter – 1,148*Bildungsabschluss + 0486*Geschlecht

Mit SPSS könnte man die Schätzwerte der einzelnen Befragten bei auto mit einem „COMPUTE"-Befehl berechnen:

COMPUTE auto = 7,666+0,044*alter-1,148*bild_bef+0,486*sex.

Die Werte der nicht standardisierten b-Koeffizienten sind abhängig von der Dimension des betrachteten Merkmals, wie der niedrige Wert des Koeffizienten bei alter verdeutlicht. Dieser ist darin begründet, dass das Alter in Jahren gemessen wird und daher einen – gegenüber den anderen beiden Variablen – sehr großen Wertebereich umfasst. Der Koeffizient ist deshalb niedrig, obwohl das Alter die wichtigste Variable im Modell ist. Die nicht standardisierten Koeffizienten sind deshalb ungeeignet, das Gewicht der einzelnen Prädiktoren zum Ausdruck zu bringen. Das Alter hat einen positiven Einfluss auf die abhängige Variable, d.h. mit zunehmendem Alter steigt auch die Tendenz zu Autoritarismus. Der positive Einfluss von Geschlecht bedeutet, dass Männer stärker zu Autoritarismus tendieren. Der Bildungsabschluss hat dagegen einen negativen Einfluss: Personen mit mindestens mittlerer Reife weisen niedrigere Werte auf der Autoritarismus-Skala auf. Ebenso wie die standardisierten *Beta*-Koeffizienten ändern sich die b-Koeffizienten durch Hinzufügen bzw. Weglassen einzelner Variablen.

- *Beta (standardisierte Koeffizienten):* Die Beta-Koeffizienten geben an, um wie viele Standardabweichungen sich die abhängige Variable ändert, wenn sich die jeweilige unabhängige Variable um eine Standardabweichung ändert. Sie sind unabhängig von der Dimension, in der das jeweilige Merkmal gemessen wird und erlauben daher einen Vergleich des Einflusses der unabhängigen Variablen *innerhalb* des Modells (Voraussetzung: keine Multikollinearität). Die Beta-Koeffizienten würde man auch erhalten, wenn man die Variablen im Modell vor der Berechnung z-standardisiert. Bei unkorrelierten Prädiktoren (und *nur* dort) entsprechen die Beta-Gewichte den Korrelationen zwischen den Prädiktoren und dem Kriterium.
- *T:* Der t-Wert des Regressionskoeffizienten dient der Signifikanzprüfung und wird berechnet mit: *T = B/Standardfehler.*
- *Signifikanz:* Wahrscheinlichkeit, mit welcher der t-Wert zu erwarten ist, wenn der wahre Regressionskoeffizient gleich Null ist (also kein linearer Zusammenhang besteht). H_0: es besteht kein linearer Zusammenhang zwischen abhängiger und unabhängiger Variable bzw. b-Koeffizient = 0.
- *Korrelationen*: Korrelationen nullter Ordnung, partielle und semipartielle Korrelationen („Teil") zwischen Kriterium und Prädiktoren. Die Korrelationen nullter Ordnung berücksichtigen nicht die linearen Zusammenhänge zwischen den Prädiktoren. Die *partiellen* Korrelationen beschreiben den linearen Zusammenhang zwischen dem Kriterium und einem der Prädiktoren, wobei der Einfluss eines zweiten Prädiktors aus Kriterium und Prädiktor X1 auspartialisiert („herausgerechnet") wurde. Berechnet wird die Korrelation zwischen den Residuen der Regression des Kriteriums auf Prädiktor X1 und den Residuen der Regression des Prädiktors X1 auf den Prädiktor X2. Bei der *semipartiellen* Korrelation wird dagegen die bivariate Korrelation zwischen Y und den Regressionsresiduen der Prädiktoren X1 und X2 betrachtet. Dabei ist das Residuum von Prädiktor X1 der Varianzanteil von Prädiktor X1, der nicht durch Prädiktor X2 erklärt werden kann. Das Residuum von Prädiktor X2 ist der Varianzanteil von Prädiktor X2, der nicht durch Prädiktor X1 erklärt werden kann. Es wird also die Korrelation zwischen Y (z-standardisiert) und dem Residuum der linearen Regression von X1 auf X2 berechnet. Der Unterschied zwischen partieller und semipartieller Korrelation besteht also darin, dass bei letzterer der Zusammenhang zwischen Y und den Residuen der Regression von X1 auf X2 berechnet wird, und bei der partiellen Korrelation der Zusammenhang des

Residuums der Regression von Y auf X1 mit den Residuen der Regression von X1 auf X2.
- *Toleranz:* Die Toleranz ist ein Maß zur Beurteilung von Multikollinearität. Sie wird berechnet mit $1 - r^2$, wobei r^2 hier den Wert des Bestimmtheitsmaßes repräsentiert, der sich ergibt, wenn man den jeweils betrachteten Prädiktor regressionsanalytisch aus allen anderen Prädiktoren im Modell schätzt. Je kleiner der Toleranzwert ist, desto stärker hängt eine unabhängige Variable mit den anderen unabhängigen Variablen zusammen.
- *VIF (Variance Inflation Factor):* Der VIF ist der Kehrwert der Toleranz und enthält somit die gleiche Information. Er nimmt den Wert 1 an, wenn kein linearer Zusammenhang zwischen den Prädiktoren besteht und wird umso größer, je mehr sich r^2 dem Wert 1 annähert.

Eine weitere Option ist die Darstellung von Konfidenzintervallen für die Beta-Koeffizienten, auf die hier aus Gründen der Darstellbarkeit verzichtet wird.

Ausgeschlossene Variablen[d]

Modell		Beta In	T	Signifikanz	Partielle Korrelation	Kollinearitätsstatistik		Minimale Toleranz
						Toleranz	VIF	
1	Bildungsabschluss Befragter (dich.)	-,285[a]	-5,118	,000	-,305	,880	1,137	,880
	Bildungsabschluss Mutter (dich.)	-,091[a]	-1,589	,113	-,099	,913	1,095	,913
	Bildungsabschluss Vater (dich.)	-,134[a]	-2,431	,016	-,150	,965	1,036	,965
	SEX	,113[a]	2,056	,041	,128	,987	1,014	,987
	FAM_ERZ	,004[a]	,063	,950	,004	,958	1,044	,958
	LEBZUF	,030[a]	,530	,597	,033	,925	1,081	,925
2	Bildungsabschluss Mutter (dich.)	-,003[b]	-,058	,954	-,004	,823	1,215	,793
	Bildungsabschluss Vater (dich.)	-,037[b]	-,650	,516	-,041	,829	1,206	,756
	SEX	,124[b]	2,371	,018	,147	,985	1,015	,866
	FAM_ERZ	-,030[b]	-,564	,573	-,035	,943	1,060	,831
	LEBZUF	,035[b]	,635	,526	,040	,924	1,082	,819
3	Bildungsabschluss Mutter (dich.)	-,004[c]	-,065	,948	-,004	,823	1,215	,792
	Bildungsabschluss Vater (dich.)	-,052[c]	-,917	,360	-,058	,820	1,220	,756
	FAM_ERZ	-,031[c]	-,590	,555	-,037	,943	1,060	,819
	LEBZUF	,033[c]	,608	,544	,038	,924	1,082	,808

a. Einflußvariablen im Modell: (Konstante), ALTER
b. Einflußvariablen im Modell: (Konstante), ALTER, Bildungsabschluss Befragter (dich.)
c. Einflußvariablen im Modell: (Konstante), ALTER, Bildungsabschluss Befragter (dich.), SEX
d. Abhängige Variable: AUTO

Die Tabelle „Ausgeschlossene Variablen" dokumentiert den Prozess der Prüfung und Aufnahme der unabhängigen Variablen. Auf der ersten Stufe (Modell 1) ist nur eine unabhängige Variable im Modell, das Alter. Für alle anderen Variablen wird geprüft, wie sich die wichtigsten Parameter des Modells verändern würden, wenn diese Variable in das Modell aufgenommen würde. Angezeigt werden also jeweils die Koeffizienten der Variablen, die *nicht* im Modell sind. Die Variable mit den besten Kennwerten wird dann auf der nächsten Stufe aufgenommen. Wie aus der Tabelle hervorgeht, hat auf dieser Stufe der Bildungsabschluss des Befragten den besten Beta-Koeffizienten (-0,285), der zudem signifikant ist und einen akzeptablen Toleranz-Wert aufweist. Der Prädiktor bild_bef wird daher auf der nächsten Stufe in das Modell aufgenommen.

Im Einzelnen haben die Koeffizienten im Output „Ausgeschlossene Variablen" die folgende Bedeutung:

- *Beta In:* Beta-Koeffizient, der sich ergeben würde, wenn man die Variable als nächste aufnimmt.
- *Partielle Korrelation:* Korrelation jeder unabhängigen Variable mit auto, wenn die linearen Einflüsse der bereits im Modell befindlichen Variablen ausgeschaltet werden.
- *Minimale Toleranz:* Minimale Toleranz aller unabhängigen Variablen, die bereits im Modell sind, wenn eine weitere Variable eingeschlossen wird.

Die Kollinearitätsdiagnose erzeugt zusätzliche Informationen zum Problem der Multikollinearität. Für jede Modellstufe und jeden Prädiktor werden verschiedene Koeffizienten berechnet.

Kollinearitätsdiagnose[a]

				Varianzanteile			
Modell	Dimension	Eigenwert	Konditionsindex	(Konstante)	ALTER	Bildungsabschluss Befragter (dich.)	SEX
1	1	1,938	1,000	,03	,03		
	2	,062	5,579	,97	,97		
2	1	2,551	1,000	,01	,01	,04	
	2	,404	2,512	,01	,07	,64	
	3	,045	7,553	,98	,91	,32	
3	1	3,104	1,000	,01	,01	,03	,04
	2	,497	2,499	,00	,00	,36	,54
	3	,354	2,960	,02	,10	,30	,42
	4	,045	8,337	,97	,89	,31	,00

a. Abhängige Variable: AUTO

Für unser Beispiel ergeben sich einige Hinweise auf Kollinearität der Prädiktoren, jedoch nicht in einem Ausmaß, das das Modell wertlos erscheinen ließe. Zwar sind einige der Prädiktoren miteinander korreliert, weshalb ihre Varianzaufklärungspotenziale nicht addiert werden dürfen. Die linearen Zusammenhänge zwischen den Prädiktoren sind aber nicht so stark, dass einzelne Variablen

aus dem Modell entfernt werden müssten. Die Tabelle „Kollinearitätsdiagnose" enthält folgende Informationen:
- *Eigenwert:* Zahl der Dimensionen der unabhängigen Variablen. Falls mehrere Eigenwerte nahe Null sind, liegt eine starke Interkorrelation der unabhängigen Variablen vor. Kleine Veränderungen der Daten hätten große Veränderungen in den Koeffizienten zur Folge.
- *Konditionsindex:* Der Konditionsindex (KI) ist die Quadratwurzel der Division des größten Eigenwertes durch den jeweils betrachteten Eigenwert:

$$KI_i = \sqrt{\frac{Eigenvalue_{max}}{Eigenvalue_i}}$$

Ein KI von > 15 weist auf ein deutliches, ein KI von > 30 auf ein gravierendes Kollinearitätsproblem hin.
- *Varianzanteile:* Die Varianz der Regressionskoeffizienten wird in Komponenten zerlegt, die sich den Eigenwerten zuordnen lassen. Wenn Eigenwerte mit hohem KI die Varianz mehrerer Variablen gut erklären, ist das ein Hinweis auf Kollinearität.

Die Angaben zur Modellgüte, zu den Koeffizienten des Modells und zum Problem der Multikollinearität werden schließlich noch durch verschiedene Informationen über die Verteilung der Residuen ergänzt. Die Häufigkeitsverteilung der (zuvor z-standardisierten) Residuen wird in einem Histogramm mit einer Normalverteilungskurve verglichen. Abweichungen zeigen sich insbesondere im Bereich unterhalb des Mittelwerts. Dies bedeutet, dass niedrigere Ausprägungen von `auto` durch das Modell tendenziell schlechter erklärt werden als hohe. Insgesamt ist die Anpassung akzeptabel.

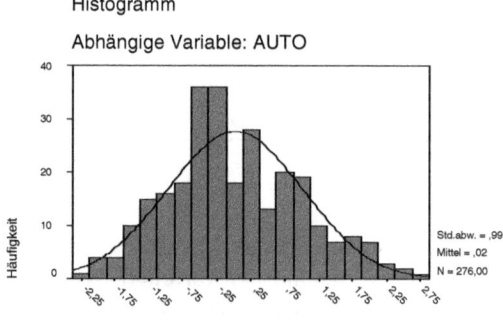

Auch in einem „P-P-Diagramm" wird die kumulierte Häufigkeitsverteilung der standardisierten Residuen mit der kumulierten Normalverteilung verglichen. Die Darstellung verstärkt den Eindruck, dass die Verteilung der Residuen (Punkte) nicht allzu sehr von der Normalverteilung (durchgezogene Linie) abweicht.

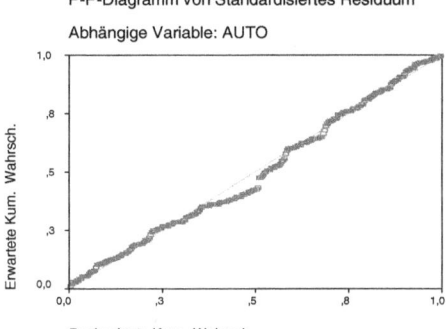

P-P-Diagramm von Standardisiertes Residuum
Abhängige Variable: AUTO

3.2.3 Gleichzeitige Aufnahme der Variablen („METHOD = ENTER")

Der schrittweisen Aufnahme der Variablen wird nun ein Modell gegenüber gestellt, das alle Variablen gleichzeitig in das Modell aufnimmt („/METHOD = ENTER"). Dies eröffnet die Möglichkeit, die Gütekriterien der einzelnen Variablen selbst zu überprüfen und ggf. aus inhaltlichen Gründen Variablen in das Modell aufzunehmen, die z. B. die Signifikanzkriterien nicht erfüllen:

```
REGRESSION
 /DESCRIPTIVES MEAN STDDEV CORR SIG
 /MISSING pairwise
 /STATISTICS COEFF OUTS R ANOVA ZPP COLLIN TOL CHANGE
 /CRITERIA=PIN(.10) POUT(.15)
 /NOORIGIN
 /DEPENDENT auto
 /METHOD= enter bild_bef bild_m bild_v sex fam_erz alter
   lebzuf
 /RESIDUALS DURBIN HIST(ZRESID) NORM(ZRESID) .
```

Bei Aufnahme aller unabhängigen Variablen in das Modell ergibt sich für r^2 eine nur marginale Verbesserung von 0,320 auf 0,325. Ein Blick auf die Koeffizienten der Variablen unterstreicht diese Information: die Aufnahme weiterer Variablen erscheint nicht sinnvoll.

Modellzusammenfassung[b]

Modell	R	R-Quadrat	Korrigiertes R-Quadrat	Standardf ehler des Schätzers	Änderungsstatistiken					Durbin-Watson-Statistik
					Änderung in R-Quadrat	Änderung in F	df1	df2	Änderung in Signifikanz von F	
1	,570[a]	,325	,306	1,63678	,325	17,200	7	250	,000	1,961

[a]. Einflußvariablen : (Konstante), LEBZUF, Bildungsabschluss Vater (dich.), SEX, FAM_ERZ, Bildungsabschluss Befragter (dich.), ALTER, Bildungsabschluss Mutter (dich.)
[b]. Abhängige Variable: AUTO

Koeffizienten[a]

Modell	Nicht standardisierte Koeffizienten		Standardisierte Koeffizienten	T	Signifikanz	Korrelationen			Kollinearitätsstatistik	
	B	Standardf ehler	Beta			Nullter Ordnung	Partiell	Teil	Toleranz	VIF
1 (Konstante)	7,746	,777		9,971	,000					
Bildungsabschluss Befragter (dich.)	-1,104	,242	-,279	-4,562	,000	-,418	-,277	-,237	,722	1,385
Bildungsabschluss Mutter (dich.)	,102	,291	,022	,350	,726	-,225	,022	,018	,691	1,446
Bildungsabschluss Vater (dich.)	-,264	,270	-,061	-,978	,329	-,220	-,062	-,051	,689	1,451
SEX	,509	,207	,129	2,454	,015	,167	,153	,128	,971	1,029
FAM_ERZ	-,012	,016	-,039	-,716	,475	-,096	-,045	-,037	,907	1,102
ALTER	,041	,007	,347	5,694	,000	,483	,339	,296	,726	1,378
LEBZUF	,041	,055	,041	,746	,456	,161	,047	,039	,891	1,123

[a]. Abhängige Variable: AUTO

Die Beta-Koeffizienten zeigen, dass tatsächlich nur die Variablen Alter, Bildungsabschluss des Befragten und Geschlecht relevant sind. Man würde hier also die gleichen Variablen auswählen, die über den „STEPWISE"-Algorithmus in das Modell aufgenommen wurden. Dies muss jedoch nicht immer so sein! Es ist deshalb stets sinnvoll, die Auswahl durch das Programm kritisch zu überprüfen.

3.2.4 Minimales und maximales Varianzaufklärungspotenzial

Sowohl die Variablenaufnahme mit „/METHOD STEPWISE" wie auch diejenige mit „/METHOD ENTER" lässt die Variablen Alter, Bildungsabschluss des Befragten und Geschlecht als die relevanten Variablen des Modells erscheinen. Da diese Variablen jedoch miteinander korreliert sind, können die Beta-Koeffizienten nicht ihr tatsächliches Varianzaufklärungspotenzial wiedergeben. Um den Einfluss eines Prädiktors zumindest abzuschätzen, können sein minimales und maximales Varianzaufklärungspotenzial bestimmt werden. Im Folgenden werden zwei Möglichkeiten vorgestellt, dies zu tun:

(1) Minimales und maximales Varianzaufklärungspotenzial aus den Korrelationen bestimmen: Zur Bestimmung des Mindestbeitrags einzelner miteinander korrelierter Prädiktoren zur Varianzerklärung im Gesamtmodell betrachtet man die *semipartiellen* Korrelationen. Quadriert man die in der Tabelle der Koeffizienten unter der Überschrift „Teil" stehenden Werte, so erhält man das minimale Varianzaufklärungspotenzial eines jeden Prädiktors. Die Summe dieser Koeffizienten ist natür-

lich kleiner als r^2 für das Gesamtmodell, denn die quadrierten semipartiellen Korrelationen geben ja nur den minimalen Beitrag jeder Variable an. Würde man nur die semipartiellen Erklärungspotenziale berücksichtigen, würde man die im Gesamtmodell erklärte Varianz also *unter*schätzen. Das maximale Varianzaufklärungspotenzial bestimmt sich dagegen aus dem Quadrat der Korrelationen nullter Ordnung. Hier sind jedoch immer die Varianzaufklärungspotenziale der korrelierenden Prädiktoren enthalten, so dass keine Aussagen darüber getroffen werden kann, wie hoch der Beitrag des einzelnen Prädiktors ist.

(2) Minimales und maximales Varianzaufklärungspotenzial durch unterschiedliche Eingabereihenfolge der Prädiktoren bestimmen: Diese Strategie besteht darin, eine Serie von Regressionsanalysen durchzuführen, bei denen jeder Prädiktor einmal an erster und einmal an letzter Stelle in die Regressionsgleichung aufgenommen wird. Die schrittweise Regressionsanalyse baut darauf auf, dass das Gesamtvarianzerklärungspotenzial bei unkorrelierten wie bei korrelierten Prädiktoren mit r^2 ausgedrückt wird. Kollinearität der Prädiktoren führt also zu verzerrten Beta-Koeffizienten, nicht aber zu einer Verzerrung von r^2. Führt man die einzelnen Prädiktoren nacheinander in die Analyse ein und bestimmt jeweils r^2, so zeigt die Veränderung von r^2 nach Einführung der *letzten* Variable deren *minimales Varianzaufklärungspotenzial* an. Der Wert von r^2 bei Modellaufnahme an *erster* Stelle gibt das *maximale Varianzaufklärungspotenzial* der Variable wieder. Nachstehend die Ergebnisse dieser Vorgehensweise für das Anwendungsbeispiel (VAP = Varianzaufklärungspotenzial).

```
*Block 1: Maximales VAP von Bildungsabschluss, minimales
VAP von Alter.
REGRESSION
 /MISSING pairwise
 /STATISTICS COEFF OUTS R COLLIN TOL CHANGE
 /CRITERIA=PIN(.10) POUT(.15)
 /NOORIGIN
 /DEPENDENT auto
 /METHOD= enter bild_bef / enter sex / enter alter
 /RESIDUALS DURBIN.
```

Wie die Veränderungen in r^2 zeigen, beträgt das maximale Varianzaufklärungspotenzial von Bildungsabschluss 0,175, das minimale Varianzaufklärungspotenzial von Alter 0,118.

Modellzusammenfassung[d]

Modell	R	R-Quadrat	Korrigiertes R-Quadrat	Standardfehler des Schätzers	Änderungsstatistiken					Durbin-Watson-Statistik
					Änderung in R-Quadrat	Änderung in F	df1	df2	Änderung in Signifikanz von F	
1	,418[a]	,175	,172	1,78810	,175	58,513	1	276	,000	
2	,450[b]	,202	,197	1,76117	,028	9,504	1	275	,002	
3	,566[c]	,320	,313	1,62911	,118	47,391	1	274	,000	2,014

a. Einflußvariablen : (Konstante), Bildungsabschluss Befragter (dich.)
b. Einflußvariablen : (Konstante), Bildungsabschluss Befragter (dich.), SEX
c. Einflußvariablen : (Konstante), Bildungsabschluss Befragter (dich.), SEX, ALTER
d. Abhängige Variable: AUTO

Auch für die beiden anderen Analyseblöcke werden nur die Tabellen zur Modellzusammenfassung ausgegeben, da hier die Veränderungen in R-Quadrat dokumentiert werden. Die B- und Beta-Koeffizienten der Prädiktoren bleiben gleich.

*Block 2: Maximales VAP von Geschlecht, minimales VAP von Bildung.
REGRESSION
    /MISSING pairwise
    /STATISTICS COEFF OUTS R COLLIN TOL CHANGE
    /CRITERIA=PIN(.10) POUT(.15)
    /NOORIGIN
    /DEPENDENT auto
    /METHOD= enter sex/ enter alter /enter bild_bef
    /RESIDUALS DURBIN.

Modellzusammenfassung[d]

Modell	R	R-Quadrat	Korrigiertes R-Quadrat	Standardfehler des Schätzers	Änderungsstatistiken					Durbin-Watson-Statistik
					Änderung in R-Quadrat	Änderung in F	df1	df2	Änderung in Signifikanz von F	
1	,167[a]	,028	,024	1,94083	,028	7,934	1	276	,005	
2	,496[b]	,246	,241	1,71228	,218	79,599	1	275	,000	
3	,566[c]	,320	,313	1,62911	,074	29,796	1	274	,000	2,014

a. Einflußvariablen : (Konstante), SEX
b. Einflußvariablen : (Konstante), SEX, ALTER
c. Einflußvariablen : (Konstante), SEX, ALTER, Bildungsabschluss Befragter (dich.)
d. Abhängige Variable: AUTO

*Block 3: Maximales VAP von Alter, minimales VAP von Geschlecht.
REGRESSION
    /MISSING pairwise
    /STATISTICS COEFF OUTS R COLLIN TOL CHANGE
    /CRITERIA = PIN(.10) POUT(.15)
    /NOORIGIN /DEPENDENT auto
    /METHOD = enter alter/ enter bild_bef /enter sex

Kapitel 3: Multiple lineare Regressionsanalyse

/ RESIDUALS DURBIN.

Modellzusammenfassung[d]

| Modell | R | R-Quadrat | Korrigiertes R-Quadrat | Standardf ehler des Schätzers | Änderungsstatistiken ||||| Durbin-Wats on-Statistik |
					Änderung in R-Quadrat	Änderung in F	df1	df2	Änderung in Signifikanz von F	
1	,483[a]	,234	,231	1,72329	,234	84,146	1	276	,000	
2	,552[b]	,305	,300	1,64404	,071	28,249	1	275	,000	
3	,566[c]	,320	,313	1,62911	,015	6,064	1	274	,014	2,014

[a]. Einflußvariablen : (Konstante), ALTER
[b]. Einflußvariablen : (Konstante), ALTER, Bildungsabschluss Befragter (dich.)
[c]. Einflußvariablen : (Konstante), ALTER, Bildungsabschluss Befragter (dich.), SEX
[d]. Abhängige Variable: AUTO

Die Variable Geschlecht, bereinigt um die Einflüsse des Alters und Bildungsabschlusses, erbringt nur noch einen sehr geringen Zuwachs an Varianzaufklärung. Auch der Einfluss des Bildungsabschlusses ist nach der Bereinigung um den Effekt des Alters nur noch gering.

In Tabelle 3 werden die Informationen zur Bedeutung der einzelnen Prädiktoren abschließend zusammengefasst. Wie nicht anders zu erwarten war, besitzt die Variable Alter sowohl das größte maximale wie auch das größte minimale Varianzaufklärungspotenzial. Es wird deutlich, dass z. T. erhebliche Unterschiede zwischen den Beta-Koeffizienten und den Korrelationen nullter Ordnung bestehen, die von der Multikollinearität der Prädiktoren verursacht werden. Die quadrierten semipartiellen Korrelationskoeffizienten sind identisch mit den durch schrittweises Vorgehen berechneten minimalen Varianzaufklärungspotenzialen.

Tabelle 3: Korrelationen und Varianzaufklärungspotenzial

Prädiktor	Beta-Koeff.	Korr. nullter Ordnung	partielle Korr.	Teil-korr.	quadrierte Teilkorr.	min. VAP	max. VAP
Alter	0,368	0,483	0,384	0,343	0,118	0,118	0,234
Bildungsabschluss	-0,290	-0,418	-0,313	-0,272	0,074	0,074	0,175
Geschlecht	0,134	0,167	0,147	0,123	0,015	0,015	0,028

3.2.5 Speichern von Werten

Durch Hinzufügen des Unterbefehls „/SAVE", der als letzter Unterbefehl stehen muss, lassen sich eine Vielzahl von in der Regressionsanalyse erzeugten Werten im Datensatz abspeichern. Neben den Schätzwerten für das Kriterium („/SAVE PRED") können insbesondere die Residuen („/SAVE RESID") von Interesse sein. Wichtige

Hinweise kann man auch aus der Inspektion von Distanzen (z. B. „/SAVE MAHAL") gewinnen, die der Identifizierung von Fällen mit ungewöhnlichen Wertekombinationen bei den Prädiktoren dienen. Hinweise auf „Ausreißer" in den Daten gibt auch die Option „/SAVE DFBETA", mit der für jeden Fall berechnet wird, wie sich die Regressionskoeffizienten bei Ausschluss dieses Falles ändern würden.

Abschließend eine Auflistung der Messwerte von auto und der Schätzwerte für auto (pre_1) sowie die Residuen (res_1) für die ersten 20 Fälle im Datensatz (die Fälle sind mit ihrer Identifikationsnummer, v005, gekennzeichnet):

LIST VAR = v005 auto pre_1 res_1 /CASES = FROM 1 TO 20.

Neben den Abweichungen zwischen Mess- und Schätzwerten ist in dieser Auflistung auch die Information erhalten, welche *geschätzten* Werte für auto sich bei den Befragten ergeben würden, die nicht alle Items der Skala auto beantworteten. Diese Fälle haben bei auto einen „System Missing Value". So wird die Ausprägung von auto zum Beispiel beim Befragten mit der Identifikationsnummer 610 auf 10,44 geschätzt.

V005	AUTO	PRE_1	RES_1
312	11,00	9,55763	1,44237
123	9,00	7,92780	1,07220
640	11,00	9,68775	1,31225
836	12,00	10,48160	1,51840
13	9,00	8,01580	,98420
755	10,00	11,01201	-1,01201
114	8,00	7,39739	,60261
610	.	10,43760	.
765	10,00	9,24533	,75467
28	10,00	7,44139	2,55861
773	14,00	.	.
523	7,00	8,27736	-1,27736
315	8,00	9,55763	-1,55763
115	7,00	7,57338	-,57338
716	12,00	10,83602	1,16398
468	10,00	9,46963	,53037
710	14,00	10,88002	3,11998
444	.	9,46963	.
97	.	9,25207	.
116	8,00	7,39739	,60261
Number of cases read: 20		Number of cases listed: 20	

Kapitel 4
Logistische Regressionsanalyse

Sabine Fromm

Einleitung

Die logistische Regressionsanalyse kann immer dann eingesetzt werden, wenn es darum geht, Gruppenunterschiede zu erklären oder Gruppenzugehörigkeiten zu prognostizieren. Typische Fragestellungen sind etwa:
- Warum werden manche Ehen geschieden und andere nicht?
- Wie lassen sich Parteipräferenzen erklären?
- Welche Familien bleiben dauerhaft von Sozialhilfe abhängig, welche nicht?
- Wie kann man vorhersagen, welche Kunden ein bestimmtes Produkt kaufen und welche nicht?
- Wie kann man die Unterschiede zwischen Wählern und Nichtwählern erklären?
- Wie unterscheiden sich die Kunden verschiedener Supermärkte?

Bei der Erklärung von Gruppenunterschieden geht es darum, Variablen zu identifizieren, die diese produzieren und die Stärke und Richtung ihres Einflusses zu bestimmen. Häufig wird auch eine Prognose interessieren. So wird im Marketing zum Beispiel bei der Entwicklung von Modellen zur Prognose von Kaufwahrscheinlichkeiten berechnet, wie groß die Wahrscheinlichkeit des i-ten Kunden ist, ein bestimmtes Produkt A zu kaufen. In diesem Fall werden die bisherigen Käufer mit ihren typischen Produkt- und sonstigen Merkmalskombinationen modelliert. Mit diesem Modell werden dann Kaufprognosen für die bisherigen Nicht-Käufer erstellt. In Marketingkampagnen werden dann nur potenzielle Kunden mit einer hohen Kaufwahrscheinlichkeit angeschrieben – die Abschlussquoten sind höher als wenn alle Kunden angeschrieben würden, und es muss nur eine relativ kleine Gruppe kontaktiert werden (Kostenersparnis).

Da bei der logistischen Regressionsanalyse Gruppenzugehörigkeitswahrscheinlichkeiten berechnet werden, sind auch Aussagen darüber möglich, wie sich diese Wahrscheinlichkeiten verändern, wenn sich die Werte der unabhängigen Variablen (Regressoren) verändern. Wie ändert sich zum Beispiel die

Kaufwahrscheinlichkeit für Produkt A mit der Anzahl der bisher gekauften Produkte – oder welche Produktkombination lässt die Wahrscheinlichkeit für den zusätzlichen Kauf von Produkt A besonders stark ansteigen?

Die logistische Regressionsanalyse weist Ähnlichkeiten insbesondere mit der multiplen linearen Regressionsanalyse und der linearen Diskriminanzanalyse auf, hebt sich aber dennoch deutlich von beiden Verfahren ab: Bei der multiplen linearen Regressionsanalyse wird eine metrische, kontinuierliche Variable erklärt oder prognostiziert, keine Gruppenzugehörigkeiten. Die lineare Diskriminanzanalyse erfordert die Erfüllung von Verteilungsannahmen wie multivariate Normalverteilung der Prädiktoren in allen Gruppen und Homogenität der Kovarianzmatrizen, außerdem müssen die Prädiktoren mindestens intervallskaliert sein.

1 Voraussetzungen

Welche Voraussetzungen bezüglich der Daten müssen für eine logistische Regressionsanalyse erfüllt sein? Die unabhängigen Variablen (auch „Regressoren" oder „Prädiktoren" genannt) können sowohl kategorial als auch metrisch sein. Kategoriale Variablen mit mehr als zwei Ausprägungen müssen für die Analyse in Indikatorvariablen umgewandelt werden, d.h. für jede Ausprägung der ursprünglichen Variable wird eine neue, dichotome Variable gebildet (siehe Abschnitt 3). SPSS bietet verschiedene Möglichkeiten zum automatischen Umkodieren von kategorialen Variablen innerhalb der Prozedur „LOGISTIC REGRESSION".

Die abhängige Variable (Kriterium) kann binär oder multinomial sein. Für die Berechnung einer logistischen Regressionsanalyse bei einer multinomialen abhängigen Variablen bietet SPSS eine eigenständige Prozedur an („NOMREG"). Diese kann selbstverständlich auch auf den binären Spezialfall angewendet werden, führt aber zu etwas anderen Ergebnissen als die binäre logistische Regression, da zum Teil andere Algorithmen berechnet werden.[23]

Verteilungsannahmen sind für die logistische Regressionsanalyse nicht erforderlich. Zwischen den Prädiktoren sollte aber keine Multikollinearität vorliegen, da sonst verzerrte Schätzungen und erhöhte Standardfehler auftreten können. Weiterhin muss die Stichprobengröße berücksichtigt werden: Als absolute Untergrenze gelten 50 Beobachtungen, bei der binären logistischen Regression sollten also für jede Gruppe mindestens 25 Beobachtungen vorliegen. Aussage-

---

[23] Siehe Abschnitt 5 in diesem Kapitel.

kräftige Ergebnisse können jedoch erst ab ca. 100 Beobachtungen erwartet werden. Weiterhin muss die Zahl der erforderlichen Beobachtungen mit der Zahl der Prädiktoren in Verbindung gesetzt werden, da bei zunehmender Variablenzahl die Zahl der möglichen Kovariatenmuster dramatisch anwächst. In diesem Kapitel werden Rechenansatz, Modellbildung und Interpretation zunächst für den Fall einer binären logistischen Regressionsanalyse dargestellt, im letzten Abschnitt wird dann die multinomiale Regressionsanalyse erläutert.

2 Das Modell der binären logistischen Regressionsanalyse

Ebenso wie bei der linearen Regression wird nach einer Gleichung gesucht, die den Zusammenhang zwischen einer abhängigen und mehreren unabhängigen Variablen abbildet. Diese Gleichung soll den Zusammenhang modellieren zwischen der Veränderung kategorialer oder kontinuierlicher unabhängiger Variablen einerseits und der Wahrscheinlichkeit der Zugehörigkeit zu einer Kategorie der abhängigen Variable andererseits.

Die logistische Regression ist ein Beispiel für ein verallgemeinertes lineares Modell („generalized linear model"). Bei diesen Modellen werden die Schätzwerte der abhängigen Variable nicht unmittelbar durch eine lineare Gleichung bestimmt, sondern es wird eine sogenannte „Link-Funktion" zwischen die lineare Funktion und die Schätzwerte geschaltet. Mittels dieser Link-Funktion wird die Regressionsgerade in einen nicht-linearen Verlauf transformiert (Kühnel/Krebs 2001: 609). Bei der *linearen* multiplen Regressionsanalyse wird der Zusammenhang zwischen Kriterium und Prädiktoren bekanntlich wie folgt abgebildet:

$$y_i = b_0 + b_1 x_{i1} + b_2 x_{i2} + ... + b_j x_{ij} + ... b_k x_{ik} + e_i$$

Mit:
y_i = Ausprägung der abhängigen Variable bei Merkmalsträger i (i = 1, 2, ..., n)
x_{ij} = Ausprägung der j-ten unabhängigen Variable bei Merkmalsträger i (j = 1,2,..., k)
b_j = Regressionskoeffizient (Steigungsparameter) der j-ten unabhängigen Variable
b_0 = Regressionskonstante
e_i = Residuum bei Merkmalsträger i

Auf diese Weise wird die Ausprägung einer kontinuierlichen Variable geschätzt. Bei der Problemstellung der binären logistischen Regression geht es jedoch um die Erklärung oder Prognose der Zugehörigkeit zu einer von zwei Gruppen, die abhängige Variable ist binär. Geschätzt wird hier immer die Zugehörigkeit zur mit 1 codierten Ausprägung der mit 0 und 1 codierten Ausprägungen der abhängigen Variable. Um eine Schätzgleichung aufzustellen, sind mehrere Zwischenschritte notwendig: Zunächst wird nicht die Gruppenzugehörigkeit (y = 1) selbst als abhängige Variable betrachtet, sondern die Wahrscheinlichkeit der Gruppenzugehörigkeit: p(y=1). Dadurch ergibt sich eine im Intervall [0;1] stetige abhängige Variable.

Ohne etwas über die Ausprägungen eines Merkmalsträgers bei den unabhängigen Variablen zu wissen, würde man seine Wahrscheinlichkeit dafür, bei der abhängigen Variable die Ausprägung 1 aufzuweisen, der relativen Häufigkeit dieser Ausprägung in der Stichprobe gleichsetzen. Man extrapoliert also die relative Häufigkeit der Ausprägung als durchschnittliche Wahrscheinlichkeit, der Gruppe y = 1 anzugehören. Die Ausprägungen bei den unabhängigen Variablen beeinflussen dann die Wahrscheinlichkeit des Merkmalsträgers nach oben oder unten.

Wenn y mit der oben angegebenen Formel berechnet wird, könnten sich allerdings Werte kleiner 0 oder größer 1 ergeben, was unzulässig ist, da Wahrscheinlichkeiten ja nur im Intervall [0;1] variieren können. Die Begrenzung auf das Intervall [0;1] muss deshalb aufgehoben werden. Dies geschieht in zwei Schritten:

- Als abhängige Variable wird nicht länger die Wahrscheinlichkeit der Gruppenzugehörigkeit betrachtet, sondern die sog. „Odds", die Relation von Wahrscheinlichkeit zu Gegenwahrscheinlichkeit. Für die Interpretation der Koeffizienten der logistischen Regression ist es sehr wichtig, sich zu verdeutlichen, dass nicht der Einfluss der Regressoren auf die Wahrscheinlichkeit des Eintretens des Ereignisses y = 1 betrachtet wird, sondern auf das Wahrscheinlichkeitsverhältnis von „Eintreten" zu „Nicht-Eintreten". Mit der Verwendung der Odds kann die abhängige Variable nun Werte im Intervall [0;+∞] annehmen.

$$Odds = \frac{p(y=1)}{(1-p(y=1))}$$

- Im nächsten Schritt wird die Beschränkung nach unten aufgehoben, indem man das Wahrscheinlichkeitsverhältnis logarithmiert; damit kann die abhängige Variable alle Werte zwischen [-∞;+∞] annehmen. Es ergibt sich folgende Schätzgleichung:

Kapitel 4: Logistische Regressionsanalyse

$$\log\left(\frac{p(y=1)}{(1-p(y=1))}\right) = b_0 + b_1 x_{i1} + b_2 x_{i2} + \ldots + b_j x_{ij} + \ldots b_k x_{ik}$$

Der Ausdruck auf der linken Seite der Gleichung wird als „Logit" bezeichnet. Nun kann wieder nach der Wahrscheinlichkeit p(y=1) aufgelöst werden, und es ergibt sich die Schätzgleichung für das Modell der logistischen Regression:

$$p(y=1) = \frac{1}{1+e^z} \quad \textit{mit} \quad z = b_0 + b_1 x_{i1} + b_2 x_{i2} + \ldots + b_j x_{ij} + \ldots b_k x_{ik}$$

Die logistische Funktion ist häufig besser als eine lineare Funktion geeignet, Verhalten zu beschreiben, da für sie nicht die Modellannahme gilt, dass eine Veränderung der unabhängigen Variable stets eine proportionale Veränderung der abhängigen Variable bewirkt. Mit anderen Worten: eine Veränderung von x hat nicht an allen Stellen der Funktion die gleiche Wirkung auf y. Im Bereich sehr kleiner und sehr großer x-Werte sind die Veränderungen von y nur sehr gering; starke Veränderungen von y finden sich nur im mittleren Bereich der Funktion.

Abbildung 1: Logistische Funktion (Skizze)

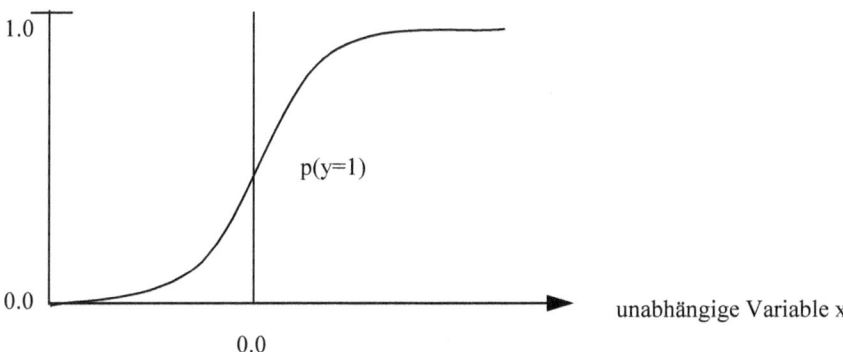

Dazu ein Beispiel. Es sei y die Entscheidung für (Ausprägung 1) oder gegen (Ausprägung 0) einen Umzug und x die Höhe der Miete in Euro. Es ist anzunehmen, dass nicht jeder Euro Mieterhöhung (x) die Wahrscheinlichkeit für die Entscheidung umzuziehen (y) gleichermaßen beeinflusst. Plausibel ist vielmehr, dass eine Mieterhöhung in geringem Umfang die Wahrscheinlichkeit nur geringfügig beeinflusst. Ab einem gewissen Schwellwert lassen aber geringfügige Erhöhungen die Wahrscheinlichkeit stark ansteigen, förmlich „jeder Euro mehr" nimmt starken Einfluss auf die Entscheidung. Im oberen Bereich wiederum wirken weitere Erhöhungen erneut nur geringfügig auf die – bereits sehr hohe – Wahrscheinlichkeit ein.

Mittels der binären logistischen Regressionsanalyse sollen die b-Koeffizienten so geschätzt werden, dass die resultierende Gleichung die zwei Ausprägungen der abhängigen Variablen bestmöglich trennt. Dazu wird die Maximum-Likelihood-Methode verwendet, ein Verfahren, bei dem im Nachhinein bestimmt wird, wie „wahrscheinlich" das Auftreten einer bestimmten Stichprobe ist, unter der Bedingung, dass ein bestimmter Parameter vorliegt.[24]

Gesucht wird diejenige Kombination von b-Koeffizienten, welche die Likelihood-Funktion maximiert und damit die beste Trennung zwischen den Ausprägungen der abhängigen Variable bewirkt. Üblicherweise wird die logarithmierte Likelihood-Funktion LL verwendet:

$$LL = \ln(L) = \sum_{y_i=1} \ln(p(y_i = 1)) + \sum_{y_i=0} \ln(1 - p(y_i = 1))$$

LL kann Werte zwischen [-∞;0] annehmen. Hohe b-Werte bewirken eine starke Steigung der Funktion und begrenzen somit den Wahrscheinlichkeitsübergang auf einen engeren Wertebereich als niedrige b-Werte. Je größer b, desto stärker nähert sich der LL-Wert Null an. Aus der LL-Funktion werden verschiedene Gütemaße für die Modellanpassung abgeleitet (siehe Abschnitt 4.4.5). Dabei gilt, dass das Modell umso besser ist, je größer der Abstand zwischen LL_0 und LL_V ist.

LL_0	LL_V	0
-∞ ◄		
maximierter LL-Wert des Nullmodells für den Datensatz	maximierter LL-Wert unter Berücksichtigung aller unabhängigen Variablen	maximal erreichbarer LL-Wert

Wie sind nun die b-Koeffizienten zu interpretieren? B_0 wirkt sich auf die Lage der Regressionsfunktion aus, nicht auf ihre Gestalt. Die Steigungskoeffizienten b_j geben an, wie steil oder wie flach die Kurve verläuft und ob der Zusammen-

---

[24] Anders als im Deutschen gibt es im Englischen die Möglichkeit zwischen „probablity" für echte Wahrscheinlichkeitsaussagen (Ereignis liegt in der Zukunft) und „likelihood" für bereits in der Vergangenheit liegende Ereignisse zu unterscheiden.

hang von x auf y positiv oder negativ ist. Ein stark von Null abweichender b_j-Wert charakterisiert einen steilen Anstieg (oder Abfall) der Funktion; je näher der Wert bei Null liegt, desto stärker nähert sich die Funktion einer Geraden an (= kein Zusammenhang von x und y).

Aufgrund der Eigenschaften der logistischen Regressionsfunktion kann b_j aber nicht als globales Maß für den Einfluss von x auf y interpretiert werden. An unterschiedlichen Stellen der Funktion – also bei unterschiedlichen Ausprägungen von x – ist die Steigung der Funktion unterschiedlich stark, also der Einfluss von x unterschiedlich groß. Für die Interpretation der Ergebnisse wird man deshalb lediglich das Vorzeichen von b_j betrachten. Um die Stärke des Einflusses von x zu beurteilen verwendet man die „Odds Ratio", deren Stärke $Exp(b_j)$ entspricht; in der logistischen Regressionsanalyse wird dieses Maß als *„Effekt-Koeffizient"* bezeichnet. Dazu ein einfaches Beispiel; betrachtet wird der Besuch einer weiterführenden Schule in Abhängigkeit von der sozialen Herkunft:

	Eltern sind Arbeiter	Eltern sind Akademiker
Kind besucht keine weiterführende Schule	80%	10%
Kind besucht weiterführende Schule	20%	90%

Die Odds für den Besuch einer weiterführenden Schule betragen für Arbeiterkinder demnach 0,25 (20/80), die von Akademikerkindern dagegen 9. Die Odds Ratio bringt nun den Unterschied zwischen den Gruppen zum Ausdruck, das Verhältnis ihrer Chancen: Die Odds von Akademikerkindern, eine weiterführende Schule zu besuchen sind 36 Mal so groß wie die von Arbeiterkindern! Es ist sehr wichtig, sich diese Interpretation klar zu machen: Bei der Beurteilung der Effektgrößen der logistischen Regression geht es nie darum, wie stark eine Merkmalsausprägung „an sich" wirkt, sondern immer im Vergleich zu einer anderen Ausprägung. Welche Ausprägungen verglichen werden, muss bei kategorialen Regressoren definiert werden, wobei insbesondere inhaltliche Überlegungen eine wichtige Rolle spielen (siehe Abschnitt 3.5).

Der Effekt-Koeffizient kann Werte zwischen größer 0 und $+\infty$ annehmen. Werte größer 1 vergrößern die Odds Ratio, Werte kleiner 1 verringern sie. Damit wird auch der Zusammenhang zwischen den b-Koeffizienten und dem Effekt-Koeffizienten deutlich: Der b-Koeffizient der logistischen Regression beeinflusst also die Wahrscheinlichkeit $p(y = 1)$ in nicht-linearer Weise, verändert aber das Wahrscheinlichkeitsverhältnis linear um das $Exp(b)$-fache.

3 Transformation kategorialer Regressoren mit k > 2 Ausprägungen

3.1 Einführung

Während kategoriale Regressoren mit 2 Ausprägungen, codiert mit 0 und 1, ohne weiteres in die Analyse aufgenommen und wie metrische Merkmale interpretiert werden können, müssen kategoriale Regressoren mit k > 2 Ausprägungen zunächst geeignet transformiert werden, da die numerischen Codes der Ausprägungen ja keinerlei Aussagen über Rangfolge oder gar Abstände der Ausprägungen machen und deshalb nicht rechnerisch verwendet werden dürfen.

In jedem Fall werden für die ursprüngliche Variable mit k Ausprägungen k-1 Indikator- oder Dummy-Variablen gebildet, welche zusammen die Information der ursprünglichen Variable vollständig abbilden. Wie nachstehend am Beispiel der Transformation der Variable „Hauptquelle des Haushaltseinkommens" (`hinc_neu`) gezeigt wird, ist eine Anzahl von k-1 Variablen ausreichend, um die vollständige Information der kategorialen Ursprungsvariable zu erhalten. Im Beispiel wird die Struktur bei drei Ausprägungen gezeigt.

Tabelle 1: Transformation kategorialer Regressorenvon `hinc_neu`

hinc_neu	hincneu_1	hincneu_2
1 Erwerbseinkommen	0	0
2 Sozialtransfers	1	0
3 Sonstiges	0	1

Mit den beiden Dummy-Variablen `hincneu_1` und `hincneu_2` werden Antwortmuster gebildet, die die Information der ursprünglichen Variable `hinc_neu` vollständig abbilden. Ein Befragter, der Sozialtransfers erhält, weist das Antwortmuster 1-0 auf, ein Befragter mit sonstigem Einkommen das Muster 0-1. Für erwerbstätige Befragte muss keine zusätzliche Dummy-Variable gebildet werden, sie sind dadurch gekennzeichnet, dass sie bei `hincneu_1` und bei `hincneu_2` den Wert 0 aufweisen. Diejenige Ausprägung der ursprünglichen Variable, für die keine Dummy-Variable gebildet wird, wird als Referenzkategorie bezeichnet; in unserem Beispiel besteht die Referenzkategorie also aus Personen mit Erwerbseinkommen. SPSS führt die Berechnung dieser Dummy-Variablen innerhalb der Prozedur „Logistische Regression" automatisch durch (Wahlmöglichkeiten s. u. Syntax). In die Modellbildung der logistischen Regressionsanalyse werden die Dummy-Variablen, nicht die Ursprungsvariable (hier `hinc_neu`) aufgenommen. Die neuen Variablen werden stets als Variablen*set* verwendet, also zum Beispiel bei den Stepwise-Verfahren zur Variablenaufnahme in einem Schritt in das Modell aufgenommen. Bei der Analyse von Interaktionseffekten wird der entsprechende Interaktionsterm ebenfalls durch das Set der Kontrastvariablen ersetzt. Es gibt verschiedene Möglichkeiten, kategoriale Variablen zu codieren, die auch mit SPSS realisiert werden können. Tabelle 2 zeigt am Beispiel der Variable `hinc_neu` die wichtigsten Möglichkeiten auf.

Tabelle 2: Codierung von Dummy-Variablen

Ausprägung von hinc_neu	Dummy-Codierung		Effekt-Codierung		Kontrast-Codierung	
	x_1	x_2	x_1	x_2	x_1	x_2
1 Erwerbseinkommen	0	0	-1	-1	0	1
2 Sozialtransfers	1	0	1	0	-1	-1/2
3 Sonstiges	0	1	0	1	1	-1/2

Die gesamte Erklärungskraft des Modells bleibt – unabhängig von der Art der Codierung der kategorialen Variablen – stets gleich; die b-Koeffizienten und damit auch die Effekt-Koeffizienten Exp(b) haben jedoch unterschiedliche Bedeutungen und unterscheiden sich erheblich.

3.2 Dummy-Codierung (Bezeichnung in SPSS: Indicator)

Dies ist die Voreinstellung in SPSS. Als Referenzkategorie wird per Voreinstellung die letzte Ausprägung verwendet, es ist jedoch auch möglich, eine andere Ausprägung als Referenzkategorie zu definieren (siehe unten: Befehlssyntax). Bei der Indicator-Codierung wird jede Ausprägung mit der Referenzkategorie verglichen, genauer: Hier geben die b-Gewichte an, welche Unterschiede bei der Schätzung von Y sich ergeben, wenn man die Referenzkategorie mit den anderen Kategorien der Ursprungsvariable vergleicht. In unserem Anwendungsbeispiel werden Nichtwähler mit Wählern verglichen. Der Koeffizient b_1 gibt dann an, wie die Chancen der Bezieher von Sozialtransfers auf Nichtwählen sind, verglichen mit denen von Personen mit Erwerbseinkommen. Der Koeffizient b_2 gibt entsprechend die Chancen von Personen mit sonstigem Einkommen an. Hat die ursprüngliche Variable einen Einfluss auf die abhängige Variable, so muss mindestens ein b-Gewicht deutlich und signifikant von Null abweichen. Die Effekt-Koeffizienten geben den Faktor an, um den sich die Odds der abhängigen Variablen in der betrachteten Kategorie gegenüber den Odds der abhängigen Variablen in der Referenzkategorie verändern.

3.3 Effekt-Codierung (Bezeichnung in SPSS: Deviation)

Mit „`DEVIATION(REFCAT)`" wird eine sog. „Effekt-Codierung" angefordert: Für jede Ausprägung der kategorialen Variable, mit Ausnahme der Referenzkategorie, wird untersucht, wie stark der Einfluss der jeweiligen Ausprägung vom ungewichteten Mittel aller Ausprägungen der kategorialen Variable abweicht. Genauer: Die b-Gewichte bringen dann die Abweichung des Logits der jeweiligen Kategorie zum ungewichteten Mittel der Logits aller Kategorien der ursprünglichen Variable zum Ausdruck. Für die Referenzkategorie werden keine Koeffizienten ausgegeben. Die Effekt-Koeffizienten geben an, wie sich die Odds der abhängigen Variable in der betrachteten Kategorie gegenüber dem ungewichteten Mittel der Odds der abhängigen Variable verändern.

3.4 Kontrast-Codierung (Bezeichnung in SPSS: spezial(matrix))

Die Kontrast-Codierung (SPSS: special(matrix)) ist eine benutzerdefinierte Codierung zur Überprüfung spezifischer Hypothesen. Es sollen also – stets nach inhaltlichen Gesichtspunkten auszuwählende – Kategorien miteinander verglichen werden. Formal muss die Codierung so aufgebaut werden, dass die Summierung über die neuen Variablen stets Null ergibt. In unserem Beispiel werden mit x_1 die Ausprägungen 2 und 3 von hinc_neu miteinander verglichen, mit x_2 wird der Mittelwert von Y in den Gruppen 2 und 3 von hinc_neu mit der Gruppe 1 verglichen. Anders als bei der Effekt- und der Indicator-Codierung können hier die b-Koeffizienten nicht unmittelbar interpretiert werden. Der Codierungs-Unterbefehl müsste hier lauten:

```
/CONTRAST (hinc_neu)=special(0.0 -1.0  1.0
                            1   -0.5 -0.5)
```

Die Matrix muss also so aufgebaut werden, dass die neuen Variablen zeilenweise stehen.

3.5 Wahl der Referenzkategorie

Als Referenzkategorie ist in SPSS per Voreinstellung die letzte Kategorie definiert; es gibt jedoch die Möglichkeit, auch eine andere Variable als Referenzkategorie festzulegen. Dabei ist – wie immer – die Steuerung über die Syntax weitaus flexibler als die über das Menü. Letztere bietet grundsätzlich nur die Möglichkeit, zwischen der ersten und der letzten Kategorie zu wählen, über die Syntax kann dagegen jede beliebige Kategorie als Referenzkategorie definiert werden. Welche Kriterien sollten bei der Wahl der Referenzkategorie beachtet werden (vgl. dazu zum Beispiel Hardy 1993)?
– Wichtig sind zunächst sind inhaltliche Überlegungen: Die Referenzkategorie sollte einen aus Sicht der jeweiligen Fragestellung „interessanten" Vergleich ermöglichen. Das bedeutet, dass die Referenzkategorie zum Beispiel nicht die

Kategorie „sonstige" sein sollte, da diese heterogen ist und damit unklar bleibt, zu welchen Merkmalen überhaupt ein Vergleich hergestellt wird. Liegt den Merkmalsausprägungen eine zumindest versteckte Ordinalität zugrunde, wie zum Beispiel bei Berufen, empfiehlt es sich die „niedrigste" oder „höchste" Ausprägung zu wählen und somit einen Extremgruppenvergleich anzustellen.
- Aus statistischer Sicht ist weiterhin eine ausreichende Besetzung der gewählten Kategorie von Bedeutung, damit eine hinreichend präzise Schätzung überhaupt möglich ist.

4 Berechnung einer logistischen Regressionsanalyse mit SPSS

Die Teilschritte der Prozedur logistische Regression und ihre Interpretation werden im Folgenden an einem Beispiel dargestellt.

4.1 Fragestellung und Beispieldatensatz

Bei den Bundestagswahlen 2009 lag die Wahlbeteiligung lediglich bei 70,8%, doch schon 1990 war die Wahlbeteiligung erstmals unter 80% gefallen, und auch bei den Bundestagswahlen 2005 betrug sie nur 77,7%.[25] Kann die Gruppe der Nichtwähler mit einem logistischen Regressionsmodell beschrieben werden, oder ist sie dazu zu heterogen? Dieser Frage wollen wir im ersten Teil dieses Kapitels nachgehen. Im zweiten Teil wird die Fragestellung darauf erweitert, nicht nur Nichtwähler von Wählern zu unterscheiden, sondern die Gruppe der Wähler in Wähler der verschiedenen Parteien zu differenzieren.

Als Datengrundlage dient der European Social Survey (Round 4 – 2008; siehe Einführung, Tabelle 2). Aus diesem Datensatz werden dann deutsche Befragte ausgewählt. Die Fragen zur Wahlbeteiligung bzw. der gewählten Partei beziehen sich auf die Bundestagswahl 2005. Um sicherzugehen, dass unter den Nichtwählern keine Minderjährigen sind, die noch gar nicht wählen durften, schränken wir die Zielgruppe auf Personen im Alter von mindestens 18 Jahren ein. Nichtwählen als Protest wird häufig mit Angst vor sozialer Ausgrenzung in Verbindung gebracht. Wir wollen deshalb prüfen, ob Angst vor Arbeitslosigkeit ein erklärender Faktor ist. Aus diesem Grund setzen wir nach oben eine Altersgrenze von 54 Jahren, um Personen auszuschließen, die die bis 2009 geltende Vorruhestandsregelung nutzen konnten. Wir ziehen zunächst unsere Auswahl aus dem ESS.

---

[25] Quelle: http://www.bundeswahlleiter.de/de/bundestagswahlen/fruehere_bundestagswahlen/.

```
***Auswahl Deutschland.
*Variable Land -> cntry.
FREQ VAR cntry.
SELECT IF (cntry EQ 'DE').
FREQ /VAR cntry.
***Auswahl Altergruppe 18 - 54.
*Variable Alter -> agea.
FREQ /VAR agea.
COMPUTE alter_dich = 0.
IF (agea >= 18 & agea <= 54) alter_dich = 1.
EXEC.

SELECT IF (alter_dich = 1).
FREQ /VAR agea.
****speichern unter neuem Namen.
```

4.2 Definition der Variablen

Anschließend wird die abhängige Variable konstruiert. Wir benötigen für die beiden Abschnitte zwei verschiedene Variablen: für die binäre logistische Regression eine dichotome Variable, die Wähler und Nichtwähler unterscheidet, und für die multinomiale logistische Regression eine Variable, die Wähler verschiedener Parteien und Nichtwähler unterscheidet.

```
*********************************abhängige Variable
Zweitstimmen bei letzter Bundestagswahl und Nichtwaehler.
*Variablen: Wahlbeteiligung -> vote, gewählte Partei ->
prtvbde2.

CROSSTABS
  /TABLES=prtvbde2  BY vote
  /CELLS= COUNT
  /MISSING INCLUDE.

*****Berechnung der kombinierten Variable aus vote und
prtvbde2.
MISSING VALUES prtvbde2 ().
COMPUTE wahl = 0.
IF (prtvbde2 EQ 1) wahl = 1.
IF (prtvbde2 EQ 2) wahl = 2.
IF (prtvbde2 EQ 3) wahl = 3.
IF (prtvbde2 EQ 5) wahl = 4.
IF (vote EQ 2) wahl = 5.
IF (prtvbde2 EQ 77) wahl = 6.
IF (prtvbde2 EQ 4) wahl = 7.
IF (prtvbde2 EQ 6 OR prtvbde2 EQ 7) wahl = 8.
IF (prtvbde2 EQ 8) wahl = 9.
```

Kapitel 4: Logistische Regressionsanalyse

```
VALUE LABELS wahl 1 'SPD' 2 'CDU/CSU' 3 'Bündnis 90/Die
Grünen' 4 'PDS' 5 'Nichtwähler'
6 'Antwort verweigert' 7 'FDP' 8 'Rep, NPD/DVU' 9
'Sonstige'.

RECODE wahl (0 = sysmis).
FORMATS wahl (f2.0).
FREQ /VAR wahl.

***************Dichotomisierung der Variable Wahl für den
Zwei-Gruppen-Fall.

IF (wahl NE 5) wahl_2 = 0.
IF (wahl EQ 5) wahl_2 = 1.
FREQ /VAR wahl_2.

VALUE LABELS wahl_2 1 'Nichtwähler' 0 'Wähler'.
FORMATS wahl_2 (f2.0).
CROSSTABS /TABLES = wahl_2 BY vote /MISSING INCLUDE.
```

Damit erhalten wir eine Stichprobe von 1.349 Personen, davon 278 Nichtwähler.

wahl * wahl_2 Kreuztabelle

Anzahl

		wahl_2		Gesamt
		0 Wähler	1 Nichtwähler	
wahl	1 SPD	305	0	305
	2 CDU/CSU	281	0	281
	3 Bündnis 90/Die Grünen	183	0	183
	4 PDS	83	0	83
	5 Nichtwähler	0	278	278
	6 Antwort verweigert	93	0	93
	7 FDP	99	0	99
	8 Rep, NPD/DVU	15	0	15
	9 Sonstige	12	0	12
Gesamt		1071	278	1349

Per Voreinstellung wird bei der binären logistischen Regressionsanalyse mit SPSS immer die *Ausprägung 1* der abhängigen Variable geschätzt, in unserem Beispiel also die Nichtwähler. Sollte unser Modell vor allem auf die Erkennung der Wähler zielen, so müsste die Variable entsprechend umkodiert werden.

Bei der Auswahl bzw. Neuberechnung der *unabhängigen* Variablen unterscheiden wir mehrere Gruppen von Variablen: Soziodemografische Merkmale, Variablen, die die gegenwärtige ökonomische Situation abbilden, und Variablen, die Einstellungen, hier vor allem Vertrauen in politische Institutionen und Zufriedenheit mit diesen, erfassen. Als soziodemographische Variablen werden neben Geschlecht (gndr), Alter (agea) und Bildung (eduyrs) die Wohnregion

(Ostdeutschland, Westdeutschland) betrachtet. Dazu werden die Variablen regionde (Wohnregion) und intewde (Ort des Interviews) kombiniert.
***Region Ostdeutschland / Westdeutschland.

```
CROSSTABS TABLES = regionde BY intewde /MISSING INCLUDE.
COMPUTE region_2 = 0.
IF (regionde GE 1 AND regionde GE 10 OR (regionde EQ 11 AND
intewde EQ 2)) region_2 = 1.
FREQ /VAR region_2.

CROSSTABS TABLES = regionde BY region_2 /MISSING INCLUDE.
VALUE LABELS region_2 0 'D-Ost' 1 'D-West'.
FORMATS REGION_2 (f2.0).
FREQ/VAR region_2.
```

Zur Erfassung der ökonomischen Lebenssituation werden die hauptsächliche Aktivität der letzten sieben Tage (mnactic), die Hauptquelle des Haushaltseinkommens (hincsrca), die materielle Situation (hincfel) sowie die subjektiven Wahrscheinlichkeiten, im nächsten Jahr arbeitslos zu werden (lkuemp) bzw. die zu wenig Geld zur Verfügung zu haben (lknemny) aufgenommen.

Nichtwähler bringen oft nicht nur dem politischen System wenig Vertrauen entgegen, sondern sind auch generell misstrauischer und unzufriedener. Der ESS beinhaltet dazu einige Variablen, deren Modelleignung geprüft werden soll: Vertrauen in politische Institutionen wird unterschieden in Vertrauen in das Parlament (trstprl), in die Justiz (trstlgl) und in Politiker (trstplt); allgemeines Vertrauen in andere Menschen mit der Variable ppltrst. Schließlich werden mit stflife und stfdem die allgemeine Lebenszufriedenheit und die Zufriedenheit mit dem Funktionieren der Demokratie in Deutschland gemessen. Die politische Einstellung wurde auf einer 10-stufigen Links-Rechts-Skala (lrscale) gemessen; je größer der Wert, desto weiter rechts ist die politische Position der Befragten angesiedelt.

Tabelle 3 zeigt die Variablen und ihre Ausprägungen; die Referenzkategorien der kategorialen unabhängigen Variablen sind kursiv gedruckt; die Einstellungsvariablen werden als metrisch interpretiert.

Kapitel 4: Logistische Regressionsanalyse

Tabelle 3: Variablen im Anwendungsbeispiel

Variable	Name	Ausprägungen
Gewählte Partei	wahl	1 SPD 2 CDU/CSU 3 Bündnis 90/Die Grünen *4 PDS* 5 Nichtwähler 6 Antwort verweigert 7 FDP 8 Rep, NPD/DVU 9 Sonstige
Wahlbeteiligung	wahl_2	*0 Wähler* 1 Nichtwähler
Geschlecht	gndr	1 männlich *2 weiblich*
Alter	agea	(Alter in Jahren)
Bildung	eduyrs	(years of full-time education completed)
Region in Deutschland	region_2	*0 DE-0* 1 DE-W
Hauptaktivität in den letzten sieben Tagen (rekodiert)	main_neu	*1 Erwerbstätigkeit* 2 Ausbildung 3 Arbeitslos 4 Hausfrau /mann 5 Sonstige
Hauptquelle des HH-Einkommens (rekodiert)	hinc_neu	*1 Erwerbseinkommen* 2 Sozialtransfers 3 Sonstige
Einschätzung der gegenwärtigen ökonomischen Lage des HH (rekodiert)	hincfel_neu	*1 Living comfortably on present income* 2 Coping on present income 3 Difficult/very difficult on present income
Wahrscheinlichkeit in den kommenden 12 Monaten arbeitslos zu werden	lkuemp	*1 Not at all likely* 2 Not very likely 3 Likely 4 Very likely 5 No longer working and not looking for work
Wahrscheinlichkeit, dass in den kommenden 12 Monaten das HH-Einkommen nicht ausreicht	lknemny_neu	*1 Not at all likely* 2 Not very likely 3 Likely/Very likely
Vertrauen in das Parlament	trstprl	10-stufige Anwortskala mit 0 gar kein Vertrauen und 10 „völliges Vertrauen"
Vertrauen in die Justiz	trstlgl	
Vertrauen in Politiker	trstplt	
Vertrauen allgemein in andere Menschen	ppltrst	10-stufige Anwortskala mit 0 „man kann nicht vorsichtig genug sein" und 10 „den meisten Menschen kann man trauen"
Zufriedenheit mit Funktionieren der Demokratie	stfdem	10-stufige Anwortskala mit 0 „äußerst unzufrieden" und 10 „überaus zufrieden"
Allgemeine Lebenszufriedenheit	stflife	
Politische Links-Rechts-Einstufung	lrscale	10-stufige Anwortskala mit 0 „links" und 10 „rechts"

Einige Variablen mussten rekodiert werden, weil sonst die Besetzungen der einzelnen Kategorien zu klein würden. Dies zeigt sich, wenn man Kreuztabellen dieser Variablen mit der abhängigen Variable wahl_2 betrachtet:
- Hauptquelle des Haushalts-Einkommens (hincsrca): Hier werden alle Einkommen aus Erwerbsarbeit (selbständig oder unselbständig) zusammengefasst, alle hauptsächlichen Bezieher von Transferleistungen und Sonstige, wozu hier auch die geringe Zahl der Bezieher von Pensionen gezählt wird.
- Hauptaktivität (mnactic): Diese Variable wird so zusammengefasst, dass als neue Ausprägungen „Erwerbsarbeit", „Ausbildung", „Arbeitslosigkeit", „Hausfrau/-mann" und „Sonstige" entstehen.
- Einschätzung der gegenwärtigen ökonomischen Lage des Haushalts (hincfel): Zusammenfassung der Ausprägungen 3 und 4 („schwierig" und „sehr schwierig").
- Beurteilung der Wahrscheinlichkeit, dass im kommenden Jahr das Haushaltseinkommen nicht ausreichen wird: Zusammenfassung der Ausprägungen 3 und 4 („wahrscheinlich" und „sehr wahrscheinlich").

4.3 Prüfung der Zusammenhänge

Eine logistische Regressionsanalyse mit den genannten Variablen ist nur sinnvoll, wenn diese in den beiden Kategorien der abhängigen Variable nicht gleich verteilt sind. Dies kann mit Kreuztabellen und Mittelwertvergleichen leicht überprüft werden. Beispielhaft werden hier die Mittelwerte einiger der Einstellungsvariablen in den beiden Gruppen dargestellt.

Bericht

wahl_2		trstprl Trust in country's parliament	trstlgl Trust in the legal system	trstplt Trust in politicians	stfdem How satisfied with the way democracy works in country
0 Wähler	Mittelwert	4,90	6,11	3,63	5,63
	Median	5,00	7,00	4,00	6,00
	Standardabweichung	2,165	2,299	2,000	2,380
	N	1066	1068	1070	1069
1 Nichtwähler	Mittelwert	3,42	4,90	2,55	4,14
	Median	4,00	5,00	2,00	4,00
	Standardabweichung	2,325	2,655	2,209	2,588
	N	263	276	274	269
Insgesamt	Mittelwert	4,61	5,86	3,41	5,33
	Median	5,00	6,00	3,00	5,00
	Standardabweichung	2,275	2,426	2,089	2,495
	N	1329	1344	1344	1338

Kapitel 4: Logistische Regressionsanalyse

Wie zu erwarten sind Vertrauen in politische Institutionen und Zufriedenheit mit dem Funktionieren der Demokratie bei Nichtwählern geringer ausgeprägt. Gleichzeitig zeigt sich, dass die Standardabweichungen der Variablen bei den Nichtwählern größer sind, diese Gruppe also heterogener ist. Nach der Definition der Variablen wird nun die logistische Regressionsanalyse mit verschiedenen Modellspezifikationen berechnet. Die Variablen werden blockweise in das Modell eingegeben: Zunächst die soziodemografischen Variablen, dann die Variablen zur ökonomischen Situation und schließlich die Einstellungsvariablen. Modell 1 enthält nur Haupteffekte, in Modell 2 werden zudem Interaktionseffekte berechnet. Der SPSS-Output wird ausführlich nur an Modell 1 erläutert; bei Modell 2 werden nur zusätzliche Ergebnisse erklärt.

4.4 Modell 1 – ohne Interaktionseffekte

Die unabhängigen Variablen werden schrittweise („FSTEP") in das Modell aufgenommen. Dabei werden auf jeder Stufe (= bei Aufnahme einer jeden Variablen) verschiedene statistische Kriterien überprüft, die über Aufnahme bzw. Ausschluss der einzelnen Variablen entscheiden.

4.4.1 Syntax für Modell 1:

```
LOGISTIC REGRESSION   wahl_2
 /METHOD = FSTEP(COND) gndr agea eduyrs region_2 ❶
 /METHOD = FSTEP(COND) main_neu hinc_neu hincfel_neu lkuemp
   lknemny_neu
 /METHOD = FSTEP(COND) ppltrst trstprl trstlgl trstplt
   stflife stfdem
 /CONTRAST (GNDR)=INDICATOR(2) /CONTRAST (region_2) =
   INDICATOR(1) ❷
 /CONTRAST (main_neu)=INDICATOR(1) /CONTRAST
   (hinc_neu)=INDICATOR(1)
 /CONTRAST(hincfel_neu) = INDICATOR(1) /CONTRAST (lkuemp) =
   INDICATOR(1)
 /CONTRAST (lknemny_neu) = INDICATOR(1)
 /CLASSPLOT /CASEWISE OUTLIER(2) ❸
 /PRINT = GOODFIT CORR SUMMARY CI(95) ❹
 /CRITERIA = PIN(.1) POUT(.15) ITERATE(20) CUT(.81) ❺❻
 /SAVE PRED. ❼
```

Erläuterungen:
- ❶ Aufnahmemethode der unabhängigen Variablen; hier: schrittweise vorwärts, d.h. es wird immer nur eine der unabhängigen Variablen geprüft und gegebenenfalls in das Modell aufgenommen. Kriterien sind das Regressionsgewicht R

und gleichzeitig ein akzeptabler Signifikanzwert. Der Algorithmus bricht ab, wenn entweder alle Variablen im Modell sind oder aufgrund statistischer Kriterien keine weitere Variable mehr aufgenommen werden kann. Durch die mehrfache Eingabe des Unterbefehls „/METHOD" werden die Variablen blockweise aufgenommen bzw. geprüft.

- ❷ Definition der kategorialen Variablen, Festlegung des Verfahrens zur Bildung von Indikatorvariablen, Definition der Ausprägungen, die jeweils als Referenzkategorie dienen. Bei der Variable Geschlecht ist zum Beispiel die Ausprägung 2 („weiblich") Referenzkategorie.
- ❸ Anforderung einer grafischen Darstellung (Histogramm) der korrekten und falschen Klassifikationen, Markierung von Ausreißern.
- ❹ Anforderung statistischer Informationen. Per Voreinstellung werden ausgegeben: Tests und Kennzahlen der Modellgüte, Klassifikationstabellen und Statistiken für die einzelnen Variablen auf jeder Stufe der Modellentwicklung; zusätzlich wurde angefordert: CORR = Korrelationsmatrix der Prädiktoren (Multikollinearität!); SUMMARY = zusammenfassende Tabelle zur Modellentwicklung; CI(95) = Konfidenzintervall für Exp(b).
- ❺ PIN(n) = maximaler Wert der Score-Statistik, der bei einer Variable noch vorliegen darf, damit sie in das Modell aufgenommen wird; je kleiner dieser Wert ist, desto „schwieriger" ist die Aufnahme; POUT(n) = analog PIN, aber für den Ausschluss. POUT muss stets größer sein als PIN. In unserem Beispiel übernehmen wir nicht die Voreinstellungen (0,05 bzw. 0,1), sondern machen – wegen der zum Teil kleinen Fallzahlen die Aufnahme der Variablen etwas einfacher.
- ❻ Cut-Off-Wert für die Klassifikation; ein Fall wird der Gruppe mit der Ausprägung 1 zugeordnet, wenn die prognostizierte Wahrscheinlichkeit, der Gruppe 1 anzugehören, mindestens so groß wie der Cut-Off-Wert ist. Per Voreinstellung wird für beide Gruppen der abhängigen Variable eine Wahrscheinlichkeit (und damit ein Cut-Off-Wert) von 0,5 angenommen. Eine andere Möglichkeit besteht darin, als Wert für den Cut-Off die relative Häufigkeit der mit 1 kodierten Ausprägung der abhängigen Variable einzusetzen. In beiden Fällen kann die Güte der Klassifikation nur in Hinblick auf die zufällig zu erwartenden richtigen Klassifikationen beurteilt werden. Das Vorgehen dazu wird an der entsprechenden Stelle im Output erläutert. Die Wahl des Cut-Off-Werts beeinflusst nur die Klassifikationsergebnisse, nicht die Maße der Modellgüte. Man kann in einem ersten Schritt 0,5 eingeben und dann der „Anfänglichen Klassifikationstabelle" entnehmen, wie groß der Anteil der Beobachtungen mit

der Ausprägung 1 ist.[26]
- ❼ Speicherung der geschätzten Wahrscheinlichkeiten für die Gruppenzugehörigkeit. Damit wird eine neue Variable im Datensatz erzeugt.

4.4.2 SPSS-Output

Die Regressionsanalyse mit SPSS liefert fünf Typen von Informationen (Tabelle 4), die jedoch im SPSS-Output nicht durchgehend in der nachstehenden Reihenfolge dargestellt werden:

Tabelle 4: Typen von Informationen im SPSS-Output

Informationstypus	Bezeichnung der Tabellen/Abbildungen des SPSS-Outputs
Informationen zu Variablen und Beobachtungen	Zusammenfassung der Fallverarbeitung Codierung abhängiger Variablen Codierung kategorialer Variablen
Ausgangssituation vor Aufnahme der ersten Variable (nur Konstante im Modell)	(Anfangsblock:) Klassifizierungstabelle (Anfangsblock:) Variablen in der Gleichung (Anfangsblock:) Variablen nicht in der Gleichung
Beurteilung der Modellgüte	Omnibustests der Modellkoeffizienten Modellzusammenfassung Klassifizierungstabelle Zusammenfassung der Stufen Observed Groups and Predicted Probabilities
Beurteilung der einzelnen Variablen	Variablen in der Gleichung Variablen nicht in der Gleichung
Informationen über „Ausreißer"	Fallweise Liste

4.4.3 Informationen zu Variablen und Beobachtungen

Zusammenfassung der Fallverarbeitung

Ungewichtete Fälle[a]		N	Prozent
Ausgewählte Fälle	Einbezogen in Analyse	1261	78,2
	Fehlende Fälle	351	21,8
	Gesamt	1612	100,0
Nicht ausgewählte Fälle		0	,0
Gesamt		1612	100,0

a. Wenn die Gewichtung wirksam ist, finden Sie die Gesamtzahl der Fälle in der Klassifizierungstabelle.

Von den 1.612 Fällen im Datensatz werden 351 nicht für die Analyse verwendet, weil sie fehlende Werte (bei den unabhängigen Variablen) aufweisen.

---

[26] In der Regel ist dieser Wert kleiner als der Anteil in der Stichprobe, da in der Regressionsanalyse nur die Observationen analysiert werden, die bei allen unabhängigen Variablen gültige Werte aufweisen.

Codierung abhängiger Variablen

Ursprünglicher Wert	Interner Wert
0 Wähler	0
1 Nichtwähler	1

Abhängig davon, wie die abhängige Variable im Datensatz codiert ist, wird immer die höhere Merkmalsausprägung geschätzt. Wollte man also im Beispiel die Ausprägung „Wähler" schätzen, so müsste man die Variable `wahl_2` entsprechend rekodieren. Sind die Ausprägungen nicht bereits im Datensatz mit 0 und 1 kodiert, so vergibt SPSS diese Werte zur Berechnung der logistischen Regressionsanalyse. In der Tabelle „Codierungen der kategorialer Variablen" werden die neu gebildeten Dummy-Variablen dargestellt. Man erkennt, welche Kombinationen die Ausprägungen der ursprünglichen Merkmale abbilden. An dieser Stelle kann man auch nachprüfen, ob tatsächlich die gewünschte Ausprägung des ursprünglichen Merkmals als Referenzkategorie definiert wurde. Sie muss bei allen Dummy-Variablen den Wert 0 aufweisen.

Codierungen kategorialer Variablen

		Häufigkeit	Parametercodierung			
			(1)	(2)	(3)	(4)
lkuemp How likely unemployed and looking for work next 12 months	1 Not at all likely	416	,000	,000	,000	,000
	2 Not very likely	502	1,000	,000	,000	,000
	3 Likely	128	,000	1,000	,000	,000
	4 Very likely	109	,000	,000	1,000	,000
	5 No longer working and not looking for work	106	,000	,000	,000	1,000
main_neu Hauptaktivität (neu)	1 Erwerbsarbeit	917	,000	,000	,000	,000
	2 Ausbildung	78	1,000	,000	,000	,000
	3 Arbeitslos	87	,000	1,000	,000	,000
	4 Hausfrau/-mann	118	,000	,000	1,000	,000
	5 sonstige	61	,000	,000	,000	1,000
lknemny_neu Wkt., EK reicht in kommenden Jahr nicht	1 Überhaupt nicht wahrscheinlich	377	,000	,000		
	2 Nicht sehr wahrscheinlich	652	1,000	,000		
	3 Wahrscheinlich/sehr wahrscheinlich	232	,000	1,000		
hinc_neu Hauptquelle des HH-EK (neu)	1 Erwerbstätigkeit	1123	,000	,000		
	2 Sozialtransfers	87	1,000	,000		
	3 sonstige	51	,000	1,000		
hincfel_neu Einschätzung ökon. Lage HH	1 komfortable Lage	365	,000	,000		
	2 kommen zurecht	690	1,000	,000		
	3 schwierige/sehr schwierige Lage	206	,000	1,000		
region_2	0 D-Ost	403	,000			
	1 D-West	858	1,000			
gndr Gender	1 Male	664	1,000			
	2 Female	597	,000			

Kapitel 4: Logistische Regressionsanalyse

Mit der Befehlssyntax wurde festgelegt, dass zum Beispiel bei lkuemp die erste Ausprägung der kategorialen Variablen Referenzkategorie sein soll. Für die Erstellung der Syntax ist es sehr wichtig, dass die Referenzkategorie nicht den Code für die Ausprägung erhält (value label), sondern die Nummer in der Reihenfolge der Ausprägungen. Wäre lkuemp zum Beispiel mit 10, 11 usw. kodiert, müsste die erste Ausprägung in der Befehlssyntax dennoch mit 1 definiert werden.

4.4.4 Ausgangssituation vor Aufnahme der ersten Variable (nur Konstante im Modell)

Aus der „Klassifizierungstabelle des Anfangsblocks" geht der Anteil der Merkmalsträger mit Ausprägung 1 bei der abhängigen Variable hervor. Zieht man diesen Wert von 1 ab, so kann das Ergebnis (hier: 0,81) als Cut-Off-Wert in die Befehlssyntax eingesetzt werden. Alle Fälle, deren Schätzwert mindestens so groß ist wie der Cut-Off-Wert, werden bei der Klassifizierung der Ausprägung 1 der abhängigen Variable zugeordnet (siehe letzte Zeile der Befehlssyntax). Wie man den Cut-Off-Wert wählt, hat keinen Einfluss auf die Modellkoeffizienten, sondern lediglich auf das Klassifikationsergebnis! Die anfängliche Klassifizierungstabelle zeigt die Klassifikation der Fälle, wenn nur die Konstante im Modell ist.

Klassifizierungstabelle[a,b]

			Vorhergesagt		
			wahl_2		Prozentsatz
Beobachtet			0 Wähler	1 Nichtwähler	der Richtigen
Schritt 0	wahl_2	0 Wähler	1028	0	100,0
		1 Nichtwähler	233	0	,0
	Gesamtprozentsatz				81,5

a. Konstante in das Modell einbezogen.
b. Der Trennwert lautet ,810

Im Beispiel wurde der Wert 0,81 als Trennwert eingesetzt, weil der Anteil der Nichtwähler an allen Fällen, die in die Analyse eingehen 1-0,81=0,19 beträgt. Die anfängliche „Klassifizierungstabelle" ordnet stets alle Beobachtungen der am stärksten besetzten Kategorie zu. Im Beispiel werden alle Befragten der Kategorie „Wähler" zugeordnet. Mit Aufnahme geeigneter Prädiktoren wird dann eine sukzessive Trennung der Gruppen erreicht. Die Odds für die zu schätzende Ausprägung der abhängigen Variable betragen 233/1028 = 0,227.

Variablen in der Gleichung

		RegressionskoeffizientB	Standardfehler	Wald	df	Sig.	Exp(B)
Schritt 0	Konstante	-1,484	,073	418,501	1	,000	,227

In der Tabelle „Variablen in der Gleichung" wird das Modell dargestellt, das lediglich die Konstante und noch keinerlei Prädiktoren enthält. Der Regressionskoeffizient B gibt hier die logarithmierten Odds für die Zugehörigkeit zu Gruppe 1 („Nichtwähler") an, wenn keinerlei Informationen über die Merkmalsträger gegeben sind.

Die Tabelle „Variablen nicht in der Gleichung" zeigt die Situation vor Aufnahme der unabhängigen Variablen in das Modell. Hier werden lediglich die Variablen ausgewiesen, die mit dem ersten Unterbefehl „/METHOD", also im ersten Analyseblock in das Modell eingegeben werden.

Variablen nicht in der Gleichung

			Wert	df	Sig.
Schritt 0	Variablen	gndr(1)	1,595	1	,207
		agea	42,666	1	,000
		eduyrs	86,034	1	,000
		region_2(1)	14,575	1	,000
	Gesamtstatistik		130,558	4	,000

Für jede Variable wird die Situation vor Aufnahme der ersten Variable in das Modell angegeben. Berechnet wird jeweils das Chi-Quadrat-Maß zu einer Kreuztabelle aus jeder betrachteten unabhängigen und der abhängigen Variable zum Test der Hypothese, dass Zeilen und Spalten der Tabelle unabhängig von einander sind. Ausgewählt wird dann als erste Variable für das Modell diejenige unabhängige Variable mit dem höchsten Chi-Quadrat-Wert, der zugleich signifikant ist. In unserem Beispiel wird deshalb im ersten Block als erste die Variable eduyrs in die Analyse aufgenommen werden. Alle weiteren Erläuterungen beziehen sich nun auf den Analyseblock 3. Hier sind alle Variablen im Modell, die in Block 1 und Block 2 ausgewählt wurden, und es wird beschrieben, wie die Variablen des Blocks 3 aufgenommen werden bzw. wie sich das Modell dadurch verändert. Zunächst werden Informationen zur Modellgüte betrachtet.

4.4.5 Beurteilung der Modellgüte

Omnibus-Tests der Modellkoeffizienten

		Chi-Quadrat	df	Sig.
Schritt 1	Schritt	43,934	1	,000
	Block	43,934	1	,000
	Modell	242,512	10	,000
Schritt 2	Schritt	8,391	1	,004
	Block	52,326	2	,000
	Modell	250,904	11	,000
Schritt 3	Schritt	2,826	1	,093
	Block	55,152	3	,000
	Modell	253,730	12	,000

Der „Omnibus"-Test gibt zunächst einen Gesamteindruck von der Güte des Modells: Es zeigt die Verbesserung der Modellgüte (gemessen als Veränderung von Chi-Quadrat) von Schritt zu Schritt der Variablenaufnahme, sowie die Signifikanz dieser Veränderungen. Der erste Wert in jedem der „Schritt x"-Felder ab Schritt 2 zeigt die Veränderung von Chi-Quadrat auf dieser Stufe, die beiden anderen den Gesamtwert von Chi-Quadrat auf dieser Stufe. Ist das Testergebnis signifikant, so bedeutet dies, dass alle ausgewählten Prädiktoren Einfluss auf die abhängige Variable haben. Man sieht, wie von Schritt zu Schritt die Zuwächse kleiner, d.h. die Variablen „schlechter" werden.

Modellzusammenfassung

Schritt	-2 Log-Likelihood	Cox & Snell R-Quadrat	Nagelkerkes R-Quadrat
1	964,406[a]	,175	,284
2	956,014[a]	,180	,293
3	953,188[a]	,182	,296

a. Schätzung beendet bei Iteration Nummer 6, weil die Parameterschätzer sich um weniger als ,001 änderten.

In der Tabelle „Modellzusammenfassung" ist die Entwicklung der Gütemaße für das Gesamtmodell dargestellt. In der ersten Spalte ist die mit -2 multiplizierte Log-Likelihood dargestellt, die sog. Devianz. Dieses Maß ist wenig anschaulich und erhält erst im Vergleich verschiedener Modelle Bedeutung. Wichtig für die Interpretation ist, dass die -2LL mit der Aufnahme der unabhängigen Variablen sinken sollte, wenn das Modell geeignet ist. In unserem Beispiel sinkt die Devianz von 964,406 auf 953,188; die Variablen haben also Bedeutung für die Trennung der interessierenden Gruppen. Die Devianz ist jedoch nicht nur abhängig von der Trennfähigkeit der unabhängigen Variablen, sondern auch von der Verteilung der Merkmalsträger auf die Gruppen der abhängigen Variablen. Ist diese sehr schief, so nimmt die Devianz tendenziell einen besseren Wert an, als bei ungefähr gleicher Verteilung.

Auch die „Pseudo"-R^2-Maße von Cox & Snell und Nagelkerke basieren auf der Likelihood-Funktion. Dabei ist der Höchstwert von Cox & Snell abhängig von der jeweiligen Stichprobengröße und kann nur Werte kleiner als 1 erreichen. Nagelkerke normiert dieses Maß auf die gewohnten Grenzen [0;1]. Nagelkerkes R^2 kann wie das Bestimmtheitsmaß in der linearen Regressionsanalyse interpretiert werden, nämlich als Anteil der Varianz der abhängigen Variable, der durch alle unabhängigen Variablen zusammen erklärt wird. In unserem Beispiel wird insgesamt eine „Varianzaufklärung" von 29,6% erreicht. In Hinblick darauf, dass wir versuchen, eine ziemlich heterogene Gruppe zu modellieren, ist dieses Ergebnis recht gut. Als Test auf die „Goodness of Fit" des Modells dient der Hosmer-Lemeshow-Test. Dabei weist eine geringe Signifikanz (Richtwert: < 0,05) auf ein schlecht zu den Daten passendes Modell hin. Auch hier weist unser Modell akzeptable Werte auf.

Hosmer-Lemeshow-Test

Schritt	Chi-Quadrat	df	Sig.
1	8,801	8	,359
2	5,174	8	,739
3	10,201	8	,251

Einen letzten Hinweis auf die Güte des Gesamtmodells gibt die Klassifizierungstabelle. Bei einem schrittweisen Aufnahmeverfahren der Variablen werden auch die Ergebnisse für die einzelnen Schritte ausgegeben:

Klassifizierungstabelle

			Vorhergesagt		
			wahl_2		Prozentsatz der Richtigen
	Beobachtet		0 Wähler	1 Nichtwähler	
Schritt 1	wahl_2	0 Wähler	1027	1	99,9
		1 Nichtwähler	230	3	1,3
	Gesamtprozentsatz				81,7
Schritt 2	wahl_2	0 Wähler	1028	0	100,0
		1 Nichtwähler	227	6	2,6
	Gesamtprozentsatz				82,0
Schritt 3	wahl_2	0 Wähler	1028	0	100,0
		1 Nichtwähler	227	6	2,6
	Gesamtprozentsatz				82,0

a. Der Trennwert lautet ,810

Die Tabelle der Klassifikationen als Maßstab für die Modellgüte heranzuziehen, ist allerdings mit einigen Schwierigkeiten behaftet, die zunächst genauer beschrieben werden sollen. Wesentlich hierfür ist, dass sowohl der Gesamtprozentsatz der gültigen Klassifikationen, wie auch die Anteile der korrekt klassifizier-

Kapitel 4: Logistische Regressionsanalyse 131

ten Fälle in den einzelnen Gruppen von der Gruppengröße bzw. vom festgelegten Trennwert abhängen. Dies bedeutet erstens, dass die Güte der Klassifikation nur in Hinblick auf diese Größe(n) beurteilt werden kann. Zweitens wird bei sehr unterschiedlicher Gruppengröße die größere Gruppe sehr gut erkannt, die kleinere Gruppe sehr schlecht. Häufig möchte man jedoch eine gute Klassifikation beider Gruppen erreichen. In diesem Fall muss man zunächst einen geeigneten Trennwert festlegen. In unserem Beispiel werden die Wähler fast vollständig korrekt klassifiziert, die Nichtwähler dagegen praktisch gar nicht.

Um dieses Ergebnis zu verstehen, müssen wir uns die Zuordnungsregel zu den Gruppen verdeutlichen: Müsste man alle Fälle alleine auf der Basis der Information klassifizieren, dass in der Stichprobe 18,5% Nichtwähler und 81,5% Wähler zu finden sind, würde man die wenigsten Fehler machen, wenn man alle Fälle der Gruppe der Wähler zuordnen würde. Genau auf dieser Regel basiert der Algorithmus der logistischen Regression: In der „Klassifizierungstabelle" im Anfangsblock werden alle Fälle stets der größeren der beiden Gruppen zugeordnet, egal ob es sich dabei um die zu schätzende Ausprägung 1 oder die Gruppe mit der Ausprägung 0 handelt. Durch eine Verschiebung des Cut-Off-Werts wird diese Zuordnung dann verändert. Im „Histogramm der beobachteten und geschätzten Gruppenzugehörigkeit" werden für jede Stufe der Modellbildung die beobachteten und die geschätzten Gruppenzugehörigkeiten ausgewiesen. Nachstehend wird aber, aus Platzgründen, nur die letzte Stufe (Schritt 3) dargestellt.

Das Histogramm zeigt die Zuordnung der Fälle und verdeutlicht noch einmal die Problematik des Cut-Off-Wertes: Im Diagramm sind die Häufigkeiten der auf Basis des Modells prognostizierten Wahrscheinlichkeiten dargestellt. Darunter wird in der Zeile mit den Buchstaben „W" und „N" dargestellt, ab welcher Wahrscheinlichkeit eine Person als Nichtwähler klassifiziert wird. Das Muster der Häufigkeiten bleibt immer gleich, unabhängig vom definierten Cut-Off-Wert. Die Zuordnung zu einer der beiden Gruppen ändert sich jedoch. In unserem Beispiel führen Werte $> 0,81$ zur Klassifikation als Nichtwähler. Man sieht, dass sich die Nichtwähler zwar im höheren Wertebereich befinden, aber kaum den Cut-Off-Wert erreichen. Die Wähler dagegen liegen tatsächlich alle unter dem Cut-Off-Wert und werden bei dieser Aufteilung dann korrekt klassifiziert.

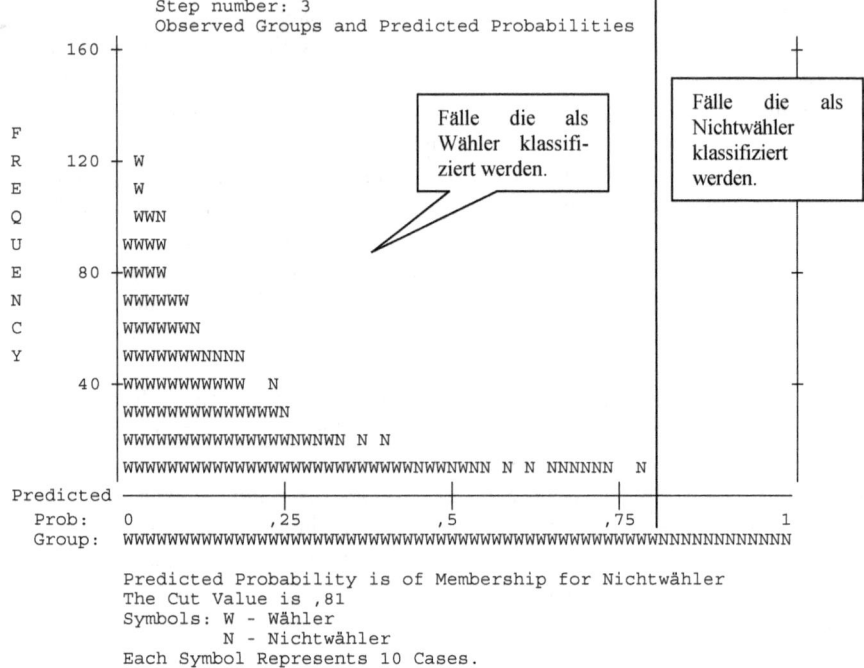

Wäre es möglich, die beiden untersuchten Gruppen durch ein Modell perfekt zu trennen, so würden sich ihre Wahrscheinlichkeitsverteilungen nicht überlappen. Wenn man wüsste, welchen Wert eine Person bei den Gruppenwahrscheinlichkeiten hat, könnte man sie fehlerfrei einer der beiden Gruppen zuordnen. In der Realität wird dies allerdings kaum jemals der Fall sein. Die nachstehenden Grafiken zeigen die Verteilung der Wahrscheinlichkeiten in unseren beiden Gruppen[27]

---

[27] Diese Wahrscheinlichkeiten hängen nur von der Modellgüte ab, nicht von der Gruppengröße bzw. dem Trennwert!

Kapitel 4: Logistische Regressionsanalyse

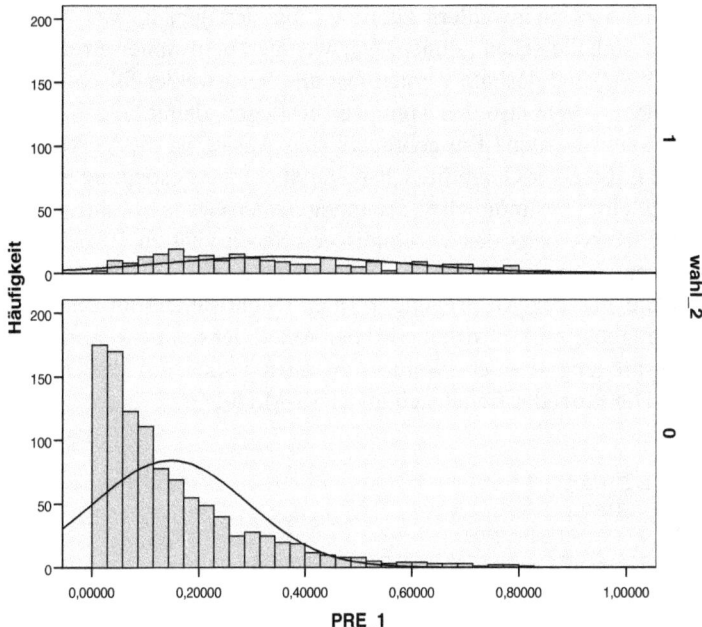

Die Grafiken[28] lassen erkennen, dass sich die Wertebereiche für beide Gruppen stark überschneiden, dass aber in der Gruppe der Wähler höhere Werte sehr viel seltener sind. Ein Mittelwertvergleich der auf Basis der Regressionsfunktion errechneten Wahrscheinlichkeiten verdeutlicht dies: Zwar unterscheiden sich Mittelwert und Median der beiden Gruppen stark, Minimum und Maximum beider Gruppen sind jedoch ziemlich ähnlich.

Bericht

PRE_1 Vorhergesagte Wahrscheinlichkeit

wahl_2	Mittelwert	Median	Standardab weichung	Minimum	Maximum	N
0 Wähler	,1478101	,0984094	,14306503	,00084	,80457	1056
1 Nichtwähler	,3563157	,2935843	,22291994	,01847	,91860	255
Insgesamt	,1883661	,1274236	,18148060	,00084	,91860	1311

Würde man nun die Zuordnung entsprechend dem Kalkül vornehmen, dass der Trennwert derjenige Wert sein soll, der die Anteile der beiden Gruppen an der

---

[28] Die Grafiken müssen mit der Prozedur „GRAPH" erzeugt werden: GRAPH /HISTOGRAM(NORMAL)=PRE_1 /PANEL ROWVAR=main_act ROWOP=CROSS.

Stichprobe repräsentiert und somit alle Personen mit einer Wahrscheinlichkeit von >= 0,815 den Nichtwählern zuordnen, passiert genau, was wir in unserer Klassifikationstabelle sehen können: Nur wenige Nichtwähler erreichen tatsächlich diesen Wert, und deshalb werden fast alle Nichtwähler fälschlich den Wählern zugeordnet. – Wie also den Trennwert festlegen, damit beide Gruppen möglichst gut erkannt werden? Ein gebräuchlicher Ansatz ist die Verwendung einer ROC-Kurve („Receiver Operating Characteristic") zur Festlegung eines Cut-Off-Werts, der zu einer bestmöglichen Trennung *beider* Gruppen führt.

Die ROC-Kurve zeigt das Verhältnis von Sensitivität zu 1-Spezifität, in Abhängigkeit von einem Trennwert. Die Sensitivität ist der Anteil der richtig klassifizierten Fälle mit der Ausprägung 1 (hier: Nichtwähler) an allen Fällen mit dieser Ausprägung; mit Spezifität wird der Anteil der richtig klassifizierten Fälle mit der Ausprägung 0 (hier: Wähler) an allen Fällen mit dieser Ausprägung bezeichnet. Die Prozedur findet sich im SPSS-Modul Grafiken.

```
ROC
   PRE_1  BY wahl_2 (1)
   /PLOT = CURVE(REFERENCE)
   /PRINT = COORDINATES
   /CRITERIA = CUTOFF(INCLUDE) TESTPOS(LARGE)
      DISTRIBUTION(FREE) CI(95)
   /MISSING = EXCLUDE .
```

Als Testvariable tragen wir die in der logistischen Regressionsanalyse geschätzten Wahrscheinlichkeiten `pre_1` ein (diese ändern sich *nicht* in Abhängigkeit vom Cut-Off-Wert!). Bei der „Zustandsvariable" `wahl_2` muss die geschätzte Ausprägung angegeben werden, hier also 1 („Nichtwähler"). Die gekrümmte Kurve zeigt für verschiedene Cut-Off-Werte das Verhältnis von Sensivität und 1-Spezifität. Bei einem Modell ohne diagnostischen Wert würden alle Punkte auf der Diagonale liegen. Je stärker die ROC-Kurve von der Diagonale abweicht, desto besser ist das Modell.

ROC-Kurve

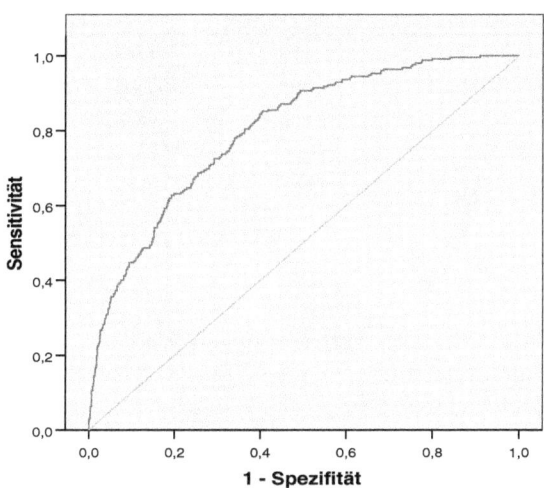

Als Hinweis auf die Modellgüte kann die Fläche unter der Kurve dienen, die im Idealfall den Wert 1 annimmt.

Fläche unter der Kurve

Variable(n) für Testergebnis: PRE_1
Vorhergesagte Wahrscheinlichkeit

Fläche
,800

In unserem Beispiel beträgt die Fläche unter der Kurve 0,8. Dies bestätigt die Ergebnisse der logistischen Regressionsanalyse, nach denen das Modell relativ gut funktioniert. Für die Festlegung eines geeigneten Cut-Off-Werts benötigen wir die Tabelle „Koordinaten der Kurve", die Bestandteil des SPSS-Outputs ist und deren erste Zeilen nachstehend abgebildet sind.

Koordinaten der Kurve Variable(n) für Testergebnis: PRE_1 Vorhergesagte Wahrscheinlichkeit		
Positiv, wenn größer oder gleich	Sensitivität	1 - Spezifität
0,0000000	1,000	1,000
0,0009481	1,000	0,999
0,0016811	1,000	0,998
0,0031845	1,000	0,997
0,0040825	1,000	0,996
...	...	...
...	...	...
...	...	...

Wir suchen nun als Cut-Off-Wert denjenigen Wert der Wahrscheinlichkeiten, der Sensitivität und Spezifität maximiert. Ein geeignetes Maß hierfür ist Youden's J. Dazu wird nachstehender Term maximiert:

$$Youdens's\,J = \max\{(Sensitivität - (1 - Spezifität))\}$$

Praktisch gehen wir dazu am besten so vor, dass wir die Tabelle (die 1.310 Zeilen hat – 1.311 Fälle minus 1) in eine Excel-Tabelle kopieren und dann folgende Schritte ausführen:
- (1) Berechnen der Differenz aus Sensitivität – (1-Spezifität) (1)
- (2) Fälle nach (1) absteigend sortieren. Der Wert von pre_1 an der Stelle des größten Wertes ist der geeignete Cut-Off-Wert.

Mit diesem Verfahren ergibt sich ein Cut-Off-Wert von 0,13. Diesen setzen wir nun in die Modellgleichung ein (Modell ohne Interaktionseffekte, „/METHOD FSTEP(COND)", siehe oben). Die Klassifizierungstabelle zeigt, dass nun die Nichtwähler sehr viel besser erkannt werden.

Kapitel 4: Logistische Regressionsanalyse

Klassifizierungstabelle[a]

Beobachtet			Vorhergesagt		
			wahl_2		Prozentsatz
			0 Wähler	1 Nichtwähler	der Richtigen
Schritt 1	wahl_2	0 Wähler	606	422	58,9
		1 Nichtwähler	41	192	82,4
	Gesamtprozentsatz				63,3
Schritt 2	wahl_2	0 Wähler	619	409	60,2
		1 Nichtwähler	41	192	82,4
	Gesamtprozentsatz				64,3
Schritt 3	wahl_2	0 Wähler	618	410	60,1
		1 Nichtwähler	34	199	85,4
	Gesamtprozentsatz				64,8

a. Der Trennwert lautet ,130

Insgesamt (Schritt 3) werden 64,8% der Befragten im Datensatz ihren korrekten Gruppen zugeordnet. Das Histogramm zeigt die Verschiebung des Cut-Off-Werts von 0,81 auf 0,13 und die dadurch veränderte Klassifizierung.

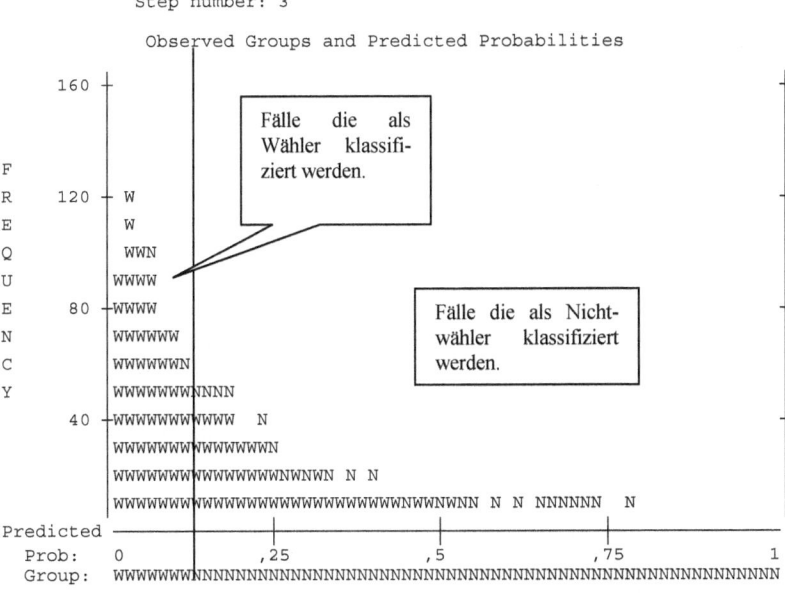

```
Step number: 3

      Observed Groups and Predicted Probabilities

    160 +                                                              +
F       |
R   120 + W                                                            +
E       | W
Q       | WWN
U       | WWWW
E    80 +WWWW                                                          +
N       | WWWWWW
C       | WWWWWWN
Y       | WWWWWWWWNNNN
     40 +WWWWWWWWWWWW   N                                              +
        | WWWWWWWWWWWWWWWN
        | WWWWWWWWWWWWWWWNWNWN N N
        | WWWWWWWWWWWWWWWWWWWWWWWWWWWWNWNWNN N N NNNNNN    N
Predicted ─────────────┼──────────────┼──────────────┼──────────────
  Prob:   0           ,25            ,5            ,75             1
  Group:  WWWWWWWWNNNNNNNNNNNNNNNNNNNNNNNNNNNNNNNNNNNNNNNNNNNNNNNNNNNN

Predicted Probability is of Membership for Nichtwähler
The Cut Value is ,13
Symbols: W - Wähler
         N - Nichtwähler
Each Symbol Represents 10 Cases.
```

Wie ist die korrekte Klassifikation von 64,8% der Fälle nun zu bewerten? Geht man von der maximalen Zufallswahrscheinlichkeit aus, dem Wert, den man bei Kenntnis der Anteile von Wählern und Nichtwählern, zufällig erreichen kann, so wäre das Modell auf den ersten Blick sehr schwach: Bei zufälliger Zuordnung könnte man 87% der Befragten korrekt klassifizieren. Betrachtet man die proportionale Zufallswahrscheinlichkeit[29], die hier bei ca. 77% liegt, so ist das Ergebnis deutlich besser, aber dennoch nicht sehr gut. Allerdings ist hier die sehr unterschiedliche Erkennung der Gruppen zu berücksichtigen. Berücksichtigt man all diese Faktoren, so ist das logistische Regressionsmodell durchaus zufriedenstellend. An einer praktischen Fragestellung kann verdeutlicht werden, warum es sinnvoller ist, nicht den Cut-Off-Wert der Zufallsauswahl (0,815) zu verwenden: Damit würden, wie gezeigt, nur sehr wenige Nichtwähler identifiziert. Möglicherweise sollen in einer Wahlkampagne etc. aber gezielt Nichtwähler angesprochen werden. In diesem Fall würde man so viele – vermutete – Nichtwähler wie möglich erreichen wollen, auch wenn man dabei irrtümlich eine Anzahl von Wählern in die Stichprobe ziehen würde. Es wäre also wichtiger, einen möglichst großen Anteil der kleinen Zielgruppe der Nichtwähler zu identifizieren, als den Fehler zu vermeiden, auch eine Anzahl von Wählern zu ziehen. Auch die Anwendung von Youden's J nimmt uns also die Frage nicht ab, was das Ziel unserer Klassifikation ist: Sollen beide Gruppen möglichst gut erkannt werden oder nehmen wir viele Klassifikationsfehler bei einer Gruppe in Kauf, wenn die andere auf diese Weise sehr gut erkannt wird? Über diese Frage kann stets nur aufgrund inhaltlicher Erwägungen entschieden werden.

Unabhängig von der Methode zur Festlegung des Cut-Off-Werts ist zu bedenken, dass bei Daten, die aus Stichproben stammen, die Trefferquoten überschätzt werden. Sinnvoll ist deshalb einer Kreuzvalidierung des Modells mit einer unabhängigen Stichprobe. Dazu berechnet man erst eine Filtervariable und zieht mit ihrer Hilfe eine Zufallsstichprobe von zum Beispiel 50%. Nach der Berechnung wird die Filterung wieder aufgehoben, die Variable bleibt aber im Datensatz und kann nun von der Prozedur „LOGREG" verwendet werden.

Gegen eine Kreuzvalidierung kann sprechen, dass durch die Verwendung eines Filters die Besetzung einzelner Kategorien sehr gering werden kann, so dass Variablen, die für das Modell der ganzen Stichprobe wichtig waren, aus Gründen der Signifikanz nicht mehr aufgenommen werden und letztlich ein ganz anderes Modell entsteht.

---

[29] Die proportionale Zufallswahrscheinlichkeit berechnet sich als $a^2 + (1-a)^2$; dabei ist a der Anteil einer der beiden Gruppen an der Stichprobe (siehe Backhaus et al. 2006:453).

4.4.6 Beurteilung der einzelnen Prädiktoren

Die Tabelle „Variablen in der Gleichung" zeigt die Aufnahmereihenfolge derjenigen Prädiktoren, die in das Modell aufgenommen werden und gibt zu jedem die Modellkoeffizienten an. Die Koeffizienten können als Gütemaße interpretiert werden und haben folgende Bedeutung:
- B: b-Koeffizient der betrachteten Variable. Da die logistische Funktion nicht an jeder Stelle die gleiche Steigung aufweist, und zudem B von der Merkmalsdimension abhängt, ist Exp(B) das geeignete Maß um die Bedeutung einer Variable abzuschätzen. B informiert aber über die Richtung des Einflusses: ein negatives Vorzeichen bedeutet, dass mit zunehmendem Wert der betrachteten Variable die Wahrscheinlichkeit p(y=1) abnimmt, ein positives Vorzeichen, dass diese Wahrscheinlichkeit zunimmt.
- S.E.: Geschätzter Standardfehler von B.
- Wald, df, Sig.: Test der Hypothese, dass B = 0 ist, die Variable also keinen Einfluss hat; unzuverlässig bei großen Werten von B.
- Exp(B): e-Funktion an der Stelle B. Faktor, um den sich die Chance für das Eintreten von y=1 (im Vergleich zur Chance auf das Nichteintreten) ändert, wenn sich die unabhängige Variable um eine Einheit ändert.
  - Exp(b) < 1 Chance sinkt
  - Exp(b) > 1 Chance steigt
  - Exp(b) = 1 Chance bleibt gleich
- 95% CI for Exp(B): 95%-Konfidenzintervall zu Exp(B). Ein Hinweis auf die Güte der Variable ist, wenn beide Grenzen über oder unter 1 liegen.

Variablen in der Gleichung

		Regressions koeffizientB	Standardf ehler	Wald	df	Sig.	Exp(B)	95,0% Konfidenzintervall für EXP(B)	
								Unterer Wert	Oberer Wert
Schritt 1[a]	agea	-,051	,009	30,906	1	,000	,951	,934	,968
	eduyrs	-,194	,034	33,347	1	,000	,823	,771	,880
	region_2(1)	-,223	,173	1,660	1	,198	,800	,570	1,123
	main_neu			6,824	4	,145			
	main_neu(1)	,276	,338	,666	1	,414	1,318	,679	2,555
	main_neu(2)	,677	,282	5,750	1	,016	1,967	1,132	3,420
	main_neu(3)	,343	,274	1,563	1	,211	1,409	,823	2,412
	main_neu(4)	,172	,376	,209	1	,647	1,188	,568	2,484
	hincfel_neu			16,811	2	,000			
	hincfel_neu(1)	,754	,245	9,490	1	,002	2,125	1,315	3,432
	hincfel_neu(2)	1,181	,289	16,760	1	,000	3,259	1,851	5,737
	trstprl	-,252	,039	41,145	1	,000	,777	,719	,839
	Konstante	3,511	,665	27,866	1	,000	33,492		
Schritt 2[b]	agea	-,049	,009	29,103	1	,000	,952	,935	,969
	eduyrs	-,190	,034	31,793	1	,000	,827	,774	,883
	region_2(1)	-,087	,180	,236	1	,627	,916	,644	1,303
	main_neu			6,410	4	,171			
	main_neu(1)	,326	,340	,917	1	,338	1,385	,711	2,697
	main_neu(2)	,656	,282	5,391	1	,020	1,927	1,108	3,351
	main_neu(3)	,301	,277	1,177	1	,278	1,351	,785	2,325
	main_neu(4)	,211	,374	,317	1	,573	1,235	,593	2,573
	hincfel_neu			14,532	2	,001			
	hincfel_neu(1)	,734	,246	8,915	1	,003	2,083	1,287	3,372
	hincfel_neu(2)	1,101	,290	14,371	1	,000	3,006	1,702	5,311
	trstprl	-,197	,044	20,424	1	,000	,821	,754	,894
	stfdem	-,113	,039	8,293	1	,004	,893	,827	,965
	Konstante	3,669	,669	30,087	1	,000	39,210		
Schritt 3[c]	agea	-,050	,009	29,447	1	,000	,952	,935	,969
	eduyrs	-,190	,034	31,402	1	,000	,827	,774	,884
	region_2(1)	-,086	,180	,231	1	,631	,917	,645	1,305
	main_neu			5,828	4	,212			
	main_neu(1)	,352	,342	1,061	1	,303	1,422	,728	2,779
	main_neu(2)	,615	,284	4,700	1	,030	1,849	1,061	3,224
	main_neu(3)	,293	,279	1,101	1	,294	1,340	,776	2,314
	main_neu(4)	,203	,374	,294	1	,588	1,225	,589	2,548
	hincfel_neu			13,643	2	,001			
	hincfel_neu(1)	,725	,246	8,701	1	,003	2,065	1,275	3,344
	hincfel_neu(2)	1,069	,292	13,400	1	,000	2,911	1,643	5,159
	ppltrst	-,063	,038	2,831	1	,092	,939	,872	1,010
	trstprl	-,182	,044	16,850	1	,000	,833	,764	,909
	stfdem	-,106	,039	7,211	1	,007	,900	,833	,972
	Konstante	3,887	,685	32,232	1	,000	48,787		

a. In Schritt 1 eingegebene Variablen: trstprl.
b. In Schritt 2 eingegebene Variablen: stfdem.
c. In Schritt 3 eingegebene Variablen: ppltrst.

Kapitel 4: Logistische Regressionsanalyse 141

Die Variable eduyrs trennte im ersten Eingabe-Block auf der ersten Stufe am besten und wurde deshalb als erste in das Modell aufgenommen (zur Erinnerung: Dort waren nur die soziodemografischen Variablen im Modell!).[30]

Bei der blockweisen Analyse unabhängiger Variablen bleiben stets alle Variablen im Modell, die in einem Block den Anforderungen entsprachen. Aus diesem Grund ist in der Tabelle die Variable region_2 ausgewiesen: Sie war bei alleiniger Betrachtung der soziodemografischen Variablen (Block 1) signifikant, ist es aber nicht mehr, wenn alle Variablen im Modell sind (Block 3). Wir rechnen deshalb später noch ein Modell, das alle Variablen, die bei der Analyse mit drei Merkmalsblöcken im Modell bleiben, gleichzeitig prüft. Dabei dürfte dann region_2 aus dem Modell ausgeschlossen werden.

Wir sehen, dass das Alter die Odds für „Nichtwählen" leicht, Bildung hingegen deutlich reduziert. Eine ungünstige ökonomische Situation des Haushalts (hinc_neu) erhöht die Odds sehr stark. Dabei haben alle Indikator-Variablen, die aus der ursprünglichen Variable gebildet wurden, einen signifikanten und eindeutigen Einfluss; eindeutig ist der Einfluss eines Merkmals immer dann, wenn die Grenzen des Konfidenzintervalls für Exp(B) bei allen Indikator-Variablen entweder beide > 1 oder beide < 1 sind. Von der Variable main_neu bleibt nur die Ausprägung „arbeitslos" signifikant. Sie erhöht die Odds deutlich. Von den Einstellungsvariablen bleiben generelles Vertrauen in andere Menschen (ppltrst), Vertrauen in das Parlament (trstprl) und Zufriedenheit mit dem Funktionieren der Demokratie (stfdem) im Modell. Alle drei haben einen negativen Effekt auf die Odds für Nichtwählen – je geringer die jeweilige Variable ausgeprägt ist, desto größer die Odds.

Nicht aufgenommen wurden die Variablen, die Vertrauen in das Rechtssystem, in Politiker und generell Lebenszufriedenheit messen. Sie alle werden nicht signifikant, wie die Tabelle „Variablen nicht in der Gleichung" ausweist.

---

[30] In der Tabelle werden die Variablen nicht in der Aufnahmereihenfolge aufgeführt, sondern in der Reihenfolge, in der sie in der Befehlssyntax stehen!

Variablen nicht in der Gleichung

			Wert	df	Sig.
Schritt 1	Variablen	ppltrst	3,950	1	,047
		trstlgl	1,674	1	,196
		trstplt	,417	1	,518
		stflife	1,566	1	,211
		stfdem	8,378	1	,004
	Gesamtstatistik		11,700	5	,039
Schritt 2	Variablen	ppltrst	2,840	1	,092
		trstlgl	,290	1	,590
		trstplt	,038	1	,845
		stflife	,456	1	,499
	Gesamtstatistik		3,316	4	,506
Schritt 3	Variablen	trstlgl	,117	1	,732
		trstplt	,003	1	,957
		stflife	,386	1	,534
	Gesamtstatistik		,477	3	,924

4.4.7 Ausreißererkennung

Neben einer ungünstigen Auswahl der unabhängigen Variablen kann eine schlechte Modellanpassung auch durch Ausreißer bewirkt werden: Merkmalsträger, die aufgrund ihrer ganz atypischen Merkmalsausprägungen nicht vom Modell beschrieben werden können.

SPSS bietet die Möglichkeit Ausreißer zu identifizieren. Grundlage ist die Betrachtung der Residuen, also der Abweichungen zwischen tatsächlicher Gruppenzugehörigkeit und der geschätzten Wahrscheinlichkeit p(y=1). Als Klassifikationsfehler wird üblicherweise eine Abweichung > 0,5 betrachtet. Auf Basis der Residuen werden Maße für die vorgeschlagen, die die Schwere des Fehlers berücksichtigen, insbesondere das Pearson-Residuum. Nachstehend werden die Fälle aus dem Beispieldatensatz aufgeführt, deren Z-Residuen > 2 sind (die Tabelle wurde abgeschnitten). Treten diese Fälle nur selten auf, kann man sie aus der Analyse ausschließen, um so eine bessere Modellanpassung zu erreichen.

Fallweise Liste[b]

Fall	Ausgewählter Status[a]	Beobachtet wahl_2	Vorhergesagt	Vorhergesagte Gruppe	Temporäre Variable Resid	Temporäre Variable ZResid
20	S	N**	,103	W	,897	2,954
37	S	N**	,077	W	,923	3,453
41	S	N**	,117	W	,883	2,752
49	S	N**	,035	W	,965	5,223
86	S	N**	,126	W	,874	2,629
128	S	N**	,028	W	,972	5,901
130	S	N**	,134	W	,866	2,539
135	S	N**	,095	W	,905	3,092
138	S	N**	,106	W	,894	2,912
229	S	N**	,137	W	,863	2,511
330	S	N**	,089	W	,911	3,203
361	S	N**	,056	W	,944	4,094
426	S	N**	,049	W	,951	4,419
445	S	N**	,104	W	,896	2,937
461	S	N**	,082	W	,918	3,349
506	S	N**	,041	W	,959	4,851
554	S	N**	,060	W	,940	3,944
560	S	N**	,119	W	,881	2,724
565	S	N**	,136	W	,864	2,525
625	S	N**	,102	W	,898	2,964
632	S	N**	,072	W	,928	3,603
663	S	N**	,105	W	,895	2,921
702	S	N**	,044	W	,956	4,641
717	S	N**	,132	W	,868	2,559
743	S	N**	,043	W	,957	4,714
784	S	N**	,078	W	,922	3,445
809	S	N**	,045	W	,955	4,606

4.5 Modell 2 – mit Interaktionseffekten

Bisher wurde davon ausgegangen, dass die einzelnen Regressoren weitgehend unabhängig voneinander auf die Kriteriumsvariable einwirken. Diese Annahme ist jedoch häufig zu einfach, da Interaktionseffekte vorliegen können: Die Auswirkung eines Regressors auf das Kriterium wird dann vom Einfluss eines oder mehrerer anderer Regressoren beeinflusst. Das bedeutet, dass bei verschiedenen Ausprägungen eines Regressors unterschiedliche b-Koeffizienten eines anderen Regressors auftreten. Um ein den wirklichen Zusammenhängen gut angepasstes Modell entwickeln zu können, sollten deshalb immer Modelle mit und ohne Berücksichtigung von Interaktionseffekten entwickelt und miteinander verglichen werden. Ist es sinnvoll, Interaktionseffekte zu modellieren, so werden entsprechende neu gebildete, multiplikative Variablen *zusätzlich* in das Modell aufgenommen.

Welche Interaktionen untersucht werden, ist stets eine inhaltliche Frage. In unserem Beispiel ist es unter anderem interessant, mögliche Interaktionseffekte zwischen Bildung und Erwerbsstatus (main_neu) zu untersuchen. Möglicherweise spielt das Bildungsniveau eine Rolle dafür, unter welchen (Erwerbsstatus-)Bedingungen eine Präferenz für Nichtwählen besteht. Außerdem soll geprüft werden, ob der Erwerbsstatus in beiden Teilen Deutschlands die gleiche Bedeutung hat. Um mögliche Interaktionseffekte zu überprüfen, wird die Syntax wie folgt verändert (dabei beschränken wir uns nun auf die Variablen, die in das Modell ohne Interaktionseffekte aufgenommen wurden):

```
LOGISTIC REGRESSION wahl_2
   /METHOD = fstep(cond) agea eduyrs region_2 main_neu
hincfel_neu
   ppltrst trstprl stfdem eduyrs*main_neu region_2*main_neu
   /CONTRAST (region_2) = INDICATOR(1)
   /CONTRAST (main_neu)=INDICATOR(1)   /CONTRAST
(hinc_neu)=INDICATOR(1)
   /CONTRAST(hincfel_neu) = INDICATOR(1)
   /CLASSPLOT /CASEWISE OUTLIER(2)
   /PRINT = GOODFIT CORR SUMMARY CI(95)
   /CRITERIA = PIN(.1) POUT(.15) ITERATE(20) CUT(.13) .
```

Die einzige Veränderung besteht also darin, die Interaktionsterme eduyrs*main_neu und region_2*main_neu einzufügen. Damit entstehen – bezogen auf die Interaktion von region_2 und main_neu vier neue Variablen: main_neu(1) by region_neu(1), main_neu(2) by region_neu(1), main_neu(3) by region_neu(1), main_neu(4) by region_neu(1). Jede dieser Variablen ist mit 0 und 1 codiert, wobei 1 bedeutet, dass die Kombination beider Merkmale vorliegt. Es entsteht auch eine neue Referenzkategorie, nämlich die Kombination von region_neu = „Westdeutschland" und „Erwerbsarbeit". Die ursprünglichen Regressoren eines Interaktionsterms müssen stets auch zusätzlich einzeln in das Modell eingegeben werden.

Leider wird bei der Berechnung des Modells der Interaktionsterm main_neu*region_2 nicht aufgenommen, da er nicht signifikant ist. Aus didaktischen Gründen soll dieser Term jedoch im Modell enthalten sein, weshalb die Methode zur Aufnahme der Variablen in „METHOD ENTER" verändert wird. Die Koeffizienten der anderen Terme ändern sich dadurch nur geringfügig.

Kapitel 4: Logistische Regressionsanalyse

Variablen in der Gleichung

		Regressions koeffizientB	Standardf ehler	Wald	df	Sig.	Exp(B)	95,0% Konfidenzintervall für EXP(B) Unterer Wert	Oberer Wert
Schritt 1	agea	-,052	,009	34,609	1	,000	,949	,933	,966
	eduyrs	-,216	,043	25,292	1	,000	,806	,741	,876
	region_2(1)	,166	,214	,596	1	,440	1,180	,775	1,797
	main_neu			6,753	4	,150			
	main_neu(1)	2,845	2,049	1,928	1	,165	17,203	,310	954,528
	main_neu(2)	,881	1,359	,420	1	,517	2,412	,168	34,640
	main_neu(3)	-1,022	1,293	,625	1	,429	,360	,029	4,539
	main_neu(4)	-2,689	1,588	2,867	1	,090	,068	,003	1,527
	hincfel_neu			14,065	2	,001			
	hincfel_neu(1)	,738	,238	9,580	1	,002	2,091	1,311	3,337
	hincfel_neu(2)	1,045	,284	13,572	1	,000	2,842	1,630	4,954
	ppltrst	-,059	,036	2,654	1	,103	,942	,877	1,012
	trstprl	-,184	,043	18,472	1	,000	,832	,765	,905
	stfdem	-,085	,038	5,090	1	,024	,918	,853	,989
	eduyrs * main_neu			8,401	4	,078			
	eduyrs by main_neu	-,147	,143	1,064	1	,302	,863	,652	1,142
	eduyrs by main_neu	,021	,105	,039	1	,844	1,021	,831	1,254
	eduyrs by main_neu	,097	,087	1,244	1	,265	1,102	,929	1,307
	eduyrs by main_neu	,274	,113	5,923	1	,015	1,316	1,055	1,641
	region_2 * main_neu			5,061	4	,281			
	region_2(1) by main_neu(1)	-,710	,643	1,217	1	,270	,492	,139	1,736
	region_2(1) by main_neu(2)	-,995	,518	3,687	1	,055	,370	,134	1,021
	region_2(1) by main_neu(3)	-,120	,711	,028	1	,866	,887	,220	3,576
	region_2(1) by main_neu(4)	-,773	,711	1,184	1	,276	,461	,115	1,858
	Konstante	4,100	,768	28,515	1	,000	60,354		

a. In Schritt 1 eingegebene Variablen: agea, eduyrs, region_2, main_neu, hincfel_neu, ppltrst, trstprl, stfdem, eduyrs * ma main_neu .

Von den Interaktionstermen ist lediglich die Interaktion von Bildung und Erwerbsstatus signifikant. Doch was genau wird bei der Betrachtung von Interaktionseffekten eigentlich verglichen? Welche Odds bzw. Odds Ratios werden betrachtet? Und welche Bedeutung haben die Einzelvariablen, aus denen ein Interaktionsterm besteht nun? – Wir müssen verschiedene Koeffizienten und dabei zusätzlich zwischen quantitativen (hier: eduyrs) und qualitativen (hier: region_2, main_neu) Prädiktoren unterscheiden (vgl. Jaccard 2001: 21ff.):

(1) *Koeffizienten der ursprünglichen Regressoren.* Wir betrachten zunächst die Effekte der beiden kategorialen Regression region_2 und main_neu: Zum besseren Verständnis der Koeffizienten sollte man sich zunächst noch einmal ihre Bedeutung im Allgemeinen vergegenwärtigen: Sie bringen stets den Vergleich verschiedener Odds Ratios zum Ausdruck. Im *Haupteffekte-Modell* vergleicht Exp(b) das Chancenverhältnis jeder betrachteten Kategorie mit der Referenzkategorie. Beispiel region_2: Die Odds Ratio für main_neu(2), das sind

Arbeitslose, beträgt dort 1,849. Das bedeutet, die Odds auf Nichtwählen vs. Wählen sind für Arbeitslose um fast 85% größer als für Erwerbstätige, die Referenzkategorie. Verglichen werden die Terme (1) Arbeitslose Nichtwähler/Arbeitslose Wähler mit (2) Erwerbstätige Nichtwähler/Erwerbstätige Wähler. Dabei werden keine Gruppenunterschiede berücksichtigt; es wird so getan, als sei dieses Verhältnis immer gleich, unabhängig zum Beispiel vom Alter oder der Bildung der Erwerbstätigen und Arbeitslosen.

Im *Modell mit Interaktionseffekten* dagegen berücksichtigt man genau diese Unterschiede, indem man entsprechende Terme definiert. Die Exp(b)-Werte eines Regressors im Interaktionsterm bringen dann den Vergleich mit der Referenzkategorie der jeweils anderen Variablen des Interaktionsterms zum Ausdruck. Es ist deshalb für die Interpretation sinnvoll eine der beiden Variablen zu fokussieren und die andere als Moderatorvariable zu betrachten. Anders ausgedrückt: Die Koeffizienten der ursprünglichen Regressoren bezeichnen nicht länger Haupteffekte, sondern bedingte Effekte, unter der Bedingung, dass die Moderatorvariable den Wert ihrer Referenzkategorie hat.

Wenn wir unseren Interaktionsterm `region_2(1)*main_neu(2)` betrachten, können wir uns zum Beispiel fragen, ob die Tatsache, arbeitslos zu sein (Fokus-Variable `main_neu(2)`) einen gleichermaßen positiven Effekt auf die Odds für Nichtwählen hat, unabhängig davon, wo die Befragungsperson lebt (Moderatorvariable). Umgekehrt könnte man sich fragen, ob die Tatsache, in Ost- oder Westdeutschland zu leben, gleichermaßen wichtig ist, egal, welchen Erwerbsstatus eine Person hat.[31] Wir entscheiden uns dafür, den Erwerbsstatus als Fokusvariable zu interpretieren. Die Odds Ratio (Exp(B)-Wert) der Ausprägung `main_neu(2)`, also „Arbeitslosigkeit", kommt zustande, indem die Odds von Arbeitslosen und Erwerbstätigen auf Nichtwählen jeweils nur für Ostdeutschland berechnet und daraus die Odds Ratio gebildet wird. Der Wert 2,414 bedeutet also, dass die Odds auf Nichtwählen in Ostdeutschland für Arbeitslose 2,4-mal so hoch sind wie für Erwerbstätige. Über westdeutsche Befragte wird an dieser Stelle gar nichts ausgesagt! Wollten wir die Odds Ratio von Arbeitslosen und Erwerbstätigen für Westdeutsche berechnen, müssten wir die entsprechende Ausprägung von `region_2` als Referenzkategorie definieren. Wichtig für die Interpretation ist, dass die Größe der Koeffizienten nur im jeweils spezifizierten Modell gilt, also in der Kombination mit allen anderen Variablen im Modell. Die Exp(b)-Koeffizienten geben also nicht die Odds Ratios und deren Verhältnis im Datensatz an, sondern die Odds Ratios, die sich ergeben, wenn man die Viel-

---

[31] Da es sich ja um multiplikative Terme handelt, ist es egal, welche Variable in der Syntax an erster Stelle aufgeführt wird.

Kapitel 4: Logistische Regressionsanalyse

zahl der Modellvariablen gleichzeitig berücksichtigt. Da das Verständnis der Koeffizienten erst einmal ziemlich schwierig ist, empfiehlt es sich, ein Modell nur mit den beiden Regressoren main_neu und region_2 zu rechnen. Dafür können die Odds dann zum besseren Nachvollziehen selbst aus der Kreuztabelle von Region, Erwerbsstatus und Wahlbeteiligung berechnet werden.

main_neu Hauptaktivität (neu) * wahl_2 * region_2 Kreuztabelle

region_2					wahl_2		Gesamt
					0 Wähler	1 Nichtwähler	
0 D-Ost	main_neu Hauptaktivität (neu)	1 Erwerbsarbeit	Anzahl		255	57	312
			% von main_neu Hauptaktivität (neu)		81,7%	18,3%	100,0%
		2 Ausbildung	Anzahl		20	12	32
			% von main_neu Hauptaktivität (neu)		62,5%	37,5%	100,0%
		3 Arbeitslos	Anzahl		24	36	60
			% von main_neu Hauptaktivität (neu)		40,0%	60,0%	100,0%
		4 Hausfrau/-mann	Anzahl		10	7	17
			% von main_neu Hauptaktivität (neu)		58,8%	41,2%	100,0%
		5 sonstige	Anzahl		12	5	17
			% von main_neu Hauptaktivität (neu)		70,6%	29,4%	100,0%
	Gesamt		Anzahl		321	117	438
			% von main_neu Hauptaktivität (neu)		73,3%	26,7%	100,0%
1 D-West	main_neu Hauptaktivität (neu)	1 Erwerbsarbeit	Anzahl		557	97	654
			% von main_neu Hauptaktivität (neu)		85,2%	14,8%	100,0%
		2 Ausbildung	Anzahl		42	13	55
			% von main_neu Hauptaktivität (neu)		76,4%	23,6%	100,0%
		3 Arbeitslos	Anzahl		25	15	40
			% von main_neu Hauptaktivität (neu)		62,5%	37,5%	100,0%
		4 Hausfrau/-mann	Anzahl		89	26	115
			% von main_neu Hauptaktivität (neu)		77,4%	22,6%	100,0%
		5 sonstige	Anzahl		37	10	47
			% von main_neu Hauptaktivität (neu)		78,7%	21,3%	100,0%
	Gesamt		Anzahl		750	161	911
			% von main_neu Hauptaktivität (neu)		82,3%	17,7%	100,0%

Das Regressionsmodell mit dem Unterbefehl „/METHOD ENTER region_2 main_neu region_2*main_neu" (also *nur* mit diesen Variablen!) ergibt für die Ausprägung main_neu(2) einen Wert von 6,7. Mit anderen Worten: betrachtet man nur die beiden Variablen haben ostdeutsche Arbeitslose 6,7-mal höhere Odds auf Nichtwählen als ostdeutsche Erwerbstätige. Dies wollen wir nun aus der Kreuztabelle nachvollziehen.

- Odds ostdeutscher Arbeitsloser: 36/24 = 1,5
- Odds ostdeutscher Erwerbstätiger: 57/255 = 0,223
- Odds Ratio: 1,5/0,223 = 6,7

Etwas anders ist die Interpretation, wenn eine der Variablen im Interaktionsterm kontinuierlich ist: In unsrem Beispiel ist dies eduyrs im Interaktionsterm eduyrs*main_neu. Der Exp(B)-Koeffizient für eduyrs beträgt 0,806. Wir definieren eduyrs als Fokus-Variable, fragen also, wie der Effekt von Bildung durch den Erwerbsstatus moderiert wird. Der Exp(B)-Wert für eduyrs gibt dann an, wie sich die Odds auf Nichtwählen mit jedem zusätzlichen Jahr an Bildung für Erwerbstätige (die Referenzkategorie von main_neu) verändern.

In unserem Anwendungsbeispiel ist kein Interaktionsterm mit zwei kontinuierlichen Variablen enthalten. Abschließend soll dennoch kurz erläutert werden, wie in diesem Fall die Koeffizienten der ursprünglichen Regressoren zu interpretieren wären: Angenommen wir untersuchen die Interaktion der Variablen eduyrs*agea. Wir definieren eduyrs als Fokus-Variable, fragen also, welchen Effekt die Zahl der Jahre im Bildungswesen auf die Odds für Nichtwählen hat und wie dieser durch das Alter moderiert wird. Der Exp(B)-Wert für eduyrs gibt dann an, wie sich die Odds auf Nichtwählen verändern, wenn die Zahl der Bildungsjahre um eine Einheit zunimmt und das Alter gleich Null (bzw. gleich dem kleinsten gemessenen Wert) ist. Es sei der kleinste Wert für Alter im Datensatz 18 Jahre. Ein Koeffizient von -0,01 würde dann bedeuten, dass eine Zunahme der Bildungsjahre um 1 Jahr eine Reduktion der Chancen auf Nichtwählen um den Faktor 0,01 bewirkt.

(2) *Koeffizienten der Interaktionsterme*: Wesentlich einfacher ist die Interpretation der Koeffizienten, wenn man die Interaktionsterme betrachtet. Nun werden im ersten Beispiel die Odds Ratios der verschiedenen Kombinationen von Erwerbsstatus und Region mit der Odds Ratio in der kombinierten Referenzgruppe „erwerbstätige ostdeutsche Befragte" verglichen. Wenn wir main_neu als Fokus- und region_2 als Moderatorvariable betrachten, vergleichen wir folgende Terme: Für Westdeutschland werden die Odds der Arbeitslosen mit den Odds der Erwerbstätigen auf Nichtwählen verglichen (Gleiches gilt für alle anderen Erwerbsstatus). Diese Odds Ratio wird zur Odds Ratio der Ostdeutschen in Beziehung gesetzt: Die Odds für den Term ergeben sich also aus:
- Odds Ratio West: (Arbeitslose Nichtwähler West/Arbeitslose Wähler West) / (Erwerbstätige Nichtwähler West / Erwerbstätige Wähler West) (1)
- Odds Ratio Ost: (Arbeitslose Nichtwähler Ost / Arbeitslose Wähler Ost) / (Erwerbstätige Nichtwähler Ost / Erwerbstätige Wähler Ost) (2)
- Odds Ratio für Interaktionsterm: (1) / (2)

Während somit bei den „Haupteffekten", also dem Modell mit den ursprünglichen Variablen, zwei Odds miteinander verglichen werden, werden nun zwei Odds *Ratios* verglichen. Die Odds Ratio von 0,370 informiert uns also darüber, dass Arbeitslosigkeit im Westen einen weitaus geringeren Effekt auf die Entscheidung für Nichtwählen hat als in Ostdeutschland. Für die Interaktion zweier kontinuierlicher Variablen gilt, dass der Exp(B)-Wert des Koeffizienten zum Ausdruck bringt, um welchen multiplikativen Faktor sich der Effekt die Fokus-Variable ändert, wenn sich die Moderator-Variable um eine Einheit ändert.

Für welches Modell sollten wir uns in unserem Anwendungsbeispiel entscheiden, für das Modell ohne oder mit Interaktionseffekten? Da sich im Beispiel die Modellgüte kaum verbessert (Nagelkerkes R^2 nimmt nur minimal zu, von 29,6% auf 29,8%), spielen Interaktionseffekte offensichtlich keine große Rolle. Das Modell mit Haupteffekten ist deshalb für unsere Fragestellung ausreichend. Häufig aber bringen Interaktionseffekte erheblichen zusätzlichen Erklärungsgewinn und sollten deshalb stets geprüft werden.[32]

5 Die multinomiale logistische Regressionsanalyse

5.1 Das Modell

Das multinomiale Modell der logistischen Regression stellt eine Erweiterung für den Fall dar, dass die abhängige Variable mehr als zwei Ausprägungen k hat. In diesem Fall gibt es auch k Logits, von denen jedoch nur k-1 Logits berechnet werden müssen; das restliche Logit kann aus den anderen abgeleitet werden. Zur Berechnung der Logits wird eine der Ausprägungen als Referenzkategorie definiert. Die b-Koeffizienten und Odds-Ratios geben nun an, wie sich bei Veränderung der unabhängigen Variablen die Chance verändert, dass ein Merkmalsträger zur beobachteten Gruppe im Vergleich zu der Referenzgruppe gehört.

Wie im binären Modell wird eine Maximum-Likelihood Schätzung durchgeführt, mit dem Ziel die b-Koeffizienten so zu schätzen, dass die resultierende Gleichung die k Ausprägungen der abhängigen Variablen bestmöglich trennt. Es werden nun k-1 Effektgrößen betrachtet.[33]

Ein wichtiger Unterschied zur binären Regression ergibt sich bei der SPSS-

---

[32] Da in unserem Beispiel zwei verschiedenen Regionen verglichen werden, sollte auch überlegt werden, ein logistisches Mehrebenenmodell zu berechnen.
[33] Zur Berechnung des Modells siehe Baltes-Götz 2006: 50f.

Prozedur „NOMREG" daraus, dass dieses Verfahren eigentlich aggregierte Daten voraussetzt, d.h. Gruppen von Fällen mit identischem Prädiktorenmuster. Bei der Schätzung des Modells werden nicht Individualdaten, sondern Prädiktor-Wertekombinationen betrachtet. Für die Schätzung der Modellparameter hat dies keine Konsequenzen, jedoch werden unterschiedliche Tests für die Beschreibung der Anpassungsgüte des Modells verwendet (Baltes-Götz 2006: 7f.). Wenn Individualdaten vorliegen, sollte grundsätzlich überlegt werden, ob nicht die Berechnung einer Serie von binären Partialmodellen der bessere Weg ist (a. a. O.: 55).

Bei der Berechnung multinomialer Schätzmodelle unterscheidet man zwischen Modellen, die lediglich Haupteffekte enthalten und sog. gesättigten Modellen.

5.2 Ein Anwendungsbeispiel mit SPSS

Für die Berechnung einer multinomialen logistischen Regression erweitern wir die abhängige Variable unseres bisherigen Anwendungsbeispiels: Nun werden nicht mehr nur Wähler und Nichtwähler unterschieden, sondern Wähler von SPD, CDU/CSU, Bündnis 90 / Die Grünen, PDS und Nichtwähler.[34] Es werden die unabhängigen Variablen verwendet, die im Modell der binären logistischen Regressionsanalyse aufgenommen wurden, sowie zusätzlich die Haupteinkommensquelle des Haushalts (`hinc_neu`) und das Geschlecht des Befragten. Die b-Koeffizienten und Exp(B)-Werte bei metrischen Prädiktoren geben nun an, wie sich die Chance verändert, einer Beobachtungsgruppe im Vergleich zur Referenzgruppe anzugehören. Bei kategorialen Prädiktoren ist die Interpretation etwas komplizierter und soll deshalb an einem Beispiel aus dem Datensatz erklärt werden.

region_2 * wahl Kreuztabelle

			wahl					
			1 SPD	2 CDU/CSU	3 Bündnis 90/Die Grünen	4 PDS	5 Nichtwähler	Gesamt
region_2	0 D-Ost	Anzahl	87	77	47	51	117	379
		% von region_2	23,0%	20,3%	12,4%	13,5%	30,9%	100,0%
	1 D-West	Anzahl	218	204	136	32	161	751
		% von region_2	29,0%	27,2%	18,1%	4,3%	21,4%	100,0%
Gesamt		Anzahl	305	281	183	83	278	1130
		% von region_2	27,0%	24,9%	16,2%	7,3%	24,6%	100,0%

---

[34] Die Wähler der übrigen Parteien bleiben aus der Analyse ausgeschlossen, weil die Fallzahlen zu gering sind.

Kapitel 4: Logistische Regressionsanalyse

Die Odds Ratio zum Beispiel für die Wahl der SPD vs. der PDS bei ost- und westdeutschen Wählern bestimmt sich wie folgt:
  87/51 = 1,706
  218/32 = 6,812
  => Odds Ratio = 6,812/1,706 = 3,99

Die Odds darauf, SPD statt PDS zu wählen sind also im Osten etwa 1,7-mal so hoch, im Westen 6,8-mal. Die Odds Ratio – der Vergleich der Chancen auf die Wahl einer der beiden Parteien im Vergleich von West zu Ost betragen 3,99. Das Verhältnis von SPD-Wählern zu PDS-Wählern ist also in Westdeutschland ca. 4-mal so groß wie in Westdeutschland. Dieser Wert für die Odds Ratio gilt allerdings nur dann, wenn `region_2` der einzige Prädiktor im Regressionsmodell ist.

Als Referenzkategorie wird im Modell die PDS betrachtet. Geschätzt werden die Odds, eine andere Partei zu wählen bzw. nicht zu wählen im Vergleich zu den Odds, PDS zu wählen.

5.2.1 Syntax

```
❶ NOMREG
❷    wahl  (BASE=4 ORDER=ASCENDING) BY region_2 gndr main_neu
     hinc_neu hincfel_neu
     WITH agea eduyrs ppltrst trstprl stfdem
❸    /CRITERIA CIN(95) DELTA(0) MXITER(100) MXSTEP(5)
     CHKSEP(20) LCONVERGE(0)
     PCONVERGE(0.000001) SINGULAR(0.00000001)
❹    /MODEL = | forward = region_2 gndr main_neu hinc_neu
     hincfel_neu agea eduyrs ppltrst trstprl stfdem /MODEL
❺    /STEPWISE = PIN(.05) POUT(0.1) MINEFFECT(0) RULE(SINGLE)
     ENTRYMETHOD(LR) REMOVALMETHOD(LR)
❻    /INTERCEPT =INCLUDE
❼    /PRINT = CLASSTABLE FIT PARAMETER SUMMARY LRT CPS STEP
       MFI KERNEL.
```

❶ Mit dem Befehl „NOMREG" wird in SPSS die Berechnung einer multinomialen logistische Regression angefordert. Die minimale Modellspezifikation besteht in der Festlegung einer abhängigen Variable. Im Beispiel wird in der Befehlszeile ❷ nach der Spezifizierung der abhängigen Variable – hier `wahl` – zunächst die Referenzkategorie festgelegt (`base=4`). Per Voreinstellung wird die letzte Ausprägung als Referenzkategorie verwendet; in unserem Anwendungsbeispiel soll jedoch die vierte Ausprägung („PDS") Referenzkategorie sein. Mit „ORDER" wird angegeben, ob bzw. wie die Kategorien der abhängigen Variable geordnet sind. Nach der abhängigen Variablen werden mit „BY"die kategorialen oder diskreten metrischen unabhängigen Variablen („Faktoren") und mit „WITH"die (stetigen) metrischen unabhängigen Variablen („Kovariaten") eingeführt.

❸ Mit den Optionen des Unterbefehls „/CRITERIA"lassen sich der iterative Algorithmus und die Toleranz bei der Prüfung auf Singularität kontrollieren. In den meisten Fällen wird man hier auf die Voreinstellungen zurückgreifen können.

❹ An dieser Stelle muss man die Modellstruktur festlegen; dazu gibt es zwei grundlegende Möglichkeiten:

- Wählt man die Spezifikation „FULLFACTORIAL", so wird ein Modell mit *allen* Haupt- und Interaktionseffekten berechnet. Zuerst wird die Konstante geschätzt, danach alle Kovariaten, danach alle Haupteffekte der Faktoren, danach alle zweiseitigen Interaktionseffekte der Faktoren, dann die dreiseitigen Interaktionen usw.
- Mit dem Unterbefehl „MODEL"kann man erstens ein Modell nur mit den Haupteffekten schätzen; in diesem Fall besteht der Unterbefehl nur aus dem Wort „/MODEL". In diesem Fall werden auch alle Variablen aufgenommen (entsprechend „/METHOD DIRECT"). Alternativ kann zweitens eine Auswahl von Interaktionstermen festgelegt und / oder eine schrittweise Aufnahme der Variablen und Interaktionsterme angefordert werden. Im Beispiel wird mit der Erweiterung des Befehls /MODEL = | FORWARD = varlist eine schrittweise Aufnahme der Variablen angefordert. Die Befehle /STEPWISE und /INTERCEPT spezifizieren den Unterbefehl /MODEL: Im Beispiel soll zum einen das Modell mit Konstante berechnet werden (intercept), zum anderen werden die Kriterien für Ein- und Ausschluss der Variablen in das Modell festgelegt.

❺ Der Unterbefehl „STEPWISE" kann nur verwendet werden, wenn im Unterbefehl „MODEL"eine schrittweise Aufnahme der Variablen angefordert wurde. Im Wesentlichen werden damit die Kriterien für die Aufnahme bzw. den Ausschluss von Variablen definiert.

❻ Mit „/INTERCEPT = INCLUDE" wird für jede Kategorie der abhängigen Variable das Modell mit Konstante berechnet. Dies ist die Voreinstellung; für ein Nullmodell muss „/INTERCEPT = EXCLUDE" angegeben werden.

❼ Der Unterbefehl „/PRINT" steuert die den SPSS-Output. „Classtable " fordert eine Kreuztabelle der beobachteten und der auf der Basis des Regressionsmodells geschätzten Gruppenzugehörigkeiten. Dabei wird jeder Fall derjenigen Gruppe zugeordnet, für die er die höchste Wahrscheinlichkeit aufweist. „HISTORY" steuert die Zahl der angezeigten Iterationsschritte: Ohne weitere Spezifikation wird jeder Iterationsschritt angezeigt; mit „HISTORY(n) " kann die Zahl der angezeigten Schritte reduziert werden.

„PARAMETER" und „SUMMARY" steuern die Anzeige der Koeffizienten der unabhängigen Variablen und Informationen zur Modellgüte (Pseudo-R^2). Sehr wichtig ist die Angabe der Spezifikation „KERNEL". Damit wird gesteuert, dass SPSSS um die Stichprobengröße bereinigte -2LL-Werte verwendet. Nur dann lassen sich die -2LL-Werte im Output auch sinnvoll interpretieren (Backhaus et al. 2006: 473).

5.2.2 SPSS-Output

In diesem Abschnitt werden nur Ergebnisse dargestellt, die sich vom Output des binären Modells unterscheiden. Die Darstellung beginnt mit einer Übersicht der verarbeiteten Fälle; in unserem Beispiel werden 1.088 Fälle in die Analyse aufgenommen. In der Regel wird danach zunächst eine Warnmeldung ausgegeben.

Warnungen

Es gibt 4352 (80,0%) Zellen (d.h. Niveaus der abhängigen Variablen für Teilgesamtheiten) mit der Häufigkeit Null.

Die etwas kryptische Meldung zeigt, dass nicht alle möglichen Kovariatenmuster empirisch gegeben sind. Bei n = 1.088 Beobachtungen in k = 5 Gruppen gibt es 5.440 mögliche Kovariatenmuster. Die große Zahl von Zellen mit der Häufigkeit Null ist jedoch nur dann problematisch, wenn die unabhängigen Variablen kategorial sind. Bei einer größeren Zahl kontinuierlicher Variablen, wie in unserem Beispiel, sind zahlreiche Zellen mit der Häufigkeit Null zu erwarten.

Als erste Information zur Modellbildung wird die Tabelle „Schrittübersicht" ausgegeben, die zeigt, welche Variablen in welcher Reihenfolge ins Modell aufgenommen werden.

Schrittübersicht

Modell	Aktion	Effekt(e)	Kriterien für die Modellanpassung -2 Log-Likelihood	Effektauswahltests Chi-Quadrat[a]	Freiheitsgrade	Signifikanz
0	Eingegeben	Konstante	3332,851	.		
1	Eingegeben	eduyrs	3174,585	158,266	4	,000
2	Eingegeben	stfdem	3068,042	106,543	4	,000
3	Eingegeben	agea	3028,856	39,186	4	,000
4	Eingegeben	trstprl	2996,364	32,492	4	,000
5	Eingegeben	hincfel_neu	2961,828	34,536	8	,000
6	Eingegeben	region_2	2946,766	15,062	4	,005
7	Eingegeben	ppltrst	2932,553	14,213	4	,007

Schrittweise Methode: Vorwärtsselektion
a. Das Chi-Quadrat für die Aufnahme beruht auf dem Likelihood-Quotienten-Test.

Auch hier ist wieder Bildung die wichtigste Variable. Bemerkenswert ist auch, dass die *Einschätzung* der ökonomischen Situation des Haushalts (`hincfel_neu`) wichtiger ist als die hauptsächliche Haupteinkommensquelle oder der Erwerbsstatus. Unter der Überschrift -2 Log-Likelihood wird die Veränderung der Modellanpassung angezeigt. Durch die Aufnahme der Variablen reduziert sich die -2LL von 3332,851 auf 2932,553. Die Differenzen sind jeweils in der Spalte Chi-Quadrat zu finden.

Informationen zur Modellanpassung

Modell	Kriterien für die Modellanpassung -2 Log-Likelihood	Likelihood-Quotienten-Tests Chi-Quadrat	Freiheitsgrade	Signifikanz
Nur konstanter Term	3332,851			
Endgültig	2932,553	400,297	32	,000

Die Tabelle „Informationen zur Modellanpassung" stellt die Ergebnisse eines Likelihood-Ratio-Tests für das Gesamtmodell dar. Die Testgröße, der Chi-Quadrat-Wert, ergibt sich als Differenz der beiden -2 Log-Likelihoods in Spalte 1. Ist die Signifikanz des Tests klein, so kann man davon ausgehen, dass das endgültige Modell deutlich besser als das Nullmodell ist. Auch die nächste Tabelle („Güte der Anpassung") informiert über die Güte des Gesamtmodells.

Güte der Anpassung

	Chi-Quadrat	Freiheitsgrade	Signifikanz
Pearson	4296,134	4316	,582
Abweichung	2932,553	4316	1,000

Hier weisen kleine Signifikanzwerte (< 0,05) auf eine schlechte Modellanpassung hin. In unserem Beispiel scheint das Modell also relativ gut zu den Daten zu passen. Das wird auch durch die Tabelle mit Pseudo-R-Quadrat-Maßen bestätigt, bei denen zum Beispiel Nagelkerkes R^2 den Wert 0,323 annimmt.

Pseudo-R-Quadrat

Cox und Snell	,307
Nagelkerke	,323
McFadden	,120

Während die bisherigen Tabellen Informationen zur Güte des Gesamtmodells darstellten, weist die Tabelle „Likelihood-Quotienten-Tests" Gütekriterien für die einzelnen Variablen aus.

Likelihood-Quotienten-Tests

Effekt	Kriterien für die Modellanpassung -2 Log-Likelihood für reduziertes Modell	Likelihood-Quotienten-Tests		
		Chi-Quadrat	Freiheitsgrade	Signifikanz
Konstanter Term	2932,553[a]	,000	0	.
region_2	2947,810	15,257	4	,004
hincfel_neu	2964,272	31,719	8	,000
agea	2976,270	43,717	4	,000
eduyrs	3020,492	87,939	4	,000
ppltrst	2946,766	14,213	4	,007
trstprl	2957,376	24,823	4	,000
stfdem	2954,573	22,020	4	,000

Die Chi-Quadrat-Statistik stellt die Differenz der -2 Log-Likelihoods zwischen dem endgültigen Modell und einem reduziertem Modell dar. Das reduzierte Modell wird berechnet, indem ein Effekt aus dem endgültigen Modell weggelassen wird. Hierbei liegt die Nullhypothese zugrunde, nach der alle Parameter dieses Effekts 0 betragen.

a. Dieses reduzierte Modell ist zum endgültigen Modell äquivalent, da das Weglassen des Effekts die Anzahl der Freiheitsgrade nicht erhöht.

Für jede Variable wird die -2-Log-Likelihood für das Modell ohne diese Variable berechnet. Die Differenz zur gesamten -2LL (= 2932,553) findet sich jeweils in der Spalte Chi-Quadrat. Nur Variablen mit niedriger Signifikanz werden in das Modell aufgenommen.

Parameterschätzer

wahl [a]		B	Standard -fehler	Wald	Freiheits -grade	Signifi- kanz	Exp(B)	95% Konfidenzintervall für Exp(B)	
								Untergrenze	Obergrenze
1 SPD	Konstanter Term	-,924	,959	,929	1	,335			
	[region_2=0]	-,980	,279	12,360	1	,000	,375	,217	,648
	[region_2=1]	0[b]	.	.	0	.	.	.	.
	[hincfel_neu=1]	,771	,434	3,163	1	,075	2,163	,924	5,061
	[hincfel_neu=2]	,500	,338	2,195	1	,138	1,649	,851	3,196
	[hincfel_neu=3]	0[b]	.	.	0	.	.	.	.
	agea	,012	,014	,722	1	,396	1,012	,985	1,040
	eduyrs	,010	,047	,046	1	,831	1,010	,922	1,107
	ppltrst	-,026	,060	,190	1	,663	,974	,866	1,096
	trstprl	,137	,072	3,614	1	,057	1,147	,996	1,322
	stfdem	,236	,067	12,309	1	,000	1,266	1,110	1,445
2 CDU/CSU	Konstanter Term	-,226	,969	,055	1	,815			
	[region_2=0]	-,982	,283	12,036	1	,001	,375	,215	,652
	[region_2=1]	0[b]	.	.	0	.	.	.	.
	[hincfel_neu=1]	1,141	,439	6,763	1	,009	3,130	1,325	7,397
	[hincfel_neu=2]	,509	,347	2,148	1	,143	1,663	,842	3,285
	[hincfel_neu=3]	0[b]	.	.	0	.	.	.	.
	agea	,008	,014	,360	1	,549	1,009	,981	1,037
	eduyrs	-,029	,048	,373	1	,542	,971	,885	1,066
	ppltrst	-,086	,061	2,008	1	,157	,917	,814	1,034
	trstprl	,134	,073	3,356	1	,067	1,143	,991	1,319
	stfdem	,257	,068	14,162	1	,000	1,293	1,131	1,478
3 Bündnis 90/Die Grünen	Konstanter Term	-3,736	1,050	12,671	1	,000			
	[region_2=0]	-1,075	,308	12,150	1	,000	,341	,187	,625
	[region_2=1]	0[b]	.	.	0	.	.	.	.
	[hincfel_neu=1]	,379	,465	,664	1	,415	1,461	,587	3,634
	[hincfel_neu=2]	,098	,375	,069	1	,793	1,103	,529	2,301
	[hincfel_neu=3]	0[b]	.	.	0	.	.	.	.
	agea	,004	,015	,084	1	,772	1,004	,975	1,035
	eduyrs	,161	,049	10,857	1	,001	1,175	1,068	1,293
	ppltrst	,062	,067	,878	1	,349	1,064	,934	1,213
	trstprl	,158	,079	4,029	1	,045	1,171	1,004	1,367
	stfdem	,233	,073	10,078	1	,002	1,263	1,093	1,458
5 Nichtwähler	Konstanter Term	6,204	,964	41,445	1	,000			
	[region_2=0]	-,797	,281	8,061	1	,005	,450	,260	,781
	[region_2=1]	0[b]	.	.	0	.	.	.	.
	[hincfel_neu=1]	-,478	,447	1,147	1	,284	,620	,258	1,487
	[hincfel_neu=2]	-,075	,313	,058	1	,810	,927	,502	1,713
	[hincfel_neu=3]	0[b]	.	.	0	.	.	.	.
	agea	-,045	,014	10,702	1	,001	,956	,930	,982
	eduyrs	-,183	,050	13,256	1	,000	,833	,755	,919
	ppltrst	-,104	,059	3,138	1	,076	,901	,803	1,011
	trstprl	-,077	,073	1,138	1	,286	,926	,803	1,067
	stfdem	,108	,068	2,558	1	,110	1,114	,976	1,272

[a]. Die Referenzkategorie lautet: 4 PDS.
[b]. Dieser Parameter wird auf Null gesetzt, weil er redundant ist.

In der Tabelle „Parameterschätzer" werden die b-Koeffizienten und die Odds für alle Variablen in den verschiedenen Gruppen dargestellt. Referenzgruppe sind

Kapitel 4: Logistische Regressionsanalyse 157

die Wähler der PDS. – Wie sind im multinomialen Fall die Koeffizienten und Odds zu interpretieren?

- Metrische unabhängige Variable: Wie verändert sich die Chance der beobachteten Gruppe im Vergleich zur Referenzgruppe anzugehören, wenn sich die unabhängige Variable um eine Einheit erhöht? Zum Beispiel erhöht sich die Chance, Bündnis 90/Die Grünen statt PDS zu wählen um den Faktor 1,17, wenn der Bildungsgrad um ein Jahr zunimmt. Negative Werte bzw. Odds < 1 zeigen dann, dass bei zunehmender Merkmalsausprägung die Chancen größer werden, dass die Beobachtung der Referenzgruppe angehört.
- Kategoriale unabhängige Variable: Hier müssen die Referenzkategorien der abhängigen und der unabhängigen Variable berücksichtigt werden. So sind die Odds bei guter ökonomischer Situation des Haushalts CDU statt PDS zu wählen mehr als 3-mal so hoch als bei schlechter ökonomischer Situation.

Für die Wähler von SPD und CDU/CSU Parteien gilt also zum Beispiel, dass die Odds die jeweilige Partei vs. der PDS zu wählen durch eine günstige ökonomische Situation positiv beeinflusst werden. Bei Wählern von Bündnis 90 / Die Grünen und Nichtwählern kann dieser Zusammenhang nicht beobachtet werden, weil die Variable `hincfel_neu` in diesen Gruppen nicht signifikant ist.

Auch im multinomialen Fall wird eine Tabelle der Klassifikationsergebnisse ausgegeben.

Klassifikation

Beobachtet	Vorhergesagt					
	1 SPD	2 CDU/CSU	3 Bündnis 90/Die Grünen	4 PDS	5 Nichtwähler	Prozent richtig
1 SPD	134	71	30	2	66	44,2%
2 CDU/CSU	99	90	22	2	64	32,5%
3 Bündnis 90/Die Grünen	72	26	52	1	26	29,4%
4 PDS	27	10	3	2	37	2,5%
5 Nichtwähler	56	26	4	2	166	65,4%
Prozent insgesamt	35,6%	20,5%	10,2%	,8%	32,9%	40,7%

Insgesamt wurden 40,7% der Beobachtungen korrekt klassifiziert. Betrachtet man die einzelnen Wählergruppen, so wurden zum Beispiel 44,2% der SPD-Wähler richtig zugeordnet. Die maximale Zufallswahrscheinlichkeit in der Stichprobe beträgt 27,8% (Anteil der SPD-Wähler); die proportionale Zufallswahrscheinlichkeit 22,7%. Im Vergleich zu beiden Größen ist die Klassifikation recht zufriedenstellend.

Auch bei der multinomialen logistischen Regressionsanalyse können Interaktionseffekte untersucht werden. Ebenso wie im binären Modell müssen dazu multiplikative Terme definiert werden; hier allerdings nur im Unterbefehl „/MODEL" nicht bereits bei der Auflistung der Variablen.

Kapitel 5
Diskriminanzanalyse

Sabine Fromm

1 Einführung

Bei der Diskriminanzanalyse geht es darum, die Unterschiede zwischen Gruppen von Merkmalsträgern zu untersuchen und darüber hinaus Merkmalsträger, deren Gruppenzugehörigkeit nicht bekannt ist, zu klassifizieren. Anders als etwa bei der Clusteranalyse sind die interessierenden Gruppen also vorab bekannt. Typische Fragestellungen, die mit einer Diskriminanzanalyse bearbeitet werden können, sind:
- Welche Merkmale unterscheiden am besten zwischen den Wählern verschiedener Parteien?
- Wie unterscheiden sich Studierende verschiedener Studienfächer?
- Welche Studierenden werden ihr Studium vermutlich abbrechen, welche nicht?
- Wie unterscheiden sich Familien, in denen der Mann Erziehungsurlaub nimmt von Familien, in denen die Frau Erziehungsurlaub nimmt?

Die Daten für eine Diskriminanzanalyse umfassen zum einen klassifikatorische Merkmale, die die Zugehörigkeit der Merkmalsträger zu k disjunkten Gruppen beschreiben; zum anderen m metrische oder dichotomisierte Merkmale, von denen angenommen wird, dass sie zwischen den Gruppen unterscheiden bzw. Gruppenzugehörigkeit erklären.

2 Vorgehensweise

Die Diskriminanzanalyse lässt sich gedanklich in zwei aufeinander aufbauende Teilschritte zerlegen:
- Schätzen und Überprüfen der Diskriminanzfunktion;
- Klassifikation der Merkmalsträger.

2.1 Schätzen und Überprüfen der Diskriminanzfunktion

Für das Aufstellen der Schätzfunktion können die m diskriminierenden Variablen als Achsen eines m-dimensionalen Raumes aufgefasst werden (zum Folgenden vgl. Klecka 1980: 16ff.). Jeder Fall kann in diesem Raum verortet werden, indem man seine Werte bei den Variablen als Koordinaten verwendet. Unterschiede zwischen den Gruppen schlagen sich räumlich darin nieder, dass die Gruppen als Punktwolken mit unterschiedlichen Positionen im m-dimensionalen Raum erscheinen. Dabei können sich die Gruppen überlappen. Den Schwerpunkt jeder Punktwolke (Gruppe) repräsentiert ihr Zentroid, d.h. der Punkt, dessen Koordinaten die Mittelwerte der m Variablen sind. Die „typische" Position einer Gruppe wird durch diesen Gruppenzentroid veranschaulicht. Allgemein gilt, dass die relative Position eines Zentroids durch m-1 Dimensionen vollständig beschrieben wird, da eine Anzahl von m Punkten stets ohne Informationsverlust in einem (m-1)-dimensionalen Raum dargestellt werden kann (zum Beispiel die Darstellung von drei Punkten auf einer Fläche).

Die typische Position der Gruppen, wie auch die der Fälle, beruht bei einer Darstellung im Raum mit m-1 Dimensionen also auf den einzelnen diskriminierenden Variablen. Dies ist für das Verständnis der Datenstruktur aus mehreren Gründen problematisch:
- Die Beziehung zwischen diesen Variablen bleibt ausgeklammert.
- Die Darstellung ist unökonomisch: Häufig liegen mehrere Gruppenzentroide im gleichen Raum, so dass weniger als m-1 Dimensionen erforderlich sind, um ihre relative Position zueinander bestimmen zu können.
- Bei vier und mehr diskriminierenden Variablen ist diese Darstellungsform unanschaulich, da mehr als drei Dimensionen nicht abgebildet werden können.

Mittels der Diskriminanzanalyse wird deshalb versucht, durch geeignete Neupositionierung der Achsen die Fälle bzw. Gruppen in einem Raum mit einer geringeren Zahl von Dimensionen zu repräsentieren. Als Ort für den Ursprung wird der gemeinsame Zentroid gewählt, der multidimensionale Mittelwert über alle Fälle (bei den diskriminierenden Variablen), der den Schwerpunkt des gesamten Datensatzes darstellt. Die Position der ersten Achse (= erste Diskriminanzfunktion) wird dann so gewählt, dass sie die Gruppenmittelwerte „besser" (gemessen mit einem geeigneten Maß) trennt, als es in jeder anderen Position der Fall wäre. Die zweite Achse (falls k > 2) wird so positioniert, dass sie ebenfalls möglichst gut trennt, dabei aber rechtwinklig zur ersten Achse steht. Die Aufgabe der Diskriminanzanalyse kann somit beschrieben werden als Transformation des m-dimensionalen Raumes der diskriminierenden Variablen in den g-dimensionalen Raum der Diskriminanzfunktionen. Die Achsen des Raumes sind dann nicht länger die diskriminierenden Variablen, sondern die Diskriminanzfunktionen.

Mit maximal g-1 Achsen wird so versucht, die gesamte Datenstruktur bei bestmöglichem Erhalt ihrer relationalen Struktur zu repräsentieren.

Die Diskriminanzfunktionen sind unkorreliert und nehmen hinsichtlich ihrer diskriminatorischen Bedeutung rasch ab, so dass auch bei sehr vielen Gruppen und Merkmalsvariablen meist zwei Funktionen ausreichen, um die Gruppen gut zu trennen. Die Verwendung von nicht mehr als zwei Diskriminanzfunktionen hat den Vorteil, dass sich eine Diskriminanzebene bilden lässt, in der die Merkmalsträger abgebildet werden können; dies erleichtert die Interpretation.

Die Diskriminanzfunktion wird berechnet mit:

$$D = b_0 + b_1 X_1 + ... + b_m X_m$$

mit:
b_0, b_1: Diskriminanzkoeffizienten
X_j: diskriminierende Variablen, j = 1, 2, ..., m

Für jeden Merkmalsträger wird sein Wert auf der Diskriminanzfunktion berechnet, der sog. „Diskriminanzscore" D. Bei mehr als einer Diskriminanzfunktion werden entsprechend viele Diskriminanzscores für jede Person berechnet. Statistisches Ziel ist es, die Diskriminanzkoeffizienten so zu bestimmen, dass sich die Werte der Diskriminanzscores zwischen den Gruppen möglichst stark unterscheiden.

Bezüglich der diskriminierenden Variablen informieren die b-Koeffizienten darüber, in welchem Ausmaß die diskriminierenden Variablen am Zustandekommen der Gruppenunterschiede beteiligt sind. Sie stellen Gewichtungen der diskriminierenden Variablen dar, die eine maximale Trennung der Gruppen bewirken. Statt mit den ursprünglichen Messwerten wird in der Regel mit standardisierten Werten gerechnet (Mittelwert = 0, Varianz = 1). Das hat den Vorteil, dass Einflüsse der Merkmalsdimensionen ausgeschaltet werden. Bei der Bestimmung der Diskriminanzfunktion entfällt dann die Konstante.

Zur Beurteilung der Güte der Diskriminanzfunktion(en) geht man von der Überlegung aus, dass die Unterschiedlichkeit von Gruppen darin zum Ausdruck kommt, in welchem Ausmaß sich die Merkmalsverteilungen in den verschiedenen Gruppen überschneiden. Man betrachtet also die Unterschiedlichkeit ihrer Mittelwerte und das Ausmaß der Streuung der Merkmalswerte.

Zur Messung der Güte der Diskriminanzfunktionen wird die Streuung der Merkmalswerte deshalb in die Streuung zwischen den Gruppen (S_B =Streuung between groups) und die Streuung innerhalb der Gruppen (S_W = Streuung within groups) zerlegt.

Die Streuung zwischen den Gruppen, S_B, ist die durch die Diskriminanzfunktion erklärte Streuung. S_B soll möglichst groß sein.

$$S_B = \sum_{k=1}^{K} n_k \left(\overline{D}_k - \overline{D}\right)^2$$

- n_k bezeichnet die Zahl der Merkmalsträger in der k-ten Gruppe, k=1, ..., K.
- $\overline{D}_k$ ist der Gruppenzentroid (multidimensionaler Mittelwert) der k-ten Gruppe.
- $\overline{D}$ ist der multidimensionale Mittelwert über *alle* Merkmalsträger.

Die Streuung innerhalb der Gruppen, S_W, ist die durch die Diskriminanzfunktion nicht erklärte Streuung. S_W soll möglichst klein sein.

$$S_W = \sum_{k=1}^{K} \sum_{i=1}^{n} \left(D_{ki} - \overline{D}_k\right)^2$$

- Dabei ist D_{ki} der Diskriminanzscore des i-ten Merkmalsträgers in der k-ten Gruppe.

Aus der Streuungszerlegung lassen sich verschiedene Maße zur Überprüfung der Diskriminanz ableiten, die zum Ausdruck bringen, wie gut die Gruppen getrennt werden:
- Eigenvalue: Der Eigenvalue setzt erklärte zu nicht erklärter Streuung ins Verhältnis. Er sollte möglichst groß sein.

$$Eigenvalue = \frac{S_B}{S_W} = \frac{erklärte\ Streuung}{nicht\ erklärte\ Streuung}$$

- Kanonischer Korrelationskoeffizient C: Die erklärte Streuung wird auf die Gesamtstreuung bezogen. Es gilt: $0 \leq C \leq 1$. Je größer C, desto besser werden die Gruppen unterschieden.

$$C = \sqrt{S_B / S_{gesamt}}$$

- Wilks' Lambda λ: Hier wird die nicht erklärte Streuung auf die Gesamtstreuung bezogen. Auch hier gilt: $0 \leq \lambda \leq 1$. Je kleiner Lambda ist, desto besser werden die Gruppen unterschieden.

C und λ ergänzen sich zu 1. Sie sind jedoch nur bei deskriptiver Betrachtung redundant, denn λ kann in ein annähernd χ^2 - verteiltes Maß transformiert werden und ermöglicht dann eine Überprüfung der Signifikanz. Dabei ist zu beachten, dass ein kleiner λ-Wert zu einem großen χ^2-Wert führt.[35] Getestet wird dann die Nullhypothese, dass in der Gesamtheit kein Unterschied zwischen den Mittelwerten der Teilgruppen besteht.

- Gepoolte Korrelationskoeffizienten: Damit sind die Korrelationen zwischen der Diskriminanzfunktion und den einzelnen diskriminierenden Variablen gemeint. Die gepoolten Korrelationskoeffizienten werden bestimmt, indem zunächst für jede Variable diese Korrelation in jeder Gruppe berechnet wird. Anschließend wird der Mittelwert der Korrelationskoeffizienten für jede Variable bestimmt. Die gepoolten Korrelationskoeffizienten können völlig von den einfachen Korrelationskoeffizienten abweichen! Verzerrungen der Korrelationskoeffizienten ergeben sich insbesondere bei Korrelationen zwischen den diskriminierenden Variablen.

2.2 Klassifikation

Auf Basis der Diskriminanzfunktion können Merkmalsträger klassifiziert, d.h. ihre Gruppenzugehörigkeit geschätzt werden. Es gibt verschiedene Gründe für eine Klassifizierung der Merkmalsträger:
- Klassifizieren neuer Fälle, deren Gruppenzugehörigkeit nicht bekannt ist;
- Überprüfen des Modells: Die tatsächliche (bekannte) Gruppenzugehörigkeit der Merkmalsträger wird mit derjenigen verglichen, die sich aufgrund des Diskriminanzscores ergeben würde.

Weil die Werte auf der Diskriminanzfunktion kontinuierlich sind, ist eine eindeutige Gruppenzuordnung der Fälle mittels der Diskriminanzfunktion nicht möglich. Die Gruppenzuordnung der einzelnen Fälle erfolgt deshalb aufgrund eines Wahrscheinlichkeitskalküls:

$$P(G_i|D) = \frac{P(D|G_i)}{\sum_{i=1}^{g} P(D|G_i) P(G_i)}$$

mit: i = 1, 2, ..., g Zahl der Gruppen

---

[35] Transformation: χ2 = -[n - (m + k)/2 - 1] ln λ (vgl. Backhaus et al. 2006:183).

Dabei ist:
- $P(G_i|D)$ die sog. „A-Posteriori-Wahrscheinlichkeit", also die Wahrscheinlichkeit, bei einem gegebenen Diskriminanzwert, der i-ten Gruppe anzugehören. Diese Wahrscheinlichkeit wird für jeden Fall für jede Gruppe berechnet, im Zwei-Gruppen-Fall werden also für jeden Fall zwei derartige Wahrscheinlichkeiten berechnet. Insgesamt addieren sich die A-Posteriori-Wahrscheinlichkeiten bei jedem Fall zu Eins.
- $P(G_i)$ die sog. „A-Priori-Wahrscheinlichkeit", die Wahrscheinlichkeit, einer bestimmten Gruppe anzugehören, wenn sonst keinerlei Informationen über den Fall vorhanden sind. Ist die Stichprobe repräsentativ für die Grundgesamtheit, können die relativen Häufigkeiten als A-Priori-Wahrscheinlichkeiten verwendet werden. Andernfalls geht man davon aus, dass die Wahrscheinlichkeit für einen Fall, einer bestimmten Gruppe anzugehören, sich bestimmen lässt als: 1 / Zahl der Gruppen, im Beispiel mit zwei Gruppen also 0,5.
- $P(D|G_i)$ die bedingte Wahrscheinlichkeit, d.h. die Wahrscheinlichkeit für das Auftreten eines bestimmten Funktionswertes unter der Bedingung, dass die Zugehörigkeit zur i-ten Gruppe gegeben ist. Zur Berechnung dieser Wahrscheinlichkeiten muss angenommen werden, dass die Funktionswerte innerhalb jeder Gruppe normalverteilt sind.

Zuordnungsfehler bei der Klassifikation sind nicht zwangsläufig durch ungünstige Modellparameter bedingt, sondern durch eine ungenügende Modellanpassung (nur wenige Merkmale werden berücksichtigt). Selbst bei fehlerfreier Zuordnung ist das Modell aber nur dann zu Prognosezwecken geeignet, wenn eine repräsentative Stichprobe vorliegt.

2.3 Variablenselektion

Zur Aufnahme von Variablen in die Diskriminanzfunktion gibt es prinzipiell zwei Möglichkeiten:
- simultane Aufnahme aller diskriminierenden Variablen;
- schrittweise Auswahl nach vorgegebenen Kriterien.

Bei der Variablenselektion nach vorgegebenen Kriterien sieht SPSS (Unterbefehl „/METHOD") folgende Möglichkeiten vor: „STEPWISE", „FORWARD" und „BACKWARD". Der Algorithmus der schrittweisen Verfahren sieht vor, dass jede Variable einzeln auf ihre Eignung für das Modell geprüft wird. Dazu wird entweder eine Variable nach der anderen in das Modell aufgenommen („FORWARD") oder aber alle Variablen werden zunächst aufgenommen und es wird dann getestet, wie sich die Modellgüte durch Entfernen jeder einzelnen Variable verändern würde. „STEPWISE" ist eine Kombination beider Ansätze: Zunächst wird für jede Variable berechnet, welcher Lambda-Wert sich ergeben würde, wenn man diese Variable als erste in das Modell aufnähme. Ausgewählt wird dann die Variable mit dem kleinsten Wert. Zugleich wird das Signifikanzniveau für den F-Wert, der sich zum jeweiligen Lambda ergibt, berechnet. Getestet wird die Nullhypothese, dass die Änderung von Lambda zufällig ist. Diese Hypothese kann verworfen werden, wenn der in SPSS per Voreinstellung verwendete F-Wert größer ist als 3,84. Da der F-Wert selbst sehr unanschaulich ist, empfiehlt es sich, mit dem Signifikanzniveau, also der Irrtumswahrscheinlichkeit des F-Werts zu arbeiten. Im zweiten Schritt wird dann überprüft welche der verbleibenden Variablen nun das Kriterium am besten erfüllt. Diese Variable wird dann in das Modell aufgenommen. Danach wird geprüft, ob auch nach Aufnahme dieser zweiten Variable die erste Variable noch genug Erklärungswert besitzt, um ihren Verbleib in der Funktion zu rechtfertigen. Auf diese Weise werden alle Variablen überprüft, bis alle Variablen in das Modell aufgenommen wurden, oder keine der noch nicht aufgenommenen Variablen das Aufnahmekriterium erfüllt, oder die Höchstzahl von Schritten durchgeführt wurde (Brosius / Brosius 1996: 798).

Mehrere Kriterien zur Auswahl der Variablen stehen in SPSS zur Verfügung; diese müssen als Spezifikation des Unterbefehls „/METHOD" eingegeben werden:
- „WILKS"(=Voreinstellung): Auf jeder Stufe wird die Variable, die zum kleinsten Wert für Wilks' Lambda führt, aufgenommen.
- „MAHAL": Auswahl der Variablen, durch die sich der größte Mahalanobis-Abstand für die beiden am dichtesten zusammenliegenden Gruppen ergibt.
- „MAXMINF": Auswahl der Variablen, die den kleinsten F-Wert zwischen Paaren von Gruppen minimiert.
- „MINRESID": Auswahl der Variable, die die Summe der nicht erklärten Streuung zwischen allen Gruppenpaaren minimiert.
- „RAO": Auswahl der Variablen, die den größten Zuwachs von Rao's V bewirkt.

Bei der Verwendung von Wilks' Lambda oder von Rao's V wird die Trennung bezüglich aller Gruppen optimiert. Rao's V ist darüber hinaus besonders gut zur Erkennung bzw. Eliminierung unwichtiger Variablen geeignet. Die übrigen Kriterien optimieren die Trennung der am schlechtesten trennenden Gruppen (vgl. Backhaus et al. 2006: 218). Im Zwei-Gruppen-Fall führen jedoch alle Verfahren zu identischen Ergebnissen.

3 Diskriminanzanalyse mit SPSS

3.1 Das Anwendungsbeispiel

Für unser Anwendungsbeispiel werden derselbe Datensatz und – soweit möglich – dieselben Variablen verwendet wie im Kapitel Logistische Regressionsanalyse. Untersucht wird erneut, wie sich die Wähler verschiedener Parteien in Deutschland unterscheiden bzw. zunächst, wie sich Wähler und Nichtwähler unterscheiden. Eine ausführliche Beschreibung der Variablen und der Auswahl der Merkmalsträger findet sich im Kapitel Logistische Regressionsanalyse. Die abhängigen Variablen wahl und wahl_2 können für die Diskriminanzanalyse unverändert bleiben. Nachstehend eine Kreuztabelle, aus der die Häufigkeiten hervorgehen.

wahl * wahl_2 Kreuztabelle

Anzahl

		wahl_2		Gesamt
		0 Wähler	1 Nichtwähler	
wahl	1 SPD	305	0	305
	2 CDU/CSU	281	0	281
	3 Bündnis 90/Die Grünen	183	0	183
	4 PDS	83	0	83
	5 Nichtwähler	0	278	278
	7 FDP	99	0	99
	99	120	0	120
Gesamt		1071	278	1349

In der Ausprägung 99 der Variable wahl sind Wähler der rechtsextremen Parteien und Personen, die die Antwort darauf, welche Partei sie gewählt hatten, verweigerten, zusammengefasst. In der Variable wahl sind Personen, die nicht antworteten als fehlende Werte definiert, bei der Unterscheidung von Wählern und Nichtwählern (wahl_2) werden sie jedoch in das Modell mit aufgenommen.

Die unabhängigen Variablen der Diskriminanzanalyse müssen metrisch oder dichotom bzw. dichotomisiert sein. Die kategorialen unabhängigen Variablen, die im Kapitel „Logistische Regressionsanalyse" verwendet wurden, müssen daher geeignet transformiert werden. Aus Gründen der Übersichtlichkeit beschränken wir uns auf diejenigen Variablen, die sich bei der Anwendung einer (binären) logistischen Regressionsanalyse als relevant und signifikant erwiesen haben; zusätzlich werden die Variablen Geschlecht und hauptsächliche Einkommensquelle des Haushalts getestet. Die nachstehende Tabelle zeigt die Variablen und ihre Rekodierungen für die Diskriminanzanalyse.

Tabelle 1: Variablen für das Anwendungsbeispiel

Variable	Name	Ausprägungen
Geschlecht	gndr_2	0 weiblich 1 männlich
Alter	agea	(Alter in Jahren, eingeschränkt auf Alter 18-54))
Bildung	eduyrs	(Jahre in Ausbildung)
Wohnregion Deutschland	region_2	0 DE-Ost 1 DE-West
Hauptsächliche Aktivität in den letzten 7 Tagen (Erwerbsstatus)	main_X	main_1 Erwerbstätigkeit main_2 Ausbildung main_3 Arbeitslosigkeit main_4 Hausfrau/-mann main_5 Sonstiges
Hauptsächliche Einkommensquelle des Haushalts	hinc_X	hinc_1 Erwerbsarbeit hinc_2 Sozialtransfers hinc_3 Sonstiges
Einschätzung der ökonomischen Situation des Haushalts	hincfel_dich	0 gut/eher gut 1 schwierig/sehr schwierig
Vertrauen in das Parlament	trstprl	jeweils 10-stufige Skala mit 0 für kein Vertrauen/Zufriedenheit und 10 für sehr hohes Vertrauen/Zufriedenheit
Vertrauen in andere Menschen	ppltrst	
Zufriedenheit mit dem Funktionieren der Demokratie	stfdem	

3.2 Diskriminanzanalyse im 2-Gruppen-Fall

Zunächst soll nur zwischen Wählern und Nichtwählern unterschieden werden. Die Diskriminanzanalyse wird zunächst mit simultaner Aufnahme der Variablen gerechnet:

```
DISCRIMINANT
  /GROUPS=wahl_2(0 1)  ❶
  /VARIABLES=gndr_2 agea eduyrs region_2 main_1 main_2
main_3 main_4  main_5 hinc_1 hinc_2 hinc_3 hincfel_dich
trstprl ppltrst stfdem
  /ANALYSIS ALL
  /METHOD DIRECT  ❷
  /PRIORS  SIZE  ❸
  /SAVE PROBS CLASS SCORES  ❹
  /STATISTICS=MEAN STDDEV TABLE  ❺
  /PLOT=COMBINED SEPARATE MAP  ❻
  /PLOT=CASES(20)
  /CLASSIFY=NONMISSING POOLED .
```

Damit wird der Befehl wie folgt spezifiziert:
- ❶ Definition der zu untersuchenden Gruppen. Bei mehr als zwei Gruppen werden der niedrigste und höchste zu untersuchende Wert der Gruppierungsvariablen angegeben. Sollen bei einer Gruppierungsvariable mit zum Beispiel 5 Ausprägungen nur die Gruppen 1, 3 und 5 untersucht werden, müsste die Ausprägung 5 in Ausprägung 2 umbenannt und im Unterbefehl „/GROUPS" in Klammern (1 3) stehen.
- ❷ Festlegung des Verfahrens zur Aufnahme der Variabeln. Mit „/METHOD DIRECT" werden alle Variablen ohne weitere Prüfung in die Gleichung aufgenommen.
- ❸ Festlegung der A-Priori-Wahrscheinlichkeiten für die Gruppenzugehörigkeit. Mit dem Unterbefehl „/SIZE"wird festgelegt, die relativen Häufigkeiten zu verwenden. Die Voreinstellung „/EQUAL" würde gleiche Wahrscheinlichkeiten für alle Gruppen festlegen.
- ❹ Gespeichert werden sollen die Wahrscheinlichkeiten für die Gruppenzugehörigkeiten, die geschätzten Gruppenzugehörigkeiten und die Diskriminanzscores.
- ❺ Mittelwerte und Standardabweichungen für die diskriminierenden Variablen und eine Tabelle der Klassifikationsergebnisse werden angefordert.
- ❻ Mit „/PLOT=CASES(20)" werden Klassifikationsergebnisse für einzelne Fälle angefordert, die Zahl in Klammern gibt an, wie viele Fälle angezeigt werden sollen.
- ❼Beide Optionen sind die Voreinstellungen in SPSS und werden hier nur zu Erklärungszwecken angegeben. Mit „NONMISSING" wird die Klassifikation von Fällen angefordert, die bei der Gruppierungsvariablen keine gültigen Werte haben. „POOLED" legt fest, dass die gepoolte Kovarianzmatrix innerhalb der Gruppen verwendet werden soll.

In der SPSS-Ausgabe werden zunächst die verarbeiteten Fälle dargestellt. Fälle die „sysmis"- oder „out of range"-Werte in der Gruppierungsvariable aufweisen, werden per Voreinstellung bei der Berechnung der Diskriminanzfunktion ausgeschlossen. Die Fälle werden dann aber klassifiziert und erscheinen deshalb im Output. In unserem Beispiel werden 1.311 Fälle verwendet, um die Diskriminanzfunktion zu schätzen, und die Gruppenzugehörigkeit von 246 Fällen wird zusätzlich geschätzt. Dagegen werden Fälle mit fehlenden Werten bei den diskriminierenden Variablen per Voreinstellung von der Analyse und Klassifikation ausgeschlossen. Optional ist jedoch eine Berücksichtigung der Fälle bei der Klassifizierung möglich („/OPTIONS MEANSUB"). Die fehlenden Werte in den diskriminierenden Variablen werden dabei durch die entsprechenden Mittelwerte ersetzt.

Analyse der verarbeiteten Fälle.

Ungewichtete Fälle		N	Prozent
Gültig		1311	81,3
Ausgeschlossen	Gruppencodes fehlend oder außerhalb des Bereichs	246	15,3
	Mindestens eine fehlende Diskriminanz-Variable	38	2,4
	Beide fehlenden oder außerhalb des Bereichs liegenden Gruppencodes und mindestens eine fehlende Diskriminanz-Variable	17	1,1
	Gesamtzahl der ausgeschlossenen	301	18,7
Gesamtzahl der Fälle		1612	100,0

Als Nächstes werden die Mittelwerte, Standardabweichungen und die Zahl der gültigen Fälle der diskriminierenden Variablen in den Gruppen ausgegeben (Tabelle „Gruppenstatistik"). Dabei sollte die Gesamtstreuung jeder Variablen jeweils größer sein, als ihre gruppeninternen Streuungen.

Wie die Tabelle zeigt, ist dies in unserem Beispiel für viele Variablen nicht der Fall. Die Standardabweichungen fast aller Variablen sind bei den Nichtwählern geringfügig größer als im Durchschnitt der Gruppen. Die Mittelwerte der Variablen geben zugleich einen ersten Eindruck von den Merkmalen beider Gruppen. Vergleicht man Nichtwähler und Wähler, so sind Nichtwähler häufiger männlich, jünger, haben eine geringere Bildung, leben häufiger von Sozialtransfers und schätzen die ökonomische Lage des Haushalts schlechter ein. Sie haben weniger Vertrauen in das Parlament, sind misstrauischer gegenüber anderen Menschen und deutlich unzufriedener mit dem Funktionieren des demokratischen Systems.

Gruppenstatistik

wahl_2		Mittelwert	Standardabweichung	Gültige Werte (listenweise) Ungewichtet	Gewichtet
0 Wähler	gndr_2	,5350	,49901	1056	1056,000
	agea Age of respondent, calculated	40,8021	9,11099	1056	1056,000
	eduyrs Years of full-time education completed	14,9441	3,23952	1056	1056,000
	region_2	,7017	,45773	1056	1056,000
	main_1 erwerbstätig	,7585	,42818	1056	1056,000
	main_2 Ausbildung	,0578	,23341	1056	1056,000
	main_3 arbeitslos	,0464	,21045	1056	1056,000
	main_4 Hausfrau/-mann	,0909	,28762	1056	1056,000
	main_5 sonstige	,0464	,21045	1056	1056,000
	hinc_1 Hauptquelle des HH-EK: Erwerbsarbeit	,9006	,29938	1056	1056,000
	hinc_2 Hauptquelle des HH-EK: Sozialtransfers	,0473	,21248	1056	1056,000
	hinc_3 Hauptquelle des HH-EK: Sonstiges	,0445	,20632	1056	1056,000
	hincfel_dich Einschätzung ökon. Lage HH (dich.)	,1288	,33512	1056	1056,000
	trstprl Trust in country's parliament	4,8987	2,16218	1056	1056,000
	ppltrst Most people can be trusted or you can't be too careful	5,1922	2,19909	1056	1056,000
	stfdem How satisfied with the way democracy works in country	5,6354	2,37016	1056	1056,000
1 Nichtwähler	gndr_2	,5059	,50095	255	255,000
	agea Age of respondent, calculated	36,2078	10,89968	255	255,000
	eduyrs Years of full-time education completed	12,8275	2,32786	255	255,000
	region_2	,5843	,49381	255	255,000
	main_1 erwerbstätig	,5569	,49773	255	255,000
	main_2 Ausbildung	,0902	,28703	255	255,000
	main_3 arbeitslos	,1882	,39167	255	255,000
	main_4 Hausfrau/-mann	,1059	,30829	255	255,000
	main_5 sonstige	,0588	,23576	255	255,000
	hinc_1 Hauptquelle des HH-EK: Erwerbsarbeit	,7686	,42254	255	255,000
	hinc_2 Hauptquelle des HH-EK: Sozialtransfers	,1922	,39477	255	255,000
	hinc_3 Hauptquelle des HH-EK: Sonstiges	,0353	,18489	255	255,000
	hincfel_dich Einschätzung ökon. Lage HH (dich.)	,3412	,47504	255	255,000
	trstprl Trust in country's parliament	3,4235	2,31416	255	255,000
	ppltrst Most people can be trusted or you can't be too careful	4,1843	2,50538	255	255,000
	stfdem How satisfied with the way democracy works in country	4,0941	2,60809	255	255,000
Gesamt	gndr_2	,5294	,49933	1311	1311,000
	agea Age of respondent, calculated	39,9085	9,65382	1311	1311,000
	eduyrs Years of full-time education completed	14,5324	3,19451	1311	1311,000
	region_2	,6789	,46709	1311	1311,000
	main_1 erwerbstätig	,7193	,44951	1311	1311,000
	main_2 Ausbildung	,0641	,24498	1311	1311,000
	main_3 arbeitslos	,0740	,26185	1311	1311,000
	main_4 Hausfrau/-mann	,0938	,29169	1311	1311,000
	main_5 sonstige	,0488	,21557	1311	1311,000
	hinc_1 Hauptquelle des HH-EK: Erwerbsarbeit	,8749	,33095	1311	1311,000
	hinc_2 Hauptquelle des HH-EK: Sozialtransfers	,0755	,26432	1311	1311,000
	hinc_3 Hauptquelle des HH-EK: Sonstiges	,0427	,20229	1311	1311,000
	hincfel_dich Einschätzung ökon. Lage HH (dich.)	,1701	,37586	1311	1311,000
	trstprl Trust in country's parliament	4,6117	2,26816	1311	1311,000
	ppltrst Most people can be trusted or you can't be too careful	4,9962	2,29586	1311	1311,000
	stfdem How satisfied with the way democracy works in country	5,3356	2,49309	1311	1311,000

Nun folgen die Ergebnisse zur Schätzung der Diskriminanzfunktion und zur Klassifizierung der Fälle. Eigenwerte und kanonische Korrelation weisen auf eine zufriedenstellende Trennung der Gruppen hin. Wilks' Lambda ist signifi-

Kapitel 5: Diskriminanzanalyse 171

kant, es kann also davon ausgegangen werden, dass sich die Gruppenzentroide nicht nur zufällig unterscheiden. Die kanonische Korrelation zwischen den Diskriminanzscores und den Gruppen ist deutlich von Null verschieden.

Eigenwerte

Funktion	Eigenwert	% der Varianz	Kumulierte %	Kanonische Korrelation
1	,229[a]	100,0	100,0	,432

a. Die ersten 1 kanonischen Diskriminanzfunktionen werden in dieser Analyse verwendet.

Wilks' Lambda

Test der Funktion(en)	Wilks-Lambda	Chi-Quadrat	df	Signifikanz
1	,813	268,700	15	,000

Die „standardisierten kanonischen Diskriminanzfunktionskoeffizienten" (nächste Seite) stellen Gewichte dar, mit denen die diskriminierenden Variablen in die Gleichung eingehen. Ihr Informationspotential besteht darin, die Bedeutung der jeweiligen Variable bezüglich der Unterschiedlichkeit der Gruppen zum Ausdruck zu bringen. Im Anwendungsbeispiel sind Sozialtransfers als Einkommensquelle, gefolgt von Alter und Bildung am wichtigsten für die Berechnung der Funktion und damit für die Unterscheidung der Gruppen. Die Berechnung der standardisierten Koeffizienten ist die Voreinstellung in SPSS. Eine etwas andere Information ergibt die sog. Strukturmatrix, die die gepoolten Korrelationen der diskriminierenden Variablen und der Diskriminanzfunktion enthält. Die absolute Größe der Koeffizienten unterscheidet sich zwischen den beiden Betrachtungsweisen, die Vorzeichen bleiben jedoch gleich.

Standardisierte kanonische Diskriminanzfunktionskoeffizienten

	Funktion 1
gndr_2	-,035
agea Age of respondent, calculated	,406
eduyrs Years of full-time education completed	,404
region_2	,018
main_1 erwerbstätig	,165
main_2 Ausbildung	,014
main_3 arbeitslos	-,135
main_4 Hausfrau/-mann	,040
hinc_1 Hauptquelle des HH-EK: Erwerbsarbeit	-,369
hinc_2 Hauptquelle des HH-EK: Sozialtransfers	-,412
hinc_3 Hauptquelle des HH-EK: Sonstigest	-,139
hincfel_dich Einschätzung ökon. Lage HH (dich.)	-,169
trstprl Trust in country's parliament	,332
ppltrst Most people can be trusted or you can't be too careful	,122
stfdem How satisfied with the way democracy works in country	,211

Struktur-Matrix

	Funktion 1
eduyrs Years of full-time education completed	,568
trstprl Trust in country's parliament	,557
stfdem How satisfied with the way democracy works in country	,527
hincfel_dich Einschätzung ökon. Lage HH (dich.)	-,479
hinc_2 Hauptquelle des HH-EK: Sozialtransfers	-,464
main_3 arbeitslos	-,459
agea Age of respondent, calculated	,401
main_1 erwerbstätig	,377
ppltrst Most people can be trusted or you can't be too careful	,369
hinc_1 Hauptquelle des HH-EK: Erwerbsarbeit	,334
region_2	,209
main_2 Ausbildung	-,110
gndr_2	,048
main_5 sonstige [a]	-,048
main_4 Hausfrau/-mann	-,042
hinc_3 Hauptquelle des HH-EK: Sonstigest	,038

Gemeinsame Korrelationen innerhalb der Gruppen zwischen Diskriminanzvariablen und standardisierten kanonischen Diskriminanzfunktionen
Variablen sind nach ihrer absoluten Korrelationsgröße innerhalb der Funktion geordnet.

[a]. Diese Variable wird in der Analyse nicht verwendet.

Schließlich werden die Mittelwerte der nichtstandardisierten Diskriminanzfunktion für die beiden Gruppen angegeben.

Funktionen bei den Gruppen-Zentroiden

wahl_2	Funktion 1
0 Wähler	,235
1 Nichtwähler	-,974

Nicht-standardisierte kanonische Diskriminanzfunktionen, die bezüglich des Gruppen-Mittelwertes bewertet werden

Damit ist der Output zur Beurteilung der Diskriminanzfunktion abgeschlossen, und es folgen die Informationen zur Klassifikation der Fälle auf der Basis der Diskriminanzfunktion. Nach der Darstellung der Zahl der Fälle mit gültigen

Werten werden zunächst die A-Priori-Wahrscheinlichkeiten für die Gruppen ausgegeben. Diese entsprechen nicht unbedingt der tatsächlichen Verteilung im Datensatz, sondern der Gruppenaufteilung, die mit dem Unterbefehl „/PRIORS" angegeben wurde. In unserem Anwendungsbeispiel verwenden wir die tatsächlichen Gruppengrößen als A-Priori-Wahrscheinlichkeiten. Es wäre jedoch auch möglich gewesen, gleiche Gruppengrößen oder benutzerdefinierte Gruppengrößen anzugeben. Die A-Priori-Wahrscheinlichkeiten sind wichtig für die Interpretation der Klassifikationsergebnisse (siehe unten).

A-priori-Wahrscheinlichkeiten der Gruppen

wahl_2	A-priori	In der Analyse verwendete Fälle	
		Ungewichtet	Gewichtet
0 Wähler	,805	1056	1056,000
1 Nichtwähler	,195	255	255,000
Gesamt	1,000	1311	1311,000

Als nächstes werden fallweise Statistiken ausgegeben. Dabei wurde die Darstellung auf die ersten 20 Fälle im Datensatz eingeschränkt. Für jeden Fall werden seine tatsächliche und seine auf Basis der Diskriminanzfunktion geschätzte Gruppenzugehörigkeit angegeben. Falsch klassifizierte Fälle sind mit ** gekennzeichnet, im Beispiel etwa die Fälle 3 und 4. Ganz rechts in der Tabelle stehen die Diskriminanzwerte, die Werte jedes Falles auf der Diskriminanzfunktion (= Diskriminanzscores).

Fallweise Statistiken

			Höchste Gruppe				Zweithöchste Gruppe			Diskriminanzwerte
Fallnummer	Tatsächliche Gruppe	Vorhergesagte Gruppe	P(D>d | G=g) p	df	P(G=g | D=d)	Quadrierter Mahalanobis-Abstand zum Zentroid	Gruppe	P(G=g | D=d)	Quadrierter Mahalanobis-Abstand zum Zentroid	Funktion 1
Original 1	0	0	,940	1	,887	,006	1	,113	1,284	,159
2	Ungruppiert	0	,258	1	,686	1,282	1	,314	,006	-,897
3	1	0*	,204	1	,650	1,611	1	,350	,004	-1,034
4	1	0*	,487	1	,788	,484	1	,212	,263	-,461
5	0	0	,431	1	,769	,620	1	,231	,178	-,552
6	0	0	,346	1	,734	,888	1	,266	,071	-,707
7	1	1	,136	1	,753	2,226	0	,247	7,294	-2,466
8	Ungruppiert	0	,132	1	,582	2,273	1	,418	,089	-1,273
9	0	0	,001	1	,998	10,678	1	,002	20,040	3,503
10	1	0*	,920	1	,884	,010	1	,116	1,227	,134
11	0	0	,537	1	,803	,381	1	,197	,350	-,382
12	0	1*	,013	1	,909	6,148	0	,091	13,605	-3,453
13	Ungruppiert	0	,903	1	,909	,015	1	,091	1,770	,357
14	0	0	,579	1	,944	,309	1	,056	3,113	,791
15	0	0	,255	1	,971	1,296	1	,029	5,510	1,374
18	1	0*	,464	1	,780	,536	1	,220	,228	-,497
19	0	0	,433	1	,957	,615	1	,043	3,972	1,019
20	1	0*	,646	1	,831	,211	1	,169	,561	-,225
21	0	0	,783	1	,860	,076	1	,140	,870	-,041
22	1	0*	,500	1	,792	,455	1	,208	,286	-,439

**.Falsch klassifizierter Fall

Unter der Überschrift „Höchste Gruppe" wird die Gruppe der Variable wahl_2 angegeben, der ein Fall aufgrund seines Diskriminanzwertes zugeordnet wird. Wie schon weiter oben beschrieben, erfolgt diese Zuordnung mit Hilfe eines Wahrscheinlichkeitskalküls, weil die Diskriminanzwerte stetig sind.

Schließlich gibt der quadrierte Mahalanobis-Abstand zum Zentroid den quadrierten Abstand zwischen dem Diskriminanzwert eines Falles und dem entsprechenden Gruppenmittelwert an. Auch diese Größe dient der Klassifikation eines Falles: Der Fall wird derjenigen Gruppe zugeordnet, für die diese Distanz minimal ist. Der Mahalanobis-Abstand ist vor allem dann wichtig, wenn das Wahrscheinlichkeitskalkül keine eindeutige Zuordnung erlaubt.

Die Verteilung der Diskriminanzwerte wird für jede Ausprägung der Gruppierungsvariable grafisch dargestellt. Die Diskriminanzwerte sind in den drei Gruppen von Wählern, Nichtwählern und nicht zugeordneten Fällen (nicht abgebildet) deutlich unterschiedlich verteilt.

Kapitel 5: Diskriminanzanalyse 175

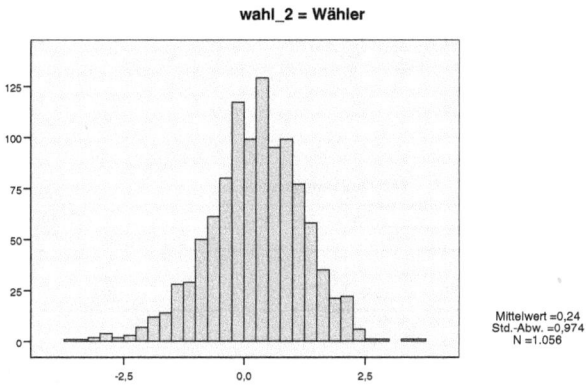

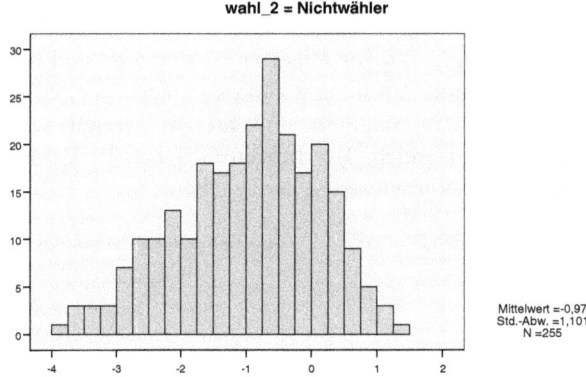

Die Diskriminanzanalyse erfordert eine Normalverteilung der Diskriminanzscores in der Gruppen. Ob diese Bedingung erfüllt ist, kann überprüft werden, indem man zunächst die Diskriminanzscores innerhalb des Befehls zur Diskriminanzanalyse speichert und dann mit explorativen Verfahren ihre Verteilungen testet. Die Scores wurden bereits mit dem ersten Diskriminanzbefehl gespeichert; SPSS vergibt als Variablenname `dis1_1`.

Diese Variable wird nun auf ihre Verteilung in der Gruppe der Wähler bzw. der Nichtwähler untersucht.

```
EXAMINE
   VARIABLES=Dis1_1 BY wahl_2
   /PLOT    NPPLOT
   /CINTERVAL 95
   /MISSING LISTWISE
   /NOTOTAL.
```

Tests auf Normalverteilung

	wahl_2	Kolmogorov-Smirnov[a]			Shapiro-Wilk		
		Statistik	df	Signifikanz	Statistik	df	Signifikanz
Dis1_1 Werte der Diskriminanzfunktion 1 aus Analyse 1	0 Wähler	,033	1056	,008	,990	1056	,000
	1 Nichtwähler	,058	255	,040	,985	255	,008

a. Signifikanzkorrektur nach Lilliefors

SPSS führt zunächst einen Test auf Normalverteilung durch. Dabei deuten niedrige Signifikanzwerte auf Abweichungen von der Normalverteilung hin. Im Beispiel weichen die Verteilungen der Diskriminanzscores beider Gruppen von der Normalverteilung ab. Diese Vermutung wird durch sog. „Q-Q-Diagramme" verstärkt, die die beobachteten Werte in Beziehung zu den bei einer Normalverteilung zu erwartenden Werten setzen. Die gerade Linie repräsentiert dabei die bei Normalverteilung zu erwartenden Werte. Wie die Grafiken zeigen, weichen die Diskriminanzscores vor allem an den unteren und oberen Rändern der Verteilung von den unter Normalität zu erwartenden Werten ab. Dabei sind die Abweichungen bei den Wählern im unteren Bereich stärker, bei den Nichtwählern im oberen Bereich. Bei beiden Gruppen ist jedoch eine relativ starke Annäherung an die Normalverteilung gegeben.

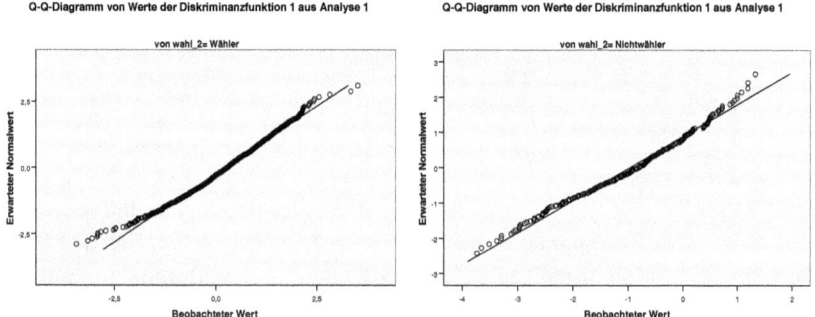

Schließlich wird noch eine Tabelle mit den Klassifikationsergebnissen ausgegeben. Darin wird die empirisch beobachtete mit der, auf Basis der Diskriminanzfunktion, geschätzen Gruppenzugehörigkeit verglichen. Von den 1.056 Fällen, die der Gruppe der Wähler angehören, wurden 1.012 (oder 95,8%) aufgrund ihrer Diskriminanzwerte richtig klassifiziert, von den Nichtwählern nur 29,4%. Insgesamt wurden 82,9% der ursprünglich gruppierten Fälle korrekt klassifiziert.

Klassifizierungsergebnisse

			Vorhergesagte Gruppenzugehörigkeit		
		wahl_2	0 Wähler	1 Nichtwähler	Gesamt
Original	Anzahl	0 Wähler	1012	44	1056
		1 Nichtwähler	180	75	255
		Ungruppierte Fälle	220	26	246
	%	0 Wähler	95,8	4,2	100,0
		1 Nichtwähler	70,6	29,4	100,0
		Ungruppierte Fälle	89,4	10,6	100,0

a. 82,9% der ursprünglich gruppierten Fälle wurden korrekt klassifiziert.

Wie oben ausgeführt, ist die Tabelle der Klassifizierungsergebnisse für sich genommen kaum aussagekräftig, da sie nicht nur von der Modellgüte, sondern vom vorgegebenen Trennwert für die Zuordnung zu einer der Gruppen abhängt. Im Beispiel wurden zunächst die relativen Häufigkeiten der Gruppen gewählt („/priors size"). Die Nichtwähler haben eine relative Häufigkeit von 0,195, die Wähler von 0,805. Beide Gruppen werden also im Vergleich zu ihren A-Priori-Wahrscheinlichkeiten recht gut erkannt. Vergleicht man die gesamte Klassifikation mit der proportionalen Zufallswahrscheinlichkeit, die hier den Wert 0,686 annimmt, bestätigt dies den Eindruck einer insgesamt guten Erkennung. Allerdings werden gerade die Nichtwähler schlechter erkannt. Wenn man eine bessere Erkennung dieser Gruppe möchte, muss man die A-Priori-Wahrscheinlichkeiten der Gruppen verändern. Im Kapitel „Logistische Regressionsanalyse" wurde gezeigt, wie mittels einer ROC-Kurve Youden's J berechnet und damit das Verhältnis von Sensitivität und Spezifität variiert werden kann. Bei der Anwendung dieses Verfahrens für die Festlegung der Gruppengrößen (Cut-Off-Wert) in der Diskriminanzanalyse ist zu berücksichtigen, dass die ROC-Kurve nicht für die Diskriminanzscores, sondern für die geschätzten Gruppenwahrscheinlichkeiten berechnet werden muss.

Wie ändern sich die Schätzung der Diskriminanzfunktion und das Ergebnis der Klassifizierung, wenn die Variablen schrittweise aufgenommen werden? Welche Variablen sind wichtig, welche weniger wichtig für die Trennung der Gruppen? Dazu wird nun eine schrittweise Diskriminanzanalyse durchgeführt. Nachstehend werden nur die Ergebnisse dargestellt, die sich im Vergleich zur simultanen Aufnahme der Variablen ändern.

Im SPSS-Befehl muss lediglich der Unterbefehl „/METHOD" geändert werden, um eine schrittweise Aufnahme der diskriminierenden Variablen mit der Methode Wilks' Lambda anzufordern. Zusätzlich wird die Schwierigkeit für die Aufnahme bzw. den Ausschluss einer Variable verändert. Per Voreinstellung werden Variablen mit einem F-Wert von > 3,84 aufgenommen. Dies ist wenig anschaulich, weshalb wir stattdessen Signifikanzniveaus für Aufnahme und Ausschluss festlegen; das Signifikanzniveau für die Aufnahme sollte dabei über dem für den Ausschluss liegen:

```
DISCRIMINANT
  /GROUPS=wahl_2(0 1)
  /VARIABLES=gndr_2 agea eduyrs region_2 main_1 main_2
main_3 main_4  main_5 hinc_1 hinc_2  hinc_3 hincfel_dich
trstprl ppltrst stfdem
  /ANALYSIS ALL
  /METHOD WILKS
  /PIN = 0.1 /POUT = 0.15
  /PRIORS   SIZE
  /SAVE PROBS CLASS SCORES
  /STATISTICS=MEAN STDDEV TABLE
  /PLOT=COMBINED SEPARATE MAP
  /PLOT=CASES(20)
  /CLASSIFY=NONMISSING POOLED .
```

Ergänzend zu den bisherigen Ergebnissen werden nun die Statistiken zur Aufnahme der Variablen ausgegeben. Die erste Tabelle („Aufgenommene / Entfernte Variablen") informiert über die Aufnahmereihenfolge der Variablen. Man sieht, dass die Variablen in acht Schritten aufgenommen wurden. Dabei wird folgende Regel angewendet: Es wird jeweils die Variable aufgenommen, die zum besten Wert des Selektionskriteriums, hier also zum kleinsten Wert von Wilks' Lambda *für das gesamte Modell* führt. Die Darstellung in der Tabelle ist allerdings etwas verwirrend: Unter der Überschrift „Statistik" ist die *sukzessive* Veränderung von Lambda dargestellt. So führt also nicht etwa die Variable ppltrst zu einem Lambda-Wert von 0,817 für das Gesamtmodell, sondern alle Variablen zusammen erreichen diesen Wert. Der Wert für eduyrs bedeutet, dass diese Variable alleine einen Lambda-Wert von 0,931 bewirken würde – über die Lambda-Werte, die die anderen Variablen alleine erzielen würden, ist aus dieser Tabelle nichts zu erfahren! – Diese Information findet sich in der Tabelle „Variablen, die nicht in der Analyse sind" (siehe unten).

Aufgenommene/Entfernte Variablen[a,b,c,d]

Schritt	Aufgenommen	Wilks-Lambda							
		Statistik	df1	df2	df3	Exaktes F			
						Statistik	df1	df2	Signifikanz
1	eduyrs Years of full-time education completed	,931	1	1	1309,000	96,771	1	1309,000	,000
2	trstprl Trust in country's parliament	,890	2	1	1309,000	81,031	2	1308,000	,000
3	agea Age of respondent, calculated	,856	3	1	1309,000	73,296	3	1307,000	,000
4	hinc_2 Hauptquelle des HH-EK: Sozialtransfers	,836	4	1	1309,000	64,274	4	1306,000	,000
5	stfdem How satisfied with the way democracy works in country	,828	5	1	1309,000	54,114	5	1305,000	,000
6	main_3 arbeitslos	,823	6	1	1309,000	46,789	6	1304,000	,000
7	hincfel_dich Einschätzung ökon. Lage HH (dich.)	,819	7	1	1309,000	41,179	7	1303,000	,000
8	ppltrst Most people can be trusted or you can't be too careful	,817	8	1	1309,000	36,479	8	1302,000	,000

Bei jedem Schritt wird die Variable aufgenommen, die das gesamte Wilks-Lambda minimiert.
  a. Maximale Anzahl der Schritte ist 32.
  b. Maximale Signifikanz des F-Werts für die Aufnahme ist 0.1.
  c. Minimale Signifikanz des F-Werts für den Ausschluß ist 0.15
  d. F-Niveau, Toleranz oder VIN sind für eine weitere Berechnung unzureichend.

Da eduyrs mit einem Lambda-Wert von 0,931 am besten zur Trennung der Gruppen beiträgt, wurde diese Variable als erste in das Modell aufgenommen.

Der Lambda-Wert ist signifikant, wie die Angaben unter der Überschrift „Exaktes F" erkennen lassen. Der F-Wert für jede Variable ergibt sich als S_b/S_w, korrigiert um die Freiheitsgrade. Bereits aus der Tabelle „Aufgenommene / Entfernte Variablen wird ersichtlich, dass nur ein Teil der Variablen in das Modell aufgenommen wurde.

In der Tabelle „Variablen in der Analyse" wird geprüft, welcher Lambda-Wert sich für das Modell ergeben würde, entfernte man die jeweils betrachtete Variable wieder aus der Analyse. Die Berechnung kann erst ab Schritt 2 erfolgen, da im ersten Schritt nur eine Variable berücksichtigt wird. Das Ergebnis in Schritt 2 ist wie folgt zu interpretieren: Sind lediglich eduyrs und trstprl im Modell, so würde Wilks' Lambda den Wert 0,934 annehmen, wenn man eduyrs entfernte und den Wert 0,931 wenn nur eduyrs im Modell wäre. Die Darstellung wurde auf die Schritte 1-3 und 8 verkürzt.

Variablen in der Analyse

Schritt		Toleranz	Signifikanz des F-Werts für den Ausschluß	Wilks-Lambda
1	eduyrs Years of full-time education completed	1,000	,000	
2	eduyrs Years of full-time education completed	,971	,000	,934
	trstprl Trust in country's parliament	,971	,000	,931
3	eduyrs Years of full-time education completed	,971	,000	,896
	trstprl Trust in country's parliament	,965	,000	,900
	agea Age of respondent, calculated	,994	,000	,890
8	eduyrs Years of full-time education completed	,939	,000	,840
	trstprl Trust in country's parliament	,720	,000	,829
	agea Age of respondent, calculated	,988	,000	,845
	hinc_2 Hauptquelle des HH-EK: Sozialtransfers	,640	,047	,819
	stfdem How satisfied with the way democracy works in country	,740	,006	,822
	main_3 arbeitslos	,688	,013	,821
	hincfel_dich Einschätzung ökon. Lage HH (dich.)	,790	,014	,821
	ppltrst Most people can be trusted or you can't be too careful	,884	,078	,819

Gleichzeitig wird mit dem Toleranz-Maß gezeigt, ob es hohe Korrelation zwischen den diskriminierenden Variablen gibt. Die Toleranz ist definiert als $1-r^2$.

Kapitel 5: Diskriminanzanalyse

Dabei ist r^2 der quadrierte multiple Korrelationskoeffizient zwischen der jeweils betrachteten Variablen und den bereits im Modell enthaltenen Variablen. Bei kleiner Toleranz und somit hohem Wert von r^2 liegt ein starker Zusammenhang zwischen den Variablen vor. Per Voreinstellung werden Variablen mit einer Toleranz unter 0,001 nicht aufgenommen. Eine Variable wird auch dann nicht aufgenommen, wenn dadurch die Toleranz einer anderen Variable unter 0,001 sinken würde. Sehr kleine Toleranzen können zu Schwankungen in den Berechnungen führen. Im Beispiel haben alle in das Modell aufgenommenen Variablen gute Werte bei der Toleranz.

Variablen, die NICHT in der Analyse sind

Schritt		Toleranz	Minimale Toleranz	Signifikanz des F-Werts für den Ausschluß	Wilks-Lambda
0	gndr_2	1,000	1,000	,403	,999
	agea Age of respondent, calculated	1,000	1,000	,000	,964
	eduyrs Years of full-time education completed	1,000	1,000	,000	,931
	region_2	1,000	1,000	,000	,990
	main_1 erwerbstätig	1,000	1,000	,000	,968
	main_2 Ausbildung	1,000	1,000	,058	,997
	main_3 arbeitslos	1,000	1,000	,000	,954
	main_4 Hausfrau/-mann	1,000	1,000	,462	1,000
	main_5 sonstige	1,000	1,000	,409	,999
	hinc_1 Hauptquelle des HH-EK: Erwerbsarbeit	1,000	1,000	,000	,975
	hinc_2 Hauptquelle des HH-EK: Sozialtransfers	1,000	1,000	,000	,953
	hinc_3 Hauptquelle des HH-EK: Sonstigest	1,000	1,000	,514	1,000
	hincfel_dich Einschätzung ökon. Lage HH (dich.)	1,000	1,000	,000	,950
	trstprl Trust in country's parliament	1,000	1,000	,000	,934
	ppltrst Most people can be trusted or you can't be too careful	1,000	1,000	,000	,970
	stfdem How satisfied with the way democracy works in country	1,000	1,000	,000	,940
8	gndr_2	,984	,640	,809	,817
	region_2	,907	,640	,817	,817
	main_1 erwerbstätig	,744	,626	,225	,816
	main_2 Ausbildung	,790	,635	,535	,817
	main_4 Hausfrau/-mann	,984	,638	,503	,817
	main_5 sonstige	,952	,633	,522	,817
	hinc_1 Hauptquelle des HH-EK: Erwerbsarbeit	,434	,371	,205	,816
	hinc_3 Hauptquelle des HH-EK: Sonstigest	,987	,634	,435	,817

Aus der Tabelle „Variablen, die nicht in der Analyse sind" wird ersichtlich, warum diese Variablen (noch) nicht aufgenommen wurden. Die Darstellung wurde auf den ersten und den letzten Schritt der Modellbildung eingeschränkt.

Zunächst wird für alle Variablen die Toleranz auf Eins gesetzt, damit ihre Eignung für das Modell geprüft werden kann. Die Spalte „Minimale Toleranz" weist den jeweils kleinsten Toleranzwert aus, der sich zwischen der betrachteten Variablen und einer der anderen Variablen ergibt. Schließlich wird geprüft, welches Lambda sich bei Aufnahme der Variable ergäbe und ob dieser Wert signifikant ist. Die hochsignifikante Variable eduyrs wird dann aufgenommen. In Schritt Eins werden die Statistiken für die verbleibenden Variablen neu berechnet und wiederum die Variable aufgenommen, die den besten und dabei signifikanten Wert von Lambda aufweist. Dieser Prozess wird so lange wiederholt, bis entweder alle Variablen im Modell sind, oder keine Variable mehr die Aufnahmekriterien erfüllt. In unserem Beispiel bleibt auf diese Weise eine ganze Reihe von Variablen aus dem Modell ausgeschlossen. In der Praxis wird man sich stets fragen müssen, ob die Entscheidung ausschließlich aufgrund statistischer Kriterien getroffen werden soll.

Die Veränderung in Wilks' Lambda wird schließlich in einer zusammenfassenden Tabelle dokumentiert.

Wilks-Lambda

Schritt	Anzahl der Variablen	Lambda	df1	df2	df3	Exaktes F			
						Statistik	df1	df2	Signifikanz
1	1	,931	1	1	1309	96,771	1	1309,000	,000
2	2	,890	2	1	1309	81,031	2	1308,000	,000
3	3	,856	3	1	1309	73,296	3	1307,000	,000
4	4	,836	4	1	1309	64,274	4	1306,000	,000
5	5	,828	5	1	1309	54,114	5	1305,000	,000
6	6	,823	6	1	1309	46,789	6	1304,000	,000
7	7	,819	7	1	1309	41,179	7	1303,000	,000
8	8	,817	8	1	1309	36,479	8	1302,000	,000

Obwohl viele Variablen nun nicht in das Modell aufgenommen werden, verändern sich die Statistiken zur Beurteilung der Diskriminanzfunktion (Eigenwert und Wilks' Lambda für die Funktion) nur marginal. Wilks' Lamda nimmt den Wert 0,817 an und ist damit fast identisch mit dem Wert in der Analyse bei Aufnahme aller Variablen (0,813). Gleiches gilt für den Eigenwert (hier nicht ausgewiesen), der von 0,229 auf 0,224 abnimmt. Auch bei den Klassifikationsergebnissen gibt es nur minimale Veränderungen.

3.3 Diskriminanzanalyse im Mehr-Gruppen-Fall

In der erweiterten Anwendung der Diskriminanzanalyse wird zwischen mehr als zwei Gruppen unterschieden. Im Anwendungsbeispiel betrachten wir die Ausprägungen der Variable wahl, die weiter oben bereits definiert wurde. Betrachtet werden nur die fünf Ausprägungen (Gruppen): SPD, CDU/CSU, Bündnis

Kapitel 5: Diskriminanzanalyse 183

90/Die Grünen, PDS und Nichtwähler. Als diskriminierende Variable werden dieselben Variablen wie im Zwei-Gruppen-Fall verwendet. Berechnet wird eine schrittweise Diskriminanzanalyse mit „/METHOD WILKS":

```
DISCRIMINANT
   /GROUPS=wahl(1 5)
   /VARIABLES= gndr_2 agea eduyrs region_2 main_1 main_2
main_3 main_4  main_5 hinc_1 hinc_2  hinc_3 hincfel_dich
trstprl ppltrst stfdem
   /ANALYSIS ALL
   /METHOD WILKS
   /PIN = 0.1 /POUT= 0.15
   /PRIORS SIZE
   /SAVE PROBS CLASS SCORES
   /STATISTICS=MEAN STDDEV TABLE
   /PLOT=COMBINED SEPARATE MAP
   /PLOT=CASES(20)
   /CLASSIFY=NONMISSING POOLED .
```

Die Zahl der gruppierten Fälle reduziert sich gegenüber dem Zwei-Gruppen-Fall, weil die Wähler der kleineren Parteien nun ausgeschlossen sind. Die neuen Gruppen sind sehr unterschiedlich besetzt; bei der Berechnung der Diskriminanzanalyse werden deshalb wiederum die relativen Häufigkeiten als A-Priori-Wahrscheinlichkeiten verwendet.[36]

Im Folgenden werden nur ausgewählte Ergebnisse diskutiert. Nach den deskriptiven Gruppenstatistiken gibt SPSS zunächst wieder die zusammenfassende Tabelle der aufgenommenen bzw. entfernten Variablen und der damit verbundenen Änderungen in Wilks' Lambda aus.

---

[36] Wenn man selbst A-Priori-Wahrscheinlichkeiten festlegen will, muss man darauf achten, dass ihre Summe exakt Eins ergibt (Rundungsfehler!), sonst führt SPSS den Befehl nicht aus.

Aufgenommene/Entfernte Variablen

Schritt	Aufgenommen	Statistik	df1	df2	df3	Wilks-Lambda Exaktes F Statistik	df1	df2	Signifikanz	Näherungsweises F Statistik	df1	df2	Signifikanz
1	eduyrs Years of full-time education completed	,870	1	4	090,000	40,749	4	090,000	,000				
2	stfdem How satisfied with the way democracy works country	,786	2	4	090,000	34,864	8	178,000	,000				
3	agea Age of respondent, calculated	,756	3	4	090,000					26,737	12	878,869	,000
4	trstprl Trust in country's parliament	,734	4	4	090,000					22,119	16	321,477	,000
5	main_3 arbeitslo	,714	5	4	090,000					19,243	20	602,804	,000
6	region_2	,702	6	4	090,000					16,859	24	786,323	,000
7	ppltrst Most people can be trusted o you can't be too careful	,692	7	4	090,000					15,025	28	909,840	,000
8	hincfel_ dich Einschätz ung öko Lage HH (dich.)	,684	8	4	090,000					13,550	32	995,502	,000
9	gndr_2	,678	9	4	090,000					12,291	36	056,492	,000

Bei jedem Schritt wird die Variable aufgenommen, die das gesamte Wilks-Lambda minimiert.
a. Maximale Anzahl der Schritte ist 32.
b. Maximale Signifikanz des F-Werts für die Aufnahme ist 0.1.
c. Minimale Signifikanz des F-Werts für den Ausschluß ist 0.15
d. F-Niveau, Toleranz oder VIN sind für eine weitere Berechnung unzureichend.

Wiederum wird nur ein Teil der Variablen aufgenommen, und der Bildungsgrad ist auch für die Unterscheidung der Wählergruppen die wichtigste Variable. Bei fünf Gruppen werden nun vier Diskriminanzfunktionen berechnet. Die nachstehende Tabelle zeigt die Eigenwerte dieser Funktionen.

Kapitel 5: Diskriminanzanalyse

Eigenwerte

Funktion	Eigenwert	% der Varianz	Kumulierte %	Kanonische Korrelation
1	,346[a]	78,8	78,8	,507
2	,059[a]	13,5	92,3	,237
3	,032[a]	7,3	99,6	,176
4	,002[a]	,4	100,0	,041

a. Die ersten 4 kanonischen Diskriminanzfunktionen werden in dieser Analyse verwendet.

Man sieht, dass die Varianzaufklärung sehr unterschiedlich auf die Funktionen verteilt ist, und dass bereits die ersten beiden Funktionen etwa 92% der Varianz erklären. Aus den Eigenwerten lässt sich wie folgt Wilks' Lambda berechnen (vgl. Klecka 1980: 39).

$$\lambda = \prod_{i=k+1}^{g} \frac{1}{1+\Lambda_i}$$

mit:
Λ = Eigenwert der i-ten Funktion
k = Zahl der bereits verwendeten Funktionen

λ = 1/(1+0,346) * 1/(1+0,059) * 1/(1+0,032) * 1/(1+0,002) = 0,678

Die Tabelle „Wilks' Lambda" verdeutlicht die unterschiedliche Güte der Diskriminanzfunktionen. Die dritte und vierte Funktion sind sicherlich zu vernachlässigen; die Diskriminanzfähigkeit der zweiten Funktion muss untersucht werden. Der ganz überwiegende Anteil der im Modell erklärten Varianz entfällt bereits auf die erste Funktion. Alle vier Funktionen zusammen ergeben den Lambda-Wert 0,678. Funktion 4 alleine würde den Wert 0,998 erbringen.

Wilks' Lambda

Test der Funktion(en)	Wilks-Lambda	Chi-Quadrat	df	Signifikanz
1 bis 4	,678	421,736	36	,000
2 bis 4	,913	98,574	24	,000
3 bis 4	,967	36,059	14	,001
4	,998	1,790	6	,938

Auch die Tabellen zu den standardisierten und nicht standardisierten Koeffizienten enthalten nun für jede Variable die Koeffizienten für alle vier Funktionen.

Standardisierte kanonische Diskriminanzfunktionskoeffizienten

	Funktion			
	1	2	3	4
gndr_2	-,106	-,259	-,147	,721
agea Age of respondent, calculated	,350	-,135	-,556	-,244
eduyrs Years of full-time education completed	,460	,726	,088	,403
region_2	,108	-,193	,666	-,116
main_3 arbeitslos	-,181	,253	,459	-,059
hincfel_dich Einschätzung ökon. Lage HH (dich.)	-,172	,303	,087	,096
trstprl Trust in country's parliament	,343	-,089	-,087	,113
ppltrst Most people can be trusted or you can't be too careful	,150	,400	-,004	-,484
stfdem How satisfied with the way democracy works in country	,285	-,362	,336	,007

Die Übersicht über die Funktionen bei den Gruppenzentroiden zeigt, dass auf Funktion 1 SPD, CDU/CSU und die Grünen relativ nahe beieinander und deutlich getrennt von PDS und Nichtwählern liegen. Diese Funktion ließe sich möglicherweise als Protestdimension interpretieren. Die zweite Funktion trennt Wähler etablierter Parteien von der PDS und den Grünen.

Funktionen bei den Gruppen-Zentroiden

wahl	Funktion			
	1	2	3	4
1 SPD	,316	-,105	-,037	-,059
2 CDU/CSU	,245	-,271	-,040	,049
3 Bündnis 90/Die Grünen	,667	,404	,162	,020
4 PDS	-,508	,379	-,547	,014
5 Nichtwähler	-,950	,018	,146	-,002

Nicht-standardisierte kanonische Diskriminanzfunktionen, die bezüglich des Gruppen-Mittelwertes bewertet werden

Der Abschnitt zu den Klassifikationsergebnissen beginnt wieder mit der Tabelle der A-Priori-Wahrscheinlichkeiten der Gruppen, in unserem Beispiel den relativen Häufigkeiten. Die Festlegung der A-Priori-Wahrscheinlichkeiten beeinflusst ausschließlich die Klassifikation der Merkmalsträger, nicht aber die Güte der Diskriminanzfunktion. Die Koeffizienten zur Beschreibung der Diskriminanzfunktion bleiben gleich, unabhängig davon, welche A-Priori-Wahrscheinlichkeiten verwendet werden.

Kapitel 5: Diskriminanzanalyse

A-priori-Wahrscheinlichkeiten der Gruppen

wahl	A-priori	In der Analyse verwendete Fälle	
		Ungewichtet	Gewichtet
1 SPD	,277	303	303,000
2 CDU/CSU	,254	278	278,000
3 Bündnis 90/Die Grünen	,163	179	179,000
4 PDS	,073	80	80,000
5 Nichtwähler	,233	255	255,000
Gesamt	1,000	1095	1095,000

Für jeden Fall werden nun vier Diskriminanzwerte und auf dieser Basis die Wahrscheinlichkeit für die Gruppenzugehörigkeiten berechnet.

Fallweise Statistiken

Fallnummer	tatsächliche Gruppe	Höchste Gruppe					Zweithöchste Gruppe			Diskriminanzwerte			
		vorhergesagte Gruppe	P(D>d | G=g)		df	Quadrierte Mahalanobis-Abstand zum Zentroid	Gruppe	G=g	Quadrierte Mahalanobis-Abstand zum Zentroid	Funktion	Funktion	Funktion	Funktion
			p										
Origin 1	Ungruppiert	1	,821	4	,365	1,530	2	,310	1,686	,151	-,457	,081	-1,227
2	Ungruppiert	5	,428	4	,415	3,839	2	,296	4,690	-,923	-1,605	1,112	,518
3	5	5	,814	4	,481	1,571	1	,192	3,756	-1,049	,706	,719	-,873
4	5	5	,281	4	,642	5,061	2	,186	7,713	-1,697	-1,664	1,152	,811
5	1	5*	,705	4	,322	2,168	1	,255	2,981	-,397	,425	1,442	-,126
6	1	5*	,995	4	,390	,215	1	,223	1,684	,057	,367	,057	-,283
7	5	5	,553	4	,785	3,028	1	,076	8,052	-2,139	,085	1,274	-,584
8	Ungruppiert	5	,840	4	,559	1,426	2	,169	3,993	-1,614	-,515	-,365	,662
9	3	3	,001	4	,816	17,705	1	,115	22,684	3,801	2,460	,052	1,928
10	5	2*	,292	4	,430	4,959	1	,325	5,691	,251	-1,802	1,311	,938
11	4	1*	,427	4	,337	3,846	2	,286	4,006	,197	-,354	1,661	-1,000
12	Ungruppiert	5	,017	4	,931	12,073	2	,022	19,695	-2,925	,710	2,864	,551
13	Ungruppiert	2	,291	4	,466	4,966	1	,327	5,845	,327	-1,925	,470	1,450
14	2	2	,340	4	,484	4,518	1	,374	5,206	,676	-2,324	-,367	,152
15	Ungruppiert	1	,772	4	,354	1,805	2	,315	1,869	1,454	-,100	,203	,614
18	5	1*	,299	4	,327	4,888	2	,313	4,801	,015	-,904	1,858	-,814
19	Ungruppiert	2	,270	4	,393	5,174	1	,336	5,658	-,351	-2,009	-,868	-1,006
20	5	2*	,526	4	,345	3,192	1	,278	3,797	-,263	-,816	,686	1,502
21	Ungruppiert	2	,590	4	,410	2,808	1	,326	3,440	-,184	-1,890	-,060	,003
22	5	5	,714	4	,296	2,117	2	,290	2,334	-,372	-,518	1,254	,514

**Falsch klassifizierter Fall

Bei der Berechnung von mindestens zwei Diskriminanzfunktionen wird mit dem Unterbefehl „/PLOT MAP" eine „Gebietskarte" der ersten beiden Diskriminanzfunktionen ausgegeben. Die durch Ziffern markierten Grenzen zeigen, welche Diskriminanzwerte zur geschätzten Klassifizierung in der jeweiligen Gruppe führen.

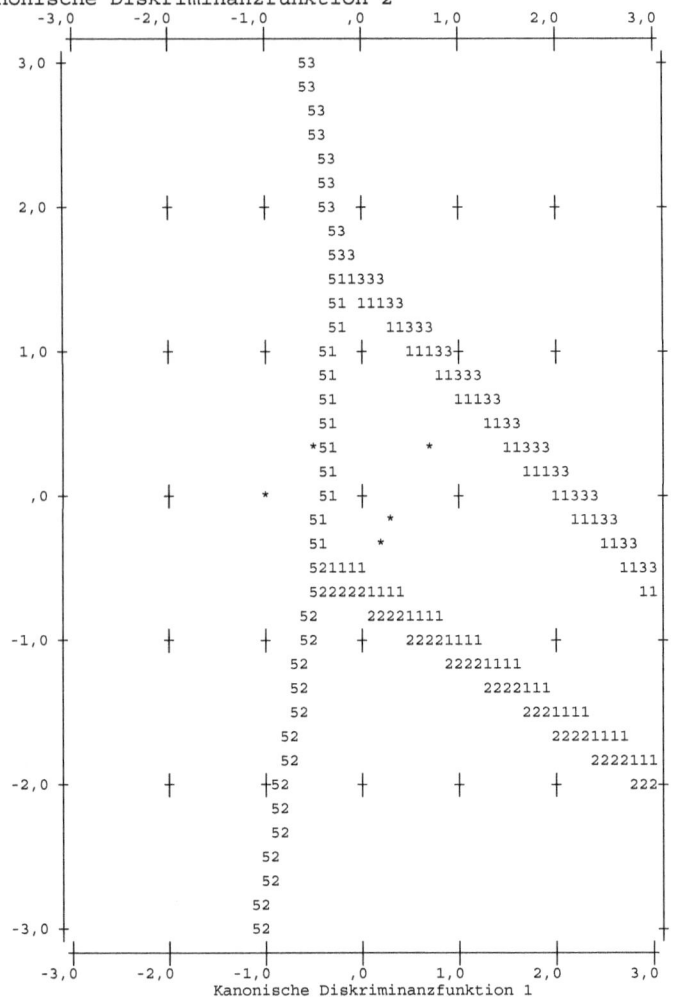

Kapitel 5: Diskriminanzanalyse

Im Beispiel dient die erste Funktion der Trennung von Nichtwählern einerseits, den Wählern von SPD, CDU/CSU und Bündnis 90/ Die Grünen andererseits. Die PDS-Wähler erscheinen in der Grafik nicht. Sie werden – wie auch die Tabelle der Klassifikationsergebnisse zeigt – zu schlecht erkannt. Die zweite Funktion trennt die Wähler der verschiedenen Parteien. Dies entspricht dem Output unter „Funktionen bei den Gruppenzentroiden" (siehe oben).Weiterhin wird für jede Gruppe und für alle Gruppen gemeinsam jeweils eine Grafik ausgegeben, die die Lage der einzelnen Fälle auf den Funktionen ausgibt. Auch hier werden nur die beiden ersten Funktionen berücksichtigt. Auf die Darstellung dieser Ergebnisse wird hier verzichtet, da sie bei Schwarz-Weiß-Druck kaum mehr interpretierbar sind.

Aus den bisherigen Ergebnissen geht schon hervor, dass die Gruppen im Fünf-Gruppen-Fall nicht sehr gut getrennt werden. Die Tabelle der Klassifikationsergebnisse zeigt, dass die Erkennung der Gruppen sehr unterschiedlich ist.

Klassifizierungsergebnisse

		wahl	Vorhergesagte Gruppenzugehörigkeit					Gesamt
			1 SPD	2 CDU/CSU	3 Bündnis 90/Die Grünen	4 PDS	5 Nichtwähler	
Original	Anzahl	1 SPD	132	71	45	5	50	303
		2 CDU/CSU	116	77	25	4	56	278
		3 Bündnis 90/Die Grünen	73	24	56	2	24	179
		4 PDS	23	10	6	4	37	80
		5 Nichtwähler	48	35	3	5	164	255
		Ungruppierte Fälle	153	97	35	7	170	462
	%	1 SPD	43,6	23,4	14,9	1,7	16,5	100,0
		2 CDU/CSU	41,7	27,7	9,0	1,4	20,1	100,0
		3 Bündnis 90/Die Grünen	40,8	13,4	31,3	1,1	13,4	100,0
		4 PDS	28,8	12,5	7,5	5,0	46,3	100,0
		5 Nichtwähler	18,8	13,7	1,2	2,0	64,3	100,0
		Ungruppierte Fälle	33,1	21,0	7,6	1,5	36,8	100,0

a. 39,5% der ursprünglich gruppierten Fälle wurden korrekt klassifiziert.

Als Kriterium für die Güte der Klassifikation kann ein Vergleich mit den A-Priori-Wahrscheinlichkeiten oder den proportionalen Zufallswahrscheinlichkeiten herangezogen werden (siehe oben). Bezogen auf beide Vergleichsmaße ist die Erkennung insgesamt einigermaßen gut. SPD und Nichtwähler werden am besten erkannt, die Wähler der PDS am schlechtesten.

Da die dritte und vierte Funktion nur noch wenig Modellvarianz erklären, wird abschließend in einem letzten Arbeitsschritt geprüft, wie sich die Ergebnisse für Wilks' Lambda und für die Klassifikation verändern, wenn man die Diskriminanzanalyse auf die Berechnung von zwei Funktionen einschränkt. Dazu muss die Syntax wie folgt verändert werden:

```
DISCRIMINANT
  /GROUPS=wahl(1 5)
  /VARIABLES=gndr_2 agea eduyrs region_2 main_1 main_2
main_3 main_4 main_5 hinc_1 hinc_2 hinc_3 hincfel_dich
trstprl ppltrst stfdem
  /ANALYSIS ALL
  /METHOD WILKS
  /FUNCTIONS (2)
  /PIN = 0.1 /POUT= 0.5
  /PRIORS SIZE
  /SAVE PROBS CLASS SCORES
  /STATISTICS=MEAN STDDEV TABLE
  /PLOT=COMBINED SEPARATE MAP
  /PLOT=CASES(20)
  /CLASSIFY=NONMISSING POOLED .
```

Die Ergebnisse werden hier nicht mehr im Einzelnen dargestellt. Die Klassifikation der Merkmalsträger verbessert sich durch diese Modifikation leicht von 39,5% auf 40,6%. Zugleich verstärken sich die Trends, die bei der Verwendung von vier Funktionen sichtbar wurden, vor allem die schlechte Erkennung der Wähler der PDS.

Klassifizierungsergebnisse

			Vorhergesagte Gruppenzugehörigkeit					
		wahl	1 SPD	2 CDU/CSU	3 Bündnis 90/Die Grünen	4 PDS	5 Nichtwähler	Gesamt
Original	Anzahl	1 SPD	146	67	40	0	50	303
		2 CDU/CSU	128	71	20	0	59	278
		3 Bündnis 90/Die Grünen	68	27	60	0	24	179
		4 PDS	21	6	11	0	42	80
		5 Nichtwähler	46	37	4	0	168	255
		Ungruppierte Fälle	158	98	36	0	170	462
	%	1 SPD	48,2	22,1	13,2	,0	16,5	100,0
		2 CDU/CSU	46,0	25,5	7,2	,0	21,2	100,0
		3 Bündnis 90/Die Grünen	38,0	15,1	33,5	,0	13,4	100,0
		4 PDS	26,3	7,5	13,8	,0	52,5	100,0
		5 Nichtwähler	18,0	14,5	1,6	,0	65,9	100,0
		Ungruppierte Fälle	34,2	21,2	7,8	,0	36,8	100,0

a. 40,6% der ursprünglich gruppierten Fälle wurden korrekt klassifiziert.

Kapitel 6
Clusteranalyse

Sabine Fromm

1 Einführung

Die Clusteranalyse – auch als „Numerische Klassifikation" bezeichnet – ist ein Verfahren zur Aufdeckung homogener Klassen von Merkmalsträgern. Sie impliziert die Annahme, dass im Datensatz natürliche Klassen von Merkmalsträgern existieren, die einander in Hinblick auf bestimmte Merkmale „ähnlich" sind und sich gleichzeitig von anderen Klassen unterscheiden. Beispiele für typische Fragestellungen, die mit einer Clusteranalyse bearbeitet werden können, sind:
- Klassifikation von Haushalten nach Merkmalen ihrer sozialen Lage;
- Klassifikation von Unternehmen nach Unternehmenskennzahlen;
- Klassifikation von Ländern nach Indikatoren der Entwicklung;
- Klassifikation von Personen nach dem Alter, in dem typische Lebensereignisse eintreten;
- Klassifikation von Arbeitsagenturen nach Merkmalen des regionalen Arbeitsmarktes;
- Klassifikation von Verlaufsmustern, zum Beispiel im Übergang aus Erwerbsarbeit in den Ruhestand.

Typischerweise gehören zu einer Clusteranalyse Fragen wie: Wie viele Klassen sollen im Datensatz unterschieden werden? Durch welche Kombinationen von Merkmalsausprägungen sind die einzelnen Klassen gekennzeichnet? Welche Merkmalsträger sind typische Repräsentanten der Klassen? Selbstverständlich kann die Ähnlichkeit der Merkmalsträger jeweils nur in Hinblick auf eine bestimmte Fragestellung untersucht und festgestellt werden. Bei der Auswahl anderer Merkmale könnten sich ganz andere Klassenstrukturen ergeben. Ausgangspunkt ist also stets ein realwissenschaftliches Problem, und Clusteranalysen liefern deshalb keine „richtigen", sondern brauchbare Ergebnisse. Die Brauchbarkeit hängt von der zweckmäßigen Auswahl der zu untersuchenden Merkmale ab. Allgemein lassen sich drei Ziele der Clusteranalyse spezifizieren:
- Im Verfahren der Clusteranalyse selbst geht es um die Aufdeckung von Ähnlichkeitsstrukturen in komplexen Datenmengen, die Bestimmung der Anzahl

der sinnvoll zu unterscheidenden Cluster und die Identifizierung klassentypischer Merkmalsträger bzw. auch von mehrdimensionalen „Ausreißern".
- Die Ergebnisse einer Clusteranalyse können als abhängige oder unabhängige Variablen in andere multivariate Verfahren aufgenommen werden. So kann der Einfluss der Clusterzugehörigkeit auf andere Merkmalsausprägungen untersucht oder aber die Clusterzugehörigkeit aus anderen Merkmalen erklärt werden.
- Obwohl Clusteranalysen meist die Vorstellung natürlicher Klassen im Datensatz implizieren, ist dies keine notwendige Bedingung. Eine Clusteranalyse kann auch im Sinne einer zweckmäßigen Aufteilung des Datensatzes sinnvoll sein, wenn es zum Beispiel um die Schichtung von Merkmalsträgern geht.

Die Durchführung einer Clusteranalyse erfordert eine Anzahl von Entscheidungen über die Vorgehensweise, die im Folgenden vorgestellt und diskutiert werden. Zu unterscheiden sind hier die Auswahl des geeigneten Klassifikationsverfahrens (Abschnitt 2), die Auswahl und möglicherweise Rekodierung der interessierenden Merkmale (Abschnitte 3 und 4), die Auswahl geeigneter Maße zur Bestimmung der Homogenität der Klassen (Abschnitt 5) und die Auswahl geeigneter Algorithmen der Klassierung (Abschnitt 6). Diese Fragen werden zunächst in allgemeiner Form erörtert, bevor in Abschnitt 8 eine Clusteranalyse zur Klassifikation von EU-Ländern nach verschiedenen Indikatoren der Bildung, des Arbeitsmarktes und der Armutsgefährung durchgeführt wird.

2   Übersicht über die Klassifikationsverfahren

Grundsätzlich werden Austauschverfahren und hierarchische Verfahren der Clusteranalyse unterschieden. Bei Austauschverfahren muss eine bestimmte Zahl von Clustern vorgegeben werden; das Klassifikationsverfahren besteht dann darin, die Merkmalsträger den Clustern so zuzuordnen, dass diese intern möglichst homogen sind und sich untereinander möglichst stark unterscheiden. Austauschverfahren setzen somit bereits Kenntnisse oder zumindest Hypothesen über die Klassenstruktur voraus. Dagegen geht es bei den hierarchischen Verfahren wesentlich darum, festzustellen, welche Anzahl von Clustern als sinnvoll angenommen werden kann. In der Praxis wird man beide Vorgehensweisen oft kombinieren. So ist es sinnvoll, zunächst eine hierarchische Clusteranalyse zu berechnen, um Vorstellungen von der Struktur des Datensatzes zu gewinnen und im Anschluss ein Austauschverfahren zur Verbesserung der Zuordnung der einzelnen Merkmalsträger zu den Clustern durchzuführen. Bevor wir auf die

Algorithmen dieser Verfahren eingehen, sollen jedoch noch Fragen der zu wählenden Klassifikationsmerkmale und der Maße zur Bestimmung von Ähnlichkeit/Unähnlichkeit bzw. Homogenität diskutiert werden.

3 Klassifikationsmerkmale

Klassifikationsmerkmale müssen danach ausgewählt werden, dass sie die Merkmalsträger in Hinblick auf das angestrebte Untersuchungsziel hinreichend und angemessen beschreiben. Ausschlaggebend sind also immer zunächst inhaltliche Überlegungen. Darüber hinaus müssen aber auch statistische Kriterien erfüllt sein, die mit der Vorstellung eines in Klassen strukturierten Datensatzes vereinbar sind:
- Es müssen Abhängigkeiten zwischen den Variablen bestehen, die jedoch nicht sehr hoch sein sollten. Andernfalls wird ein Aspekt der Ähnlichkeit doppelt gemessen und damit auch doppelt gewichtet.
- Die Merkmale sollten eine möglichst große Streuung aufweisen.

Die wechselseitige Abhängigkeit der Klassifikationsmerkmale ist eine notwendige, jedoch nicht hinreichende Bedingung. Nicht hinreichend deshalb, weil Ähnlichkeitsbeziehungen zwischen Merkmalen auch kontinuierlich variieren können. Damit Objekte klassifiziert werden können, müssen die Ähnlichkeitsbeziehungen aber strukturiert sein, d.h.:
- bei binären Merkmalen: Es gibt „points of rarity (where) individuals with certain combinations of features are rare" (Sneath 1957: 187; zit. nach Vogel 1975: 52f.). Diese Punkte separieren die Klassen voneinander, sie ermöglichen die Klassifikation;
- bei metrischen Merkmalen: es existieren schwach besetzte Wertebereiche.

4 Merkmalstyp und das Problem gemischter Merkmale

Die Clusteranalyse ist für alle Skalenniveaus geeignet. Allerdings setzt die Clusteranalyse mit SPSS voraus, dass alle Merkmale entweder klassifikatorisch (bzw. binär) oder aber metrisch sind. In der Praxis liegen jedoch häufig gemischte Merkmale vor, und zudem hat man es gerade im Bereich der Soziologie sehr oft mit ordinalen Merkmalen zu tun. Versucht man dieses Problem zu umgehen, indem man alle Variablen auf das niedrigste Skalenniveau transformiert, führt dies zu Informationsverlust oder -verzerrung, letzteres aufgrund der unterschiedlichen maximalen Streuung der verschiedenen Merkmalstypen. Dies kann zu einer Verfälschung der Datenstruktur führen, d.h. zur Erzeugung von Klassen, die in der Realität nicht existieren.

SPSS bietet mit dem Verfahren „TWO STEP CLUSTER" (seit SPSS 11.5) die Möglichkeit, zumindest kategoriale und metrische Merkmale gemeinsam zu verarbeiten.[37] Hierbei handelt es sich um eine probabilistische Clusteranalyse. Anders als bei den bisher genannten Verfahren werden die Merkmalsträger hier nicht deterministisch den Clustern zugeordnet. Vielmehr werden die Wahrscheinlichkeiten berechnet, den einzelnen Clustern zuzugehören. Der Prozess der Klassifikation beruht also auf Wahrscheinlichkeiten, nicht auf Distanzen. Bacher et al. (2004) haben jedoch gezeigt, dass dieses Vefahren zu unbefriedigenden Ergebnissen führt, weil Unterschiede in den kategorialen Variablen höher gewichtet werden als solche in den metrischen Variablen. Zudem werden auch dort Clusterlösungen gefunden, wo keine Clusterstruktur in den Daten existiert.

Ein Verfahren, mit dem kategoriale, ordinale und metrische Daten gleichzeitig verwendet werden können, wurde von Vogel entwickelt (zum Beispiel 1985). Er verwendet dazu ein Streuungsmaß auf der Basis der *Entropie*. Ordinale Variablen mit k Ausprägungen werden dabei in k-1 kategoriale Variab-len so umgewandelt, dass die Ordnunginformation erhalten bleibt. Metrische Merkmale werden klassiert und wie ordinale Merkmale behandelt. Für diese Verarbeitung metrischer Merkmale spricht, dass damit das Normierungsproblem (Welche Skala soll verwendet werden?) und das eng damit zusammenhängende Gewichtungsproblem (das Gewicht eines Merkmals in der Analyse hängt von verwendeter Skala ab) vermieden werden. Leider kann dieses Verfahren mit SPSS nicht umgesetzt werden, so dass letztlich nur die Möglichkeiten bleiben, entweder nur metrische Merkmale zu verwenden oder kategoriale bzw. ordinale Merkmale zu dichotomisieren.

5   Das Kriterium der Homogenität

Die Clusteranalyse soll „wohl separierte" homogene Klassen von Merkmalsträgern auffinden. Bevor der Algorithmus der Klassifikation dargestellt wird, ist deshalb zu klären, wie die Homogenität von Klassen gemessen werden kann. Hier lassen sich grundsätzlich zwei Möglichkeiten unterscheiden, die im Folgenden dargestellt werden:

---

[37] Mit diesem Verfahren können auch sehr große Datensätze bearbeitet werden.

- Messung der Homogenität durch Feststellung der Un-/Ähnlichkeit von Merkmalsträgern (indirekte Messung der Homogenität). Hier werden stets Paare von Merkmalsträgern betrachtet und ihre Ähnlichkeit/Unähnlichkeit bestimmt.
- Messung der Homogenität durch Messung der Streuung in den Gruppen (direkte Messung der Homogenität). Bei diesen Maßen werden die Cluster selbst betrachtet.

5.1 Homogenitätsmessung mit Un-/Ähnlichkeitsmaßen

- *Maße für metrische Merkmale*

Ähnlichkeit bzw. Unähnlichkeit wird bei diesen Maßen durch die Bestimmung von Abständen zwischen den Merkmalsträgern bestimmt. Gebräuchlich ist die euklidische Distanz d_{jk}, die als Distanz zweier Merkmalsträger j und k über alle Merkmale definiert ist:

$$d_{jk} = \sqrt{\sum_{i=1}^{m}(x_{ij}-x_{ik})^2}$$

mit: j = 1, ..., k, ..., n Merkmalsträger, i = 1, 2, ..., m Merkmale

Die Euklidische Distanz ist ein einfach zu berechnendes und anschauliches Maß, weist aber auch einige Probleme auf:
- Sie ist nicht skaleninvariant, d.h. ihr Wert ist abhängig von der Maßeinheit, in der die Merkmale erhoben werden. Merkmale, die auf einer „kleinen" Skala erhoben werden, z. B. Kinderzahl, erhalten damit ein geringeres Gewicht für die Klasseneinteilung als Merkmale, die auf einer Skala mit sehr vielen Ausprägungen gemessen werden, wie zum Beispiel das Einkommen in Euro. Zudem fallen auch Ausreißer in den Daten sehr stark ins Gewicht, was durch die Quadrierung noch verstärkt wird.
- Sie setzt eigentlich unkorrelierte Merkmale voraus; hoch korrelierte Merkmale werden auf diese Weise doppelt gewichtet.

- *Maße für binäre Merkmale*

Die Merkmale werden mit 1 kodiert, falls das interessierende Merkmal beim betrachteten Merkmalsträger vorliegt, und mit 0, wenn es nicht vorliegt. Grundlage der Ähnlichkeitsmessung ist dann eine Vier-Felder-Tafel (Tabelle 1), in der die Zahl der positiven/negativen Übereinstimmungen bzw. die Zahl der Nichtübereinstimmungen von je zwei Merkmalsträgern über alle m Merkmale eingetragen wird. Mit verschiedenen Ähnlichkeitskoeffizienten werden diese dann zueinander ins Verhältnis gesetzt. Im Feld „a" steht also die Zahl der positiven Übereinstimmungen (Merkmal x ist sowohl bei Merkmalsträger 1 wie auch bei Merkmalsträger 2 ausgeprägt) zweier Merkmalsträger bei allen Merkmalen, im Feld „d" die Zahl der negativen Übereinstimmungen (Merkmal x ist weder bei Merkmalsträger 1 noch bei Merkmalsträger 2 ausgeprägt). Die verschiedenen Maße unterscheiden sich hauptsächlich darin, ob sie das Feld „d", die negativen Übereinstimmungen berücksichtigen.

Tabelle 1: Vier-Felder-Tafel für binäre Merkmale

	Merkmalsträger k	
Merkmalsträger j	+	-
+	a	c
-	b	d

m

Ein häufig verwendetes Maß ist beispielsweise der „matching coefficient" s_{jk}. Hier werden sowohl die positiven wie auch die negativen Übereinstimmungen gezählt.

$$s_{jk} = \frac{a+d}{m}$$

– *Maße für nominale Merkmale*

Auch für nominale Merkmale mit mehr als zwei Ausprägungen können Ähnlichkeitskoeffizienten berechnet werden, die auf der Zahl positiver bzw. evtl. auch negativer Übereinstimmungen beruhen. Es sei:

$$\varphi_{jk} = \begin{cases} 1, \textit{falls } x_{ij} = x_{ik} \textit{ (Übereinstimmung zweier Merkmalsträger j und k bzgl. eines Merkmals x)} \\ 0, \textit{falls nicht} \end{cases}$$

Ein geeigneter Ähnlichkeitskoeffizient ist dann:

$$s_{jk} = \sum_{i=1}^{m} g_i \cdot \varphi_{jk} \bigg/ \sum_{i=1}^{m} g_i$$

Dabei sind die g_i Gewichte. Ist für alle Merkmale g = 1, so hat jedes Merkmal das gleiche Gewicht, unabhängig von der Zahl seiner Ausprägungen. Ein Problem dieses Ähnlichkeitskoeffizienten besteht darin, dass bei Merkmalen mit einer geringen Zahl von Ausprägungen Übereinstimmungen leichter eintreten können als bei Merkmalen mit einer großen Zahl von Ausprägungen. Um mit diesem Problem umzugehen, könnte man zum Beispiel Ausprägungen zusammenfassen, sofern dies inhaltlich sinnvoll erscheint. Eine andere Möglichkeit besteht darin, Merkmale mit vielen Ausprägungen stärker zu gewichten, zum Beispiel indem als Wert für die g_i-Gewichte nicht 1, sondern die Zahl der Ausprägungen des i-ten Merkmals wählt.

Für alle Merkmalstypen gilt, dass die Wahl des Klassifikationsmaßes erheblichen Einfluss auf das Klassifikationsergebnis hat. Für ordinale und für gemischte Merkmale sind keine geeigneten (Un-)Ähnlichkeitsmaße definiert.

Bei der Homogenitätsmessung anhand von (Un-)Ähnlichkeitsmaßen für Paare von Merkmalsträgern sollte man berücksichtigen, dass das Vorgehen zu verzerrten Ergebnissen führen kann. So ist es möglich, dass zwei Paare von Merkmalsträgern den gleichen Wert eines Maßes aufweisen, obwohl sich zum Beispiel Merkmalsträger A und B nur hinsichtlich der ersten Hälfte der Merkmale ähneln, C und D nur hinsichtlich der zweiten Hälfte. Zudem kann die Ähnlichkeit zweier Merkmalsträger bezüglich eines Merkmals i durch die Unähnlichkeit bzgl. eines Merkmals k aufgewogen werden (Vogel 1975: 79).

5.2 Homogenitätsmessung mit Streuungsmaßen

Im Gegensatz zu den Un-/Ähnlichkeitsmaßen werden nicht Paare von Merkmalsträgern verglichen, sondern die Homogenität einer Klasse wird direkt gemessen. Dabei gilt eine Zerlegung in Klassen („Partition") dann als gut, wenn die Streuung innerhalb der Klassen im Mittel klein ist. Es geht also darum, die Summe der Streuungen innerhalb der Klassen einer Partition zu minimieren.

Als geeignete Maße für klassifikatorische und ordinale Merkmale schlägt Vogel (1980) die mittlere Entropie bzw. (für ordinale Merkmale) ein Maß auf der Basis der Entropie vor. Dieses Maß ist gut für sozialwissenschaftliche Anwendungen geeignet, die typischerweise Merkmale verschiedener Skalenniveaus und ordinale Daten enthalten; da SPSS diese Option jedoch nicht vorsieht, wird es hier nicht vorgestellt.

Für metrische Merkmale kann die interne Varianz einer Partition P_k bestimmt werden. Die Varianz ist das einzige Streuungsmaß, das bei der Verwendung von SPSS dafür gewählt werden kann, mit:

$$Var(\underline{X}, P_k)_{\text{int.}} = \frac{1}{n} \sum_{k=1}^{K} n_k \sum_{i=1}^{m} Var(x_i)_k$$

Die interne Varianz einer Partition in k Klassen ist also das mit den Klassenbesetzungen gewichtete Mittel der klassenspezifischen Varianzen. Bei der Verwendung von Streuungsmaßen zielt der Algorithmus der Clusteranalyse darauf ab, diese interne Varianz einer Partition zu minimieren.

6 Clusteranalyse mit hierarchischen Verfahren

6.1 Überblick

Hierarchische Klassifikationsverfahren erzeugen Klassen, die in einem Über-/Unterordnungsverhältnis zueinander, also in Teilmengenbeziehungen stehen. Im Folgenden wird nur auf die hierarchisch-agglomerativen Verfahren eingegangen. Ausgangspunkt sind n Klassen mit je 1 Merkmalsträger. Diese werden schrittweise vereinigt, wobei auf jeder Fusionsstufe die beiden Merkmalsträger/Klassen vereinigt werden, die einander in Hinblick auf ein Gütekriterium am ähnlichsten sind bzw. für die ein Homogenitätsmaß den günstigsten Wert annimmt. Dieser Prozess wird so lange fortgesetzt, bis alle Merkmalsträger bzw. Klassen fusioniert sind. Der Algorithmus ist wie folgt aufgebaut:
- Fusionsstufe r = 0: Jeder Merkmalsträger gilt als eigene Klasse. Datengrundlage ist die Distanzmatrix D oder die Ähnlichkeitsmatrix S bzw. die ursprüngliche Datenmatrix X;
- Bestimmen der beiden Klassen (bzw. auf der ersten Stufe: der beiden Merkmalsträger), die einander in Hinblick auf das Gütekriterium am ähnlichsten sind;
- Vereinigung dieser beiden Klassen, wobei in SPSS dieser neuen Klasse die jeweils kleinere Klassennummer zugeordnet wird;
- Aktualisieren von D bzw. S: Neuberechnung der Distanzen aller Elemente zueinander, da auch auf allen weiteren Fusionsstufen das größte bzw. kleinste Element aus D oder S das Fusionskriterium ist. (Hier spielt die Eingabereihenfolge eine Rolle: Bei mehreren kleinsten Elementen wird dasjenige genommen, das zuerst in der Matrix gefunden wird.)
- Bestimmen der beiden Klassen, die einander nun am ähnlichsten sind usw. Nach r = n - 1 Fusionsschritten gehören alle n Merkmalsträger einer Klasse an.

Die sukzessive Fusion der Klassen wird graphisch mit einem Dendrogramm dargestellt, bzw. mit dessen Hilfe beurteilt. Ein Dendrogramm besteht aus einem „Stammbaum" mit einer Skala, von der die folgenden Informationen abgelesen werden können:
- die Homogenität einer auf der r-ten Stufe gebildeten Klasse: h(G)r;
- die Homogenität der Partition der r-ten Stufe;
- der Heterogenitätszuwachs, der aus der Fusion zweier Klassen resultiert.

Das Dendrogramm wird deshalb benutzt, um Informationen über die optimale Klassenanzahl zu gewinnen.

Das Dendrogramm informiert also über die Klassenstruktur im Datensatz, die Hierarchie der Klassen, den Prozess der Klassenbildung und über die Datenstruktur im Allgemeinen (zum Beispiel Ausreißer).

Die Verfahren der hierarchisch-agglomerativen Klassifikation unterscheiden sich bzgl. der Vorschrift, nach der auf jeder Fusionsstufe die Un-/Ähnlichkeit zweier Merkmalsträger/Klassen gemessen wird, d.h. nach den Vorstellungen von der Homogenität der zu bildenden Klassen. Vogel (1975) unterscheidet folgende Verfahrensgruppen, die zum großen Teil mit SPSS angewendet werden können:

6.2 Verfahren der Gruppe I: Messung der Unähnlichkeit zwischen Merkmalsträgern

- *Single linkage (nearest neighbour)*

Auf jeder Fusionsstufe werden die beiden Klassen vereinigt, die die beiden Merkmalsträger enthalten, deren Abstand voneinander der kleinste Abstand auf dieser Fusionsstufe ist.

> „Für die Fusion der Klassen genügt also eine einzige Beziehung zwischen zwei Objekten, ein 'single link'." (Vogel 1975: 294)

Das Problem dieses Verfahrens besteht darin, dass es nur „wohl separierte" Klassen findet. Wenn einzelne Klassen durch „Brücken", also durch Merkmalsträger, die sich einer eindeutigen Zuordnung entziehen, verbunden sind, werden sie nicht als eigenständige Klassen erkannt. Die erzeugten Klassen können deshalb ziemlich heterogen sein, zum einen wegen dieser „Verkettungseigenschaft", zum anderen, weil der Abstand zwischen zwei Objekten innerhalb einer Klasse größer sein kann, als der zwischen Objekten verschiedener Klassen.

- *Complete linkage (farthest neighbour)*

Hier werden zwischen allen Klassen die maximalen Abstände (zwischen Merkmalsträgern) bestimmt. Die beiden Klassen, deren maximaler Abstand der kleinste maximale Abstand ist, werden fusioniert. Anders als bei „Single Linkage" existiert bei diesem Verfahren keine Verkettungseigenschaft, es gibt aber eine Tendenz zur Bildung gleich großer Klassen.

6.3 Verfahren der Gruppe II: Messung der Un-/Ähnlichkeit von Klassen

– *Average linkage*

Gemessen wird der durchschnittliche Abstand zwischen den Elementen von jeweils zwei Klassen, und es werden die beiden Klassen mit dem geringsten durchschnittlichen Abstand fusioniert. Dieses Verfahren ist nicht für komparative und gemischte Merkmale geeignet, da das arithmetische Mittel berechnet wird. Es kann aber für klassifikatorische Merkmale eingesetzt werden, sofern der „matching coefficient" verwendet wird.

– *Zentroidverfahren*

Für jede Klasse wird der Zentroid berechnet. Es werden die euklidischen oder quadrierten euklidischen Abstände zwischen den Zentroiden bestimmt, und auf jeder Stufe die Klassen mit dem geringsten Abstand fusioniert. Die Distanz zweier Klassen ergibt sich als Summe der quadrierten Differenzen der einzelnen Variablenmittelwerte. Der Zentroid des neuen Clusters entspricht dem gewogenen Mittel der beiden Zentroide der Ausgangscluster. Ebenso wie das Medianverfahren weist das Zentroidverfahren das sog. „Inversionsproblem" auf: Das Fusionskriterium nimmt mit wachsendem r nicht stets monoton zu, d.h. Klassen können wieder unähnlicher werden, es ergeben sich Inversionen. Es werden also keine wohlseparierten Klassen erzeugt (vgl. Vogel 1975: 310).

– *Medianverfahren*

Das Medianverfahren ist dem Zentroidverfahren ähnlich, jedoch wird der Zentroid des neuen Clusters direkt aus den Zentroiden der beiden Ausgangscluster berechnet, die beide mit gleichem Gewicht in die Berechnung eingehen. Beim Zentroidverfahren wird dagegen ein gewichtetes Mittel berechnet, mit den Fallzahlen der Ausgangscluster als Gewichte.

6.4 Verfahren der Gruppe III: Verfahren zur sukzessiven Verbesserung der Homogenität von Klassen

Ziel dieser Verfahren ist es, die Streuung innerhalb der Klassen sukzessive zu minimieren. Als Gütekriterien werden nun Homogenitäts- bzw. Heterogenitätsmaße verwendet. Betrachtet wird der Heterogenitätszuwachs innerhalb der Klassen beim Übergang von der (r-1)ten zur r-ten Stufe. Es werden jeweils die beiden Klassen vereinigt, aus deren Fusion der kleinste Heterogenitätszuwachs resultiert.

– *Entropieanalyse*
Die Entropieanalyse misst den Heterogenitätszuwachs durch den Zuwachs an Entropie, der aus der Fusion zweier Cluster resultiert. Zusätzlich zum Dendrogramm kann ein Struktogramm berechnet werden, das die interne Entropie einer Partition zur Gesamtentropie des Datensatzes in Beziehung setzt. Die Entropieanalyse ist gut geeignet für klassifikatorische und komparative Merkmale, liefert relativ homogene Klassen und zeigt keine Verkettungseigenschaft.

– *Verfahren von WARD*
Das Verfahren von WARD ist für metrische (und binäre) Merkmale geeignet. Es misst den Heterogenitätszuwachs von einer Fusionsstufe zur nächsten als Zunahme der Gesamtvarianz des Systems. Das Hauptproblem dieses Verfahrens besteht darin, dass es nicht skaleninvariant ist.

7 Clusteranalyse mit Austauschverfahren (k-means clustering)

Ziel ist die optimale Aufteilung („Partition") in eine vorzugebende disjunkte Zahl von Klassen. Dabei gilt diejenige Partition als optimal, die den besten Wert für eine Gütefunktion (s. u.) aufweist. Um die optimale Partition zu erreichen, müsste man allerdings alle möglichen Partitionen für einen Datensatz erzeugen und diejenige mit dem besten Wert für ein Homogenitätsmaß auswählen. Dies ist aufgrund der immens großen Zahl möglicher Lösungen jedoch nicht möglich. Deshalb wird folgender Algorithmus angewendet:
– Bestimmen einer Gütefunktion $g(X, P_k)$, die misst, wie homogen die Klassen einer Partition im Mittel sind;
– Vorgeben bzw. erzeugen einer Startpartition P_{k0} (willkürliche oder zufällige Zuordnung der Objekte zu den Klassen der Startpartition);
– Iterative Verbesserung von P_{k0} : Jeder Merkmalsträger wird – in der Eingabereihenfolge – probeweise jeder anderen Klasse zugeordnet, und es wird gemessen, wie sich der Wert der Gütefunktion dadurch verändert. Die Partition, für die die Gütefunktion ein Extremum (i.d.R. ein Minimum) annimmt, gilt als optimale Partition.

Dieser Algorithmus bewirkt allerdings, dass nur ein Teil der möglichen Partitionen erzeugt wird; bei Erreichen des ersten lokalen Optimums bricht er ab; dieses lokale Optimum muss aber nicht mit dem globalen Optimum identisch sein! Man weiß also nicht, wie gut die Endpartition tatsächlich ist. Von Bedeutung ist in diesem Zusammenhang also der Einfluss der Startpartition: Es ist sinnvoll, mehrere Startpartitionen zu erzeugen und diejenige mit dem besten Gütekriterium auszuwählen. Da allerdings auch dies nicht zwangsläufig zu einer besseren Lösung führt, sollte man stets mehrere Startpartitionen durchprobieren. Das Ergebnis hängt stets auch von der Eingabereihenfolge der Daten ab!

Die größte Schwierigkeit der Austauschverfahren besteht darin, dass die Klassenzahl k vorab bestimmt werden muss. Vogel (1975) schlägt u. a. folgende Möglichkeiten vor:
- Hierarchische Vorklassifikation;
- Betrachtung der Klassen: Welche Klassen bleiben relativ stabil erhalten?
- Vorgabe einer provisorischen Klassenanzahl und Betrachtung der Heterogenität jeder Klasse: Ist diese größer als eine vorzugebende Schranke, wird die Klasse weiter aufgeteilt bzw. es werden Klassen zusammengefasst, wenn sie ein bestimmtes Kriterium unterschreiten.

8 Clusteranalyse mit SPSS – ein Anwendungsbeispiel

8.1 Einführung und Beschreibung der Daten

Eine häufige Anwendung der Clusteranalyse ist die Klassifikation von Ländern. Für unser Anwendungsbeispiel sollen europäische Länder zu Clustern mit spezifischen Mustern der Erwerbs- und Bildungsbeteiligung von Männern und Frauen zusammengefasst werden. Dazu wird zunächst eine hierarchische Clusteranalyse durchgeführt, um Anhaltspunkte für eine zweckmäßige Klassenanzahl zu gewinnen. Mit einer k-means-Clusteranalyse soll anschließend die Clusterzuordnung der Länder optimiert werden.

Für diese Analyse werden Eurostat-Daten verwendet. Die Daten können aus der Eurostat-Datenbank[38] in verschiedenen Dateiformaten, z. B. als Excel-Tabellen, downgeloadet und dann in SPSS eingelesen werden. Der aufbereitete Datensatz für das Anwendungsbeispiel kann von der Verlagswebsite geladen werden (siehe Einführung, Tabelle 2). Die nachstehende Tabelle enthält die Beschreibungen der ausgewählten Variablen und ihre Bezeichnung im Datensatz. Alle erhobenen Variablen beziehen sich auf das Jahr 2008.

---

[38] http://epp.eurostat.ec.europa.eu/portal/page/portal/statistics/search_database

Tabelle 2: Variablen für das Anwendungsbeispiel

Tabellenbezeichnung Eurostat	Erläuterung	Variable (Name) im SPSS-Datensatz
LFSA_ERGAN Beschäftigungsquoten nach Geschlecht, Altersgruppe und Staatsangehörigkeit (%) indic_ed indic_il	Beschäftigungsquoten der Frauen und der Männer, jeweils im Alter 15-64 Jahre	w_besch_1564 (Frauen) m_besch_1564 (Männer)
LFSA_EPPGA Teilzeitbeschäftigung als Prozentsatz der gesamten Beschäftigung bei vorgegebenem Geschlecht und Altersgruppe (%)	Teilzeitquoten der Frauen und der Männer, jeweils im Alter 15-64 Jahre	w_teilzeit_1564 m_teilzeit_1564
EDUC_IATT Bildungsabschluss nach Geschlecht	Prozentualer Anteil der weiblichen bzw männlichen Bevölkerung im Alter von 25 bis 64 Jahren, die mindestens einen höheren Sekundarabschluß erreicht haben	w_bild_high m_bild_high
	Frühzeitige Schulabgänger – Frauen bzw. Männer: % der männlichen bzw. weiblichen Bevölkerung im Alter von 18 bis 24 Jahren, die maximal einen unteren Sekundarabschluss erreicht haben und die weder in der Weiter- noch in der Ausbildung sind	w_bild_low m_bild_low
ILC_LI03 Armutsgefährdungsquote nach Haushaltstyp	Die Armutsgefährdungsquote gibt den Anteil der Haushalte wieder, deren Einkommen unterhalb einer Grenze: 60% des medianen Äquivalenzeinkommens nach Sozialleistungen liegt. Betrachtet werden alle Haushalte, ohne Differenzierung.	arm_risk

Die Durchsicht des Datensatzes zeigt zwei für die Clusteranalyse typische Probleme: a) fehlende Werte und b) hoch korrelierende Variablen. Fehlende Werte liegen zum einen für die Schweiz und für Mazedonien vor, für die es keinerlei Informationen zu Armutsgefährdungsquoten gibt, zum anderen für Kroatien und

die Türkei, für die es bei dieser Variable keine Daten für das Jahr 2008 gibt. In dieser Situation gibt es drei Möglichkeiten, mit dem Problem umzugehen:
- Entfernen der Variable aus dem Datensatz: Das ist hier nicht wünschenswert, da das Armutsgefährdungsrisiko eine besonders interessierende Variable ist.
- Ersetzen der fehlenden Werte: Hier könnten zum Beispiel Mittelwerte einer Zeitreihe eingesetzt werden oder Werte des vorhergehenden Jahres, da nicht anzunehmen ist, dass sich das Armutsgefährdungsrisiko in kurzer Zeit dramatisch verändert.
- Entfernen der betroffenen Länder aus dem Datensatz: Dies ist die einzige Möglichkeit, wenn keinerlei Information zur interessierenden Variable vorhanden ist.

In unserem Beispiel werden die Schweiz und Mazedonien aus dem Datensatz entfernt, weil für sie keine Daten zum Armutsgefährdungsrisiko vorliegen. Der Türkei wird der Wert des Jahres 2003 zugewiesen, Kroatien der für 2007.

```
SELECT IF (id NE 'CH' AND id NE 'MK').
FREQ /VAR id.
***Datensatz speichern.
```

Damit sieht unser Datensatz wie auf der nächsten Seite abgebildet aus.

Kapitel 6: Clusteranalyse

Land	ID	w_bes ch_15 64	m_bes ch_15 64	w_teil zeit_1 564	m_teil zeit_1 564	w_bil d_hig h	m_bil d_hig h	w_bil d_low	m_bil d_low	arm_r isk
Belgien	BE	56,2	68,6	40,8	7,5	69,6	69,5	10,6	13,4	15,0
Bulgarien	BG	59,5	68,5	2,4	1,6	77,5	77,6	15,5	14,1	21,0
Tschechische Republik	CZ	57,6	75,4	7,8	1,6	87,7	94,1	5,4	5,8	9,0
Dänemark	DK	74,3	81,9	36,0	13,1	76,3	78,9	9,2	13,7	12,0
Deutschland (einschließlich ex-DDR seit 1991)	DE	65,4	75,9	44,9	8,4	82,5	88,2	11,2	12,4	15,0
Estland	EE	66,3	73,6	9,3	3,5	90,0	86,7	8,2	19,8	19,0
Irland	IE	60,2	74,9	31,9	7,1	73,3	66,7	8,0	14,6	16,0
Griechenland	GR	48,7	75,0	9,8	2,5	62,2	59,9	10,9	18,5	20,0
Spanien	ES	54,9	73,5	22,6	4,0	51,4	50,5	25,7	38,0	20,0
Frankreich	FR	60,4	69,6	29,3	5,6	68,5	70,8	9,8	13,8	13,0
Italien	IT	47,2	70,3	27,8	4,8	54,3	52,4	16,7	22,6	19,0
Zypern	CY	62,9	79,2	10,8	3,4	71,5	74,7	9,5	19,0	16,0
Lettland	LV	65,4	72,1	7,1	3,9	88,8	82,5	10,7	20,2	26,0
Litauen	LT	61,8	67,1	8,3	4,7	91,7	89,3	4,7	10,0	20,0
Luxemburg (Grand-Duché)	LU	55,1	71,5	38,2	2,7	64,3	71,5	10,9	15,8	13,0
Ungarn	HU	50,6	63,0	5,8	3,0	76,4	83,2	10,9	12,5	12,0
Malta	MT	37,4	72,5	25,3	4,0	24,0	30,9	36,1	41,7	15,0
Niederlande	NL	71,1	83,2	75,2	22,8	71,1	75,5	8,8	14,0	11,0
Österreich	AT	65,8	78,5	41,1	6,9	75,4	86,7	9,8	10,4	12,0
Polen	PL	52,4	66,3	10,9	5,1	86,6	87,7	3,9	6,1	17,0
Portugal	PT	62,5	74,0	13,9	4,1	30,8	25,6	28,6	41,9	18,0
Rumänien	RO	52,5	65,7	9,3	8,1	70,7	80,1	16,0	15,9	23,0
Slowenien	SI	64,2	72,7	10,4	6,2	80,0	84,0	2,6	7,2	12,0
Slowakei	SK	54,6	70,0	4,1	1,3	87,2	92,7	4,9	7,1	11,0
Finnland	FI	69,0	73,1	17,8	7,9	83,4	78,8	7,7	12,1	14,0
Schweden	SE	71,8	76,7	40,9	11,9	86,7	83,3	9,9	12,3	12,0
Vereinigtes Königreich	UK	65,8	77,3	41,0	9,8	70,1	76,9	15,6	18,3	19,0
Kroatien	HR	50,7	65,0	8,8	5,3	71,4	80,6	3,3	4,1	18,0
Türkei	TR	24,3	67,7	20,2	5,0	20,2	32,9	53,7	38,5	25,0
Island	IS	79,6	87,3	33,2	9,1	61,9	66,2	22,4	26,2	10,0
Norwegen	NO	75,4	80,5	43,0	13,4	79,6	80,4	12,9	21,0	11,0

Damit metrische Variablen für eine Clusteranalyse verwendet werden können, dürfen keine starken Korrelationen zwischen ihnen bestehen. Dies steht der Vorstellung entgegen, dass natürliche Klassen sich als „Zusammenballungen" in den Punktwolken darstellen. Betrachtet man die Korrelationen der von uns ausgewählten Variablen, zeigt sich, dass solche sehr hohen Korrelationen bestehen, vor allem zwischen den Bildungsvariablen. Es ist nicht sinnvoll, bei hoch korrelierenden Variablen jeweils beide Variablen in die Analyse aufzunehmen. Im Anwendungsbeispiel könnte man entweder nur die Werte für Frauen oder Männer berücksichtigen. Eine andere Möglichkeit ist die Bildung einer neuen Variablen, die zum Beispiel die Differenz zwischen den Bildungsabschlüssen bzw. der Erwerbsbeteiligung von Frauen und Männern erfasst. Damit wird allerdings eine neue inhaltliche Information erhoben: Die Länder werden nicht mehr nach den jeweiligen Anteilen unterschieden, sondern nach Geschlechterunterschieden bei den betrachteten Variablen. Wir arbeiten mit dieser veränderten Fragestellung weiter und rechnen deshalb mit Differenzen:

```
***Differenz Anteile Frauen - Männer mit hoher Bildung.
COMPUTE bild_high_diff = w_bild_high - m_bild_high.
EXECUTE.

***Differenz Anteile Frauen - Männer mit niedriger Bildung.
COMPUTE bild_low_diff = w_bild_low - m_bild_low.
EXECUTE.

***Differenz Beschäftigung.
COMPUTE besch_diff = w_besch_1564 - m_besch_1564.
EXECUTE.

****Differenz Teilzeit-Anteile.
COMPUTE teil_diff = w_teilzeit_1564 - m_teilzeit_1564.
EXECUTE.
```

Positive Werte für `bild_high_diff` bringen dann beispielsweise zum Ausdruck, dass der Anteil der Frauen mit höherem Bildungsabschluss in dem betrachteten Land über dem der Männer liegt. Je weiter der Wert von Null abweicht, desto größer ist der Unterschied in der Bildungsbeteiligung der Geschlechter.

Diese neu gebildeten Variablen korrelieren noch immer, doch nun deutlich weniger stark. Die stärkste Korrelation besteht zwischen den beiden Variablen, die die Differenz zwischen Männern und Frauen mit jeweils hohen bzw. niedrigen Bildungsabschlüssen messen (`bild_high_diff`, `bild_low_diff`). Ein Streudiagramm der beiden Variablen zeigt, dass ein nicht unwesentlicher Anteil des Zusammenhangs durch die Ausreißer-Position der Türkei verursacht wird: Nur hier ist der Anteil der gering gebildeten Frauen deutlich größer als derjenige der Männer.

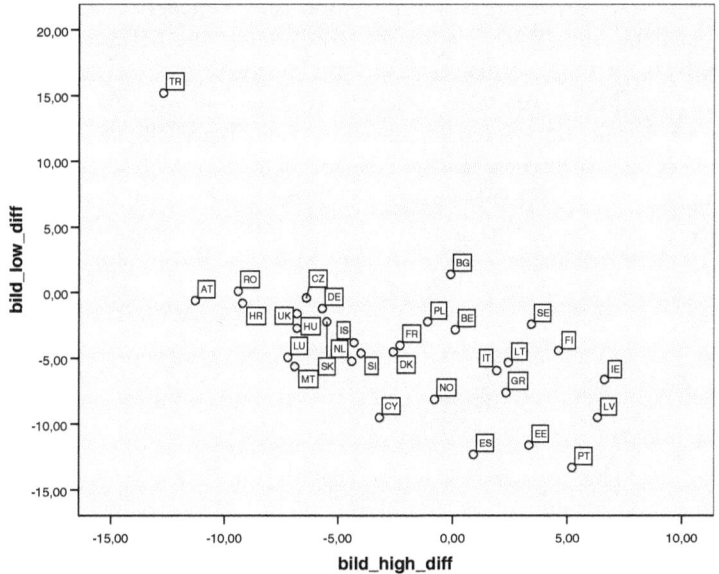

Entfernt man die Türkei probeweise aus dem Datensatz, wird der Zusammenhang zwischen den beiden Variablen deutlich geringer, und auch das Streudiagramm sieht entsprechend weniger strukturiert aus. Aus inhaltlichen Überlegungen behalten wir sowohl die Türkei wie auch beide Variablen im Datensatz. Möglicherweise wird sie in der Clusteranalyse ein eigenes Cluster bilden oder mit anderen „Ausreißern" zusammengefügt werden.

Die letzte Überlegung, die vor der Durchführung der eigentlichen Clusteranalyse anzustellen ist, ist die Frage, ob die nun definierten Variablen ohne weitere Transformationen in die Analyse eingehen können, oder ob noch eine Standardisierung nötig ist. Diese ist vor allem dann erforderlich, wenn die Variablen auf unterschiedlichen Skalen gemessen werden bzw. stark unterschiedliche Wertebereiche aufweisen. Nimmt man zum Beispiel die Kinderzahl und das Monatseinkommen in eine Analyse auf, so wird die erste Variable Werte zwischen Null und selten mehr als fünf annehmen, die zweite Variable dagegen Werten zwischen Null und mehreren Tausend.

Ein weiteres Beispiel, das eine Standardisierung erforderlich macht, ist die Einbeziehung von Variablen, vor allem zur Messung von Einstellungen, die auf unterschiedlichen Skalen gemessen werden. So kann etwa eine Skala drei Antwortabstufungen haben, die andere sieben. In unserem Beispiel sind alle Variablen Prozentangaben, liegen damit auf einer Skala und können alle Werte zwischen Null und 100 annehmen. Allerdings sind die Wertebereiche einzelner Variablen sehr unterschiedlich, dies betrifft insbesondere die Differenz bei der Teilzeitarbeit, die ohne Standardisierung unverhältnismäßig viel Gewicht für die Clusterbildung erhalten würde. Die Z-Standardisierug, mit der alle Variablen den Mittelwert 0 und die Varianz 1 erhalten, kann innerhalb der Prozedur „CLUSTER" angefordert werden, am einfachsten über die Menüsteuerung. Bei der Berechnung wird von jedem Messwert der Mittelwert der jeweiligen Variable subtrahiert und die Differenz durch die Standardabweichung der Variable dividiert.

$$z = \frac{(x - \overline{x})}{s}$$

In diesem Fall wird eine temporäre Datei erzeugt, die am Ende der Clusteranalyse automatisch wieder gelöscht wird. Will man die z-standardisierten Werte im Datensatz speichern, können sie ganz einfach mit der Prozedur „DESCRIPTIVES" und dem Unterbefehl „/SAVE" erzeugt werden.

```
DESCRIPTIVES
  VARIABLES= arm_risk bild_high_diff bild_low_diff besch_diff
teil_diff
  /SAVE
  /STATISTICS=MEAN STDDEV MIN MAX .
```

Durch diese Transformation werden die neuen Variablen zarm_risk, zbild_high usw. erzeugt und im Datensatz gespeichert. Nach diesen Vorarbeiten können wir nun mit der eigentlichen Clusteranalyse beginnen.

8.2 *Hierarchisch-agglomerative Clusteranalyse mit SPSS*

Die hierarchisch-agglomerative Clusteranalyse umfasst mehrere Arbeitsschritte:
– Entscheidung über Agglomerationsverfahren und Durchführen der Clusterbildung;

Kapitel 6: Clusteranalyse

- Entscheidung über die Clusterzahl;
- Zuordnung der Fälle zu den Clustern;
- Klassendiagnose: Berechnung und Interpretation der Mittelwerte und Standardabweichungen der ursprünglichen Variablen bei den Clustern.

Bei Datensätzen überschaubarer Größe, so wie in unserem Beispiel, bietet es sich an, zunächst eine Clusteranalyse mit dem Verfahren Single Linkage (Nearest Neighbour) durchzuführen, da damit Ausreißer in den Daten besonders gut erkannt werden können. Bei sehr großen Datensätzen, für die das Dendrogramm nicht mehr anschaulich ist, hat diese Vorgehensweise keinen Sinn. Hier wäre es besser, bereits vor der Analyse nach Ausreißern zu suchen, indem man sich Minima und Maxima der Variablen anzeigen lässt. Wie mit Ausreißern zu verfahren ist, kann nicht pauschal geregelt werden. Einerseits können Ausreißer die gesamte Datenstruktur stark verzerren, andererseits bilden sie ja reale Extreme ab. Statt Ausreißer aus dem Datensatz zu entfernen, empfiehlt es sich deshalb oft, besser die Clusterzahl ausreichend groß zu wählen, so dass Ausreißer eigene Cluster bilden können.

```
CLUSTER zarm_risk zbild_high_diff zbild_low_diff
zbesch_diff z_teil_diff ❶
  /MEASURE SEUCLID ❷
  /METHOD SINGLE ❸
  /ID= id ❹
  /PRINT CLUSTER (3,6)SCHEDULE ❺
  /PLOT DENDROGRAM. ❻
```

Erläuterungen:
- ❶ Variablen, mit denen die Clusteranalyse durchgeführt werden soll;
- ❷ Als Distanzmaß wird die quadrierte euklidische Distanz verwendet;
- ❸ Klassifikationsmethode bzw. Agglomerationsvorschrift: Fusion jeweils der beiden Cluster, die Elemente enthalten, die die geringste Distanz im Datensatz aufweisen;
- ❹ Zuweisen der Fallbezeichnung, nur mit string-Variablen möglich;
- ❺ Anforderung einer Übersicht der Zuordnung der Länder zu Clustern für Lösungen mit 3, 4, 5 und 6 Clustern sowie einer Tabelle der Fusionsschritte;
- ❻ Anforderung eines Dendrogramms.

Das Dendrogramm (das hier nicht widergegeben wird) zeigt deutlich, dass mehrere Länder innerhalb der Datenstruktur mehrdimensionale Ausreißer darstellen, nämlich die Türkei und Malta. Hätte man mit nicht-standardisierten Werten gerechnet, würden auch die Niederlande nicht in die Clusterstruktur eingeordnet werden. Im Unterschied zur Türkei und zu Malta beruht die Ausreißer-Position der Niederlande jedoch auf einer einzigen Variablen, nämlich der Teilzeitdifferenz, da in den Niederlanden ca. 75% der Frauen in Teilzeit arbeiten. Auch der Anteil der teilzeitbeschäftigten Männer ist dort höher als in allen anderen Ländern, aber dennoch bleibt die Differenz zwischen den Geschlechtern exorbitant höher als in jedem anderen Land. Die Ausnahmestellung der Türkei und Maltas beruht demgegenüber auf mehreren Variablen, so dass es hier wünschenswert ist, beide Länder auch als „Ausreißer" in den Clustern erscheinen zu lassen.

Nach der Betrachtung der Ausreißer wird nun die eigentliche Clusteranalyse mit der Methode „Ward" durchgeführt. Die Agglomerationsvorschrift hierbei ist die Minimierung der Gesamtvarianz des Systems. Das Verfahren ist hier gut geeignet, da alle Merkmale metrisch sind und zudem in den gleichen Einheiten erhoben wurden, so dass es keine Normierungs- und Gewichtungsprobleme gibt. In der Syntax ändert sich nur der Unterbefehl „/method":

```
CLUSTER zarm_risk zbild_high_diff zbild_low_diff
zbesch_diff zteil_diff
 /MEASURE SEUCLID
 /METHOD WARD
 /ID= id
 /PRINT CLUSTER (3,6) SCHEDULE
 /PLOT DENDROGRAM.
```

Die Ergebnisse, die mit diesem Befehl erzeugt werden, werden nachstehend erläutert. In der Tabelle „Zuordnungsübersicht" werden zunächst die Fusionsschritte dargestellt. Die 31 Fälle werden in 30 Fusionsschritten klassifiziert. Den Fällen (bzw. Clustern) werden ihre von SPSS definierten Fallnummern zugeordnet, nicht die benutzerdefinierten Fall-IDs. In den Spalten unter der Überschrift „Zusammengeführte Cluster" steht, welche beiden Cluster auf der jeweiligen Stufe fusioniert werden. Den Clustern wird dabei stets die kleinere Clusternummer zugeordnet. So erhält zum Beispiel das Cluster aus den Elementen 4 und 10, die auf der ersten Stufe fusioniert werden, die Nummer 4. In den beiden Spalten unter der Überschrift „Erstes Vorkommen des Clusters" wird für jede Fusionsstufe angegeben, wann die beiden auf dieser Stufe fusionierten Cluster zuerst als Cluster erschienen. Cluster 4 wurde auf der ersten Stufe gebildet, dies wird auf der Fusionsstufe 3 mit dem Wert 1 angegeben. Cluster/Fall 30, mit dem Cluster 4 hier fusioniert wird, weist den Wert 0 auf, weil es vorher noch nicht fusioniert wurde. Cluster 4 wird dann auf Stufe 10 mit Cluster 31 fusioniert und behält die Nummer 4. Es besteht nun aus den Fällen mit den Nummern 4, 10, 30 und 31. Auf Stufe 22 wird es mit Cluster 1 fusioniert, und das neue Cluster erhält nun

Kapitel 6: Clusteranalyse

auch die Nummer 1, gemäß der Regel, dass bei der Fusion von zwei Clustern das resultierende Cluster stets die kleinere Nummer erhält

Zuordnungsübersicht

Schritt	Zusammengeführte Cluster		Koeffizienten	Erstes Vorkommen des Clusters		Nächster Schritt
	Cluster 1	Cluster 2		Cluster 1	Cluster 2	
1	4	10	,050	0	0	3
2	16	24	,173	0	0	5
3	4	30	,474	1	0	10
4	6	21	,781	0	0	20
5	3	16	1,225	0	2	13
6	5	27	1,769	0	0	16
7	22	28	2,428	0	0	25
8	15	19	3,202	0	0	16
9	8	11	4,016	0	0	15
10	4	31	4,867	3	0	22
11	1	26	5,720	0	0	17
12	2	20	6,609	0	0	19
13	3	23	7,555	5	0	25
14	14	25	8,669	0	0	19
15	8	9	9,863	9	0	18
16	5	15	11,395	6	8	21
17	1	7	13,045	11	0	22
18	8	12	14,950	15	0	23
19	2	14	17,183	12	14	24
20	6	13	19,507	4	0	24
21	5	18	22,042	16	0	26
22	1	4	25,338	17	10	26
23	8	17	30,135	18	0	27
24	2	6	36,723	19	20	27
25	3	22	43,527	13	7	28
26	1	5	51,928	22	21	29
27	2	8	65,326	24	23	28
28	2	3	84,773	27	25	29
29	1	2	115,027	26	28	30
30	1	29	150,000	29	0	0

In der letzten Spalte wird angegeben, auf welcher Stufe ein Cluster zum nächsten Mal erscheinen wird, unser Cluster 4 im dritten Fusionsschritt. Auf diese Weise kann der Prozess der Clusterfusionen nachvollzogen werden. Der Prozess der Fusionierung wird fortgesetzt bis alle Fälle in einem einzigen Cluster zusammengefasst sind. Die Aufgabenstellung der hierarchisch-agglomerativen Clusteranalyse besteht nun darin, über eine sinnvolle Anzahl von Clustern zu entscheiden. Erste Anhaltspunkte finden sich in der Tabelle der Fusionsschritte in der Spalte „Koeffizienten". In unserem Beispiel (Methode „Ward") werden hier die Zuwächse der Gesamtvarianz des Systems dargestellt, die sich durch die Fusion auf der jeweiligen Stufe ergeben. Wie nicht anders zu erwarten nimmt die Varianz anfangs nur gering zu, und erst gegen Ende der Fusionen sprunghaft. Auf Basis dieser Tabelle können Anhaltspunkte für die Clusteranzahl gefunden werden, indem man die Spalte der Koeffizienten von oben nach unten durchsieht und feststellt, wo sprunghafte Zuwächse beginnen. Die Zahl der Fälle (nicht

Fusionsschritte!) minus der Fusionsstufe an dieser Stelle ergibt dann die Clusterzahl. In unserem Beispiel lässt sich auf Stufe 26 ein stärkerer Zuwachs des Koeffizienten feststellen (51,982) – allerdings gibt es keine wirklich starken, sprunghaften Zuwächse bis zu den letzten Fusionsstufen. Die Zahl der Cluster für diese Lösung wäre 31 – 26 = 5 Cluster. Die Information der Fusionstabelle kann grafisch umgesetzt werden, indem die Koeffizienten aus der Fusionierungsübersicht in einem Koordinatensystem gegen die Zahl der Cluster abgetragen werden (vgl. Backhaus et al. 2006: 542 f.). Zeichnet sich ein sogenannter „elbow", ein deutlicher Knick in der Kurve ab, so ist das ein Hinweis auf die Clusterzahl. – Wie lässt sich dieses Kriterium in SPSS umsetzen? Am einfachsten ist es, die Koeffizienten aus der Fusionsübersicht zu kopieren und in ein neues Datenblatt einzufügen. Mit dem Befehl COMPUTE num = $CASENUM wird dann in diesem Datensatz eine Variable erzeugt, die die Fallnummern repräsentiert. Ein Scatterplot der beiden Variablen ergibt die gewünschte Grafik. Leider zeichnet sich in unserem Beispiel kein deutlicher „elbow" ab – was nicht weiter erstaunlich ist, da eben keine sehr starken Sprünge in den Zuwächsen des Koeffizienten festzustellen sind.

Abbildung 1: Streudiagramm zur Bestimmung des „Elbow"-Kriteriums

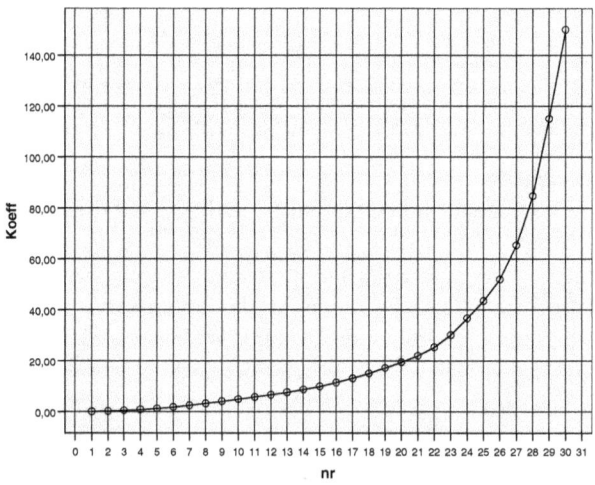

Die anschaulichsten Anhaltspunkte für die Entscheidung über die Clusterzahl liefert jedoch das Dendrogramm, das den Prozess der Fusionierung grafisch darstellt.

Kapitel 6: Clusteranalyse

```
* * H I E R A R C H I C A L   C L U S T E R   A N A L Y S I S * *

Dendrogram using Ward Method
                       Rescaled Distance Cluster Combine

  C A S E      0         5        10        15        20        25
  Label  Num  +---------+---------+---------+---------+---------+

  DK       4  -+
  FR      10  -+
  IS      30  -+---+
  NO      31  -+   +------+
  BE       1  -+-+ |      |
  SE      26  -+ +-+      |
  IE       7  ---+        +-------------------------------+
  DE       5  -+-+        |                               |
  UK      27  -+ |        |                               |
  LU      15  -+-+--------+                               |
  AT      19  -+ |                                        |
  NL      18  ---+                                        |
  RO      22  -+--------+                                 +------+
  HR      28  -+        |                                 |      |
  HU      16  -+        +------------------+              |      |
  SK      24  -+        |                  |              |      |
  CZ       3  -+--------+                  |              |      |
  SI      23  -+                           |              |      |
  GR       8  -+                           +--------------+      |
  IT      11  -+-+                         |                     |
  ES       9  -+ +---+                     |                     |
  CY      12  ---+   +-----------+         |                     |
  MT      17  -------+           |         |                     |
  BG       2  -+-+               +-------+ |                     |
  PL      20  -+ +-----+         |       | |                     |
  LT      14  -+-+     |         |       | |                     |
  FI      25  -+       +---------+       | |                     |
  EE       6  -+-+     |                 | |                     |
  PT      21  -+ +-----+                 | |                     |
  LV      13  ---+                       | |                     |
  TR      29  ------------------------------------------------------+
```

Im Dendrogramm von SPSS werden nicht die tatsächlichen Distanzen ausgewiesen, sondern transformierte Distanzen, die sich über einen Bereich von 0 bis 25 erstrecken. Es vermittelt deshalb lediglich das Verhältnis der verschiedenen Distanzen zueinander. Neben der Nummer im Datensatz – die abhängig von der Sortierung der Fälle ist – wird im Dendrogramm nun auch die Kennung eines jedes Falles im Datensatz angezeigt. Dazu ist die Angabe einer String-Variable erforderlich, in unserem Fall die Variable ID, deren Ausprägungen die einzelnen Länderkürzel sind. Das Dendrogramm zeigt zunächst, dass die Türkei allen anderen Ländern in Hinblick auf die betrachteten Merkmale so unähnlich ist, dass sie erst auf der letzten Fusionsstufe mit allen anderen Ländern fusioniert wird. – Doch wie viele Cluster können in diesem Datensatz sinnvollerweise unterschieden werden? Betrachtet man das Dendrogramm von rechts nach links, so sind zumindest drei Cluster deutlich zu unterscheiden. Neben der Türkei, die als Ausreißer ein einzelnes Cluster bildet, sind dies ein kleineres Cluster, das sich vorwiegend aus nord- und westeuropäischen Ländern zusammensetzt und ein größeres Cluster, das überwiegend aus süd- und osteuropäischen Ländern besteht. Dieses größere Cluster erscheint noch einmal in sich strukturiert: Erst relativ spät wird das Cluster bestehend aus Rumänien und anderen (süd-)osteuropäischen Ländern mit den übrigen Ländern fusioniert. Die würde einer Lösung mit vier Clustern entsprechen. Eventuell wäre auch eine Lösung mit fünf Clustern sinnvoll; in diesem Fall würde das vierte Cluster noch in zwei Gruppen aufgeteilt: südeuropäische Länder und sonstige Länder.

Zur Entscheidung über die Zahl der Cluster kann auch die Klassendiagnose herangezogen werden, die eigentlich der Beschreibung der Cluster dient. Dazu wird die Verteilung der *ursprünglichen* Variablen in den Clustern betrachtet, vor allem Mittelwerte und Standardabweichungen. Die Standardabweichungen einer jeden Variable sollten in jedem Cluster geringer sein als im gesamten Datensatz. Am einfachsten lässt sich die Klassendiagnose mit dem Befehl „Mittelwerte vergleichen" durchführen; dazu müssen zunächst die Clusterzugehörigkeiten als neue Variable gespeichert werden. Der Cluster-Befehl wird dazu lediglich um einen Unterbefehl erweitert:

```
CLUSTER zarm_risk zbild_high_diff zbild_low_diff zbesch_diff
zteil_diff
 /MEASURE SEUCLID
 /METHOD WARD
 /SAVE CLUSTER (4,5)
 /ID= id
 /PRINT CLUSTER (4,5) SCHEDULE
 /PLOT DENDROGRAM.
```

Mit dem Unterbefehl „/SAVE CLUSTER (4,5)" werden zwei neue Variablen im Datensatz angelegt, die für jeden Fall die Clusterzugehörigkeit bei einer Lösung mit vier bzw. mit fünf Clustern beinhaltet. Für diese beiden neuen Variablen clu4_1 und clu5_1 werden nun die Mittelwerte der ursprünglichen Variablen betrachtet. Eine gute Clusterlösung ist dann gegeben, wenn sich a) die Mittelwerte in den Clustern deutlich unterscheiden und b) die Standardabweichungen jeder Variable innerhalb der Cluster kleiner ist als die Standardabweichung der Variable über den ganzen Datensatz. Backhaus et al. (2006: 545) schlagen zudem die Berechnung eines F-Wertes vor, der den Anteil der clusterspezifischen Varianz einer Variable an der Gesamtvarianz dieser Variable misst. Bleibt der Wert für alle Variablen in einem Cluster < 1, so kann das Cluster als völlig homogen bewertet werden. Auch dieser Wert kann nicht innerhalb der Prozedur „CLUSTER" berechnet werden, lässt sich aber leicht selbst berechnen. In unserem Beispiel gibt es sowohl bei der Lösung mit vier wie auch mit fünf Clustern jeweils zwei nicht vollständig homogene Cluster, wobei die Werte jeweils nur geringfügig größer als 1 sind. Aufgrund dieser statistischen Indikatoren lässt sich also kaum entscheiden, ob die Lösung mit vier oder mit fünf Clustern gewählt werden sollte. Berücksichtigt man jedoch inhaltliche Überlegungen, so spricht vieles für die Lösung mit fünf Clustern.

Tabelle 3 zeigt, welchem Cluster jedes Land bei einer Lösung mit vier bzw. mit fünf Clustern zugeordnet wird. Zypern (CY) wird beispielsweise bei der Lösung mit vier Clustern in Cluster 2 eingeordnet, bei der Lösung mit fünf Clustern in Cluster 4. In beiden Fällen bleibt das überwiegend aus mittel- und nordeuropäischen Ländern bestehende Cluster 1 stabil; lediglich Griechenland wird dem neuen Cluster 4 zugeordnet, das südeuropäische Länder enthält. Cluster 2 ist ein regional heterogenes Cluster, Cluster 3 umfasst osteuropäische Länder und Cluster 5 enthält als einzigen Fall die Türkei. Bevor die Cluster nun inhaltlich beschrieben werden („Klassendiagnose"), kann noch versucht werden, die Clusterzuordnung mittels des sogenannten Austauschverfahrens zu verbessern.

Tabelle 3: Clusterzugehörigkeit bei Lösungen mit vier oder fünf Clustern

	Cluster 4	Cluster 5
AT	1	1
BE	1	1
DE	1	1
DK	1	1
FR	1	1
IE	1	1
IS	1	1
LU	1	1
NL	1	1
NO	1	1
SE	1	1
UK	1	1
GR	1	4
BG	2	2
EE	2	2
FI	2	2
LT	2	2
LV	2	2
PL	2	2
PT	2	2
CY	2	4
ES	2	4
IT	2	4
MT	2	4
CZ	3	3
HR	3	3
HU	3	3
RO	3	3
SI	3	3
SK	3	3
TR	4	5

8.3 Austauschverfahren mit SPSS

Mit dem Austauschverfahren können Partitionierungen des Datensatzes weiter

Kapitel 6: Clusteranalyse

verbessert – d.h. die interne Varianz der Cluster reduziert – werden. Das Cluster-Austauschverfahren kann nur mit metrischen Variablen durchgeführt werden. In SPSS ist das Cluster-Austauschverfahren eine eigene Prozedur, die mit dem Befehl „QUICK CLUSTER" angefordert wird. Voraussetzung für die Durchführung des Austauschverfahrens ist, dass bereits über die Clusteranzahl entschieden wurde. Distanzmaß ist per Voreinstellung die einfache euklidische Distanz. Es gibt keine Möglichkeit, andere Distanzmaße zu verwenden. Anders als bei der hierarchischen Clusteranalyse muss eine Z-Standardisierung der Variablen vorab durchgeführt werden, innerhalb der Prozedur „QUICK CLUSTER" ist sie nicht möglich. In unserem Beispiel werden die Mittelwerte, die für die Clusterbildung erforderlich sind, aus dem bestehenden Datensatz errechnet. Als neue Variable werden die endgültige Clusterzugehörigkeit und die Distanz eines jeden Falles zum jeweiligen neuen Clusterzentrum gespeichert.

Wenn, wie in unserem Beispiel, dem Austauschverfahren eine hierarchische Clusteranalyse vorausging, muss zunächst entschieden werden, ob die Clusterzentren (die Mittelwerte der Variablen in den Clustern) als Start-Clusterzentren verwendet, oder ob innerhalb der Prozedur Quick Cluster neue Clusterzentren berechnet werden sollen. Wir verwenden die Clusterzentren aus der hierarchischen Clusteranalyse und müssen dazu zunächst einen neuen Datensatz anlegen, der diese Mittelwerte enthält. Dies geht am einfachsten, indem wir den Befehl „MEANS" ausführen, der die Mittelwerte der Variablen in den Clustern ergibt.

```
MEANS
  TABLES=Zarm_risk Zbild_high_diff Zbild_low_dif
  Zbesch_diff Zteil_diff  BY
  CLU5_1
  /CELLS MEAN
```

Die Ergebnistabelle muss dann als Exceldatei exportiert und anschließend in SPSS einlesen werden. – umständlich, aber es geht leider nicht anders. Ganz wichtig: Die Variablen im Clusternzentrendatensatz müssen genauso bezeichnet werden wie die Variablen in den ursprünglichen Daten, und die Identifizierungvariable muss „cluster_" heissen. Der Datensatz sieht dann für unser Beispiel so aus, wie aus Abbildung 2 ersichtlich. Danach kann die Prozedur „QUICK CLUSTER" unter Rückgriff auf die Clusterzentren aus der hierarchischen Clusteranalyse durchgeführt werden.

Abbildung 2: Datensatz für die Prozedur „Quick Cluster"

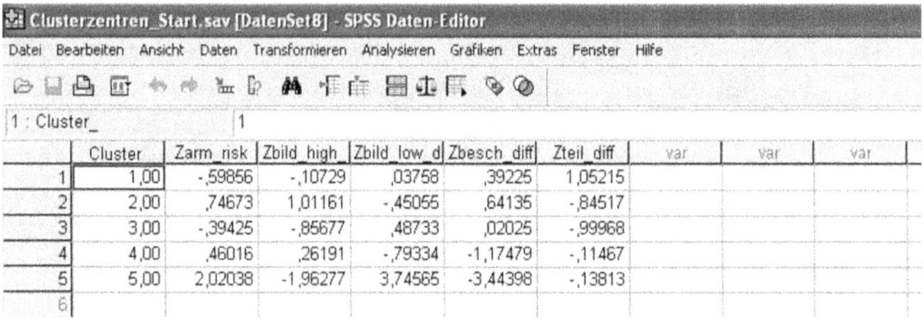

	Cluster	Zarm_risk	Zbild_high	Zbild_low_d	Zbesch_diff	Zteil_diff	var	var	var
1	1,00	-,59856	-,10729	,03758	,39225	1,05215			
2	2,00	,74673	1,01161	-,45055	,64135	-,84517			
3	3,00	-,39425	-,85677	,48733	,02025	-,99968			
4	4,00	,46016	,26191	-,79334	-1,17479	-,11467			
5	5,00	2,02038	-1,96277	3,74565	-3,44398	-,13813			
6									

```
QUICK CLUSTER
   Zarm_risk Zbild_high_diff Zbild_low_diff Zbesch_diff
   Zteil_diff
   /MISSING=LISTWISE
   /CRITERIA= CLUSTER(5) MXITER(10) CONVERGE(0)
   /METHOD=KMEANS(NOUPDATE)
   /SAVE CLUSTER DISTANCE
   /PRINT ID(ID ) INITIAL CLUSTER DISTAN
   /FILE='{Pfadname angeben} \Clusterzentren_Start.sav'
   /OUTFILE='{Pfadname angeben} \Clusterzentren_Ende.sav'.
```

Der so angeforderte Output umfasst ein Iterationsprotokoll, die endgültigen Clusterzentren, die Distanzen der Clusterzentren in der endgültigen Partition, die Fallzahlen in den Clustern und – für uns besonders von Interesse – die Clusterzugehörigkeiten der einzelnen Fälle und ihre Distanz vom jeweiligen (endgültigen) Clusterzentrum. Diese Information wurde nachstehend in einer Tabelle mit den Clusterzugehörigkeiten aus der Lösung mit fünf Clustern in der hierarchischen Analyse kombiniert und nach Clusterzugehörigkeit sortiert (Tabelle 4). Auf diese Weise wird deutlich, welche Cluster stabil bleiben und welche sich verändern.

Tabelle 4: Vergleich hierarchische Clusteranalyse und Austauschverfahren - Clusterzugehörgkeiten

	Hierarchische Clusteranalyse	Austausch-verfahren
AT	1	1
BE	1	1
DE	1	1
DK	1	1
FR	1	1
IS	1	1
LU	1	1
NL	1	1
NO	1	1
SE	1	1
UK	1	1
IE	1	2
BG	2	2
EE	2	2
FI	2	2
LT	2	2
LV	2	2
PT	2	2
PL	2	3
CZ	3	3
HR	3	3
HU	3	3
RO	3	3
SI	3	3
SK	3	3
CY	4	4
ES	4	4
GR	4	4
IT	4	4
MT	4	4
TR	5	5

Wie Tabelle 4 zeigt, bleiben die Cluster 4 und 5 völlig unverändert. Auch die anderen Cluster sind relativ stabil. Aus Cluster 1 wird Irland nach Cluster 2 verschoben; aus Cluster 2 Polen nach Cluster 3, das osteuropäische Cluster.

8.4 Klassendiagnose

Als letzter – interpretativer – Schritt schließt sich nun eine Klassendiagnose der endgültigen Clusterlösung an. Erneut wird der Befehl „MEANS" ausgeführt, um die Mittelwerte und Varianzen der ursprünglichen Variablen in den fünf Clustern darzustellen. Wir verwenden die ursprünglichen und nicht die standardisierten Werte, um die Ergebnisse leichter interpretieren zu können.

```
MEANS
    TABLES=arm_risk
    bild_high_diff bild_low_diff
    besch_diff teil_diff
    BY QCL_1
    /CELLS MEAN VAR STDDEV COUNT   .
```

Tabelle 5: Klassendiagnose

Bericht

QCL_1 Cluster-Nr.		arm_risk	bild_high_diff	bild_low_diff	besch_diff	teil_diff
1	Mittelwert	13,000	-3,8091	-3,6545	-10,0091	32,0364
	Varianz	6,400	16,077	4,313	12,263	68,469
	Standardabweichung	2,5298	4,00960	2,07671	3,50184	8,27457
	N	11	11	11	11	11
2	Mittelwert	19,143	4,0429	-7,0429	-8,3714	8,2714
	Varianz	14,810	5,616	24,576	13,642	64,609
	Standardabweichung	3,8483	2,36985	4,95744	3,69356	8,03798
	N	7	7	7	7	7
3	Mittelwert	14,571	-6,0571	-1,6714	-13,6429	3,7857
	Varianz	24,286	8,473	2,442	8,176	3,128
	Standardabweichung	4,9281	2,91082	1,56281	2,85940	1,76864
	N	7	7	7	7	7
4	Mittelwert	18,000	-1,0000	-8,1800	-23,8800	15,5200
	Varianz	5,500	15,640	7,727	54,422	58,087
	Standardabweichung	2,3452	3,95474	2,77975	7,37713	7,62148
	N	5	5	5	5	5
5	Mittelwert	25,000	-12,7000	15,2000	-43,4000	15,2000
	Varianz	.	.	.	.	.
	Standardabweichung	.	.	.	.	.
	N	1	1	1	1	1
Insgesamt	Mittelwert	15,935	-2,3774	-4,0935	-13,7742	17,0839
	Varianz	20,129	27,659	26,532	73,998	186,003
	Standardabweichung	4,4865	5,25920	5,15092	8,60221	13,63828
	N	31	31	31	31	31

Wir sehen zunächst, dass die statistischen Anforderungen an die Clusterlösung gut erfüllt sind: Die Mittelwerte aller Variabeln unterscheiden sich in den Clustern sehr deutlich, und die Varianzen sind fast ausnahmslos in den Clustern kleiner als die Varianz der jeweiligen Variable im Gesamtdatensatz. Die einzige Ausnahme stellt die Varianz des Armutsrisikos in Cluster 3 dar. – Wie lassen sich die Cluster nun inhaltlich beschreiben?

- *Cluster 1* enthält die nord- und mitteleuropäischen Länder. Das Armutsrisiko in diesem Cluster ist niedriger als in allen anderen Clustern. Sowohl beim Anteil der Personen mit hohem Bildungsabschluss als auch beim Anteil der Personen, die mit geringer Qualifikation von der Schule abgehen, sind Männer stärker vertreten als Frauen. Die Beschäftigungsdifferenz zwischen Männern und Frauen ist im Vergleich zu den anderen Clustern relativ gering, jedoch ist der Anteil teilzeitbeschäftigter Frauen sehr viel höher als der der Männer.
- *Cluster 2* ist geografisch sehr heterogen. Es handelt sich um Länder mit durchschnittlich hohem Armutsrisiko. Der Anteil der hoch gebildeten Frauen ist deutlich höher als derjenige der Männer, doch verlassen andererseits mehr Frauen mit geringer Qualifikation die Schule. Das Bildungsverhalten ist also ziemlich polarisiert. Die Erwerbsteilhabe von Männern und Frauen unterscheidet sich weniger als in allen anderen Clustern, und auch die Geschlechterunterschiede bei der Teilzeitbeschäftigung sind eher gering.
- *Cluster 3* besteht ausschließlich aus osteuropäischen Ländern. Das Armutsrisiko ist im Mittel vergleichsweise gering, allerdings bei großer Varianz. Der Anteil der Frauen mit höherer Bildung ist deutlich geringer als derjenige der Männer, der Anteil der Frauen, die mit geringer Qualifikation die Schule verlassen ist etwas geringer als derjenige der Männer. Beim Erwerbsverhalten ist insbesondere die geringe Geschlechterdifferenz bei der Teilzeiterwerbstätigkeit bemerkenswert.
- *Cluster 4* enthält die südeuropäischen Länder. Das hervorstechendste Merkmal dieses Clusters ist die große Differenz bei der Erwerbstätigkeit von Frauen und Männern. Das Armutsrisiko ist vergleichsweise hoch. Beim Bildungsverhalten zeigt sich einerseits, dass Frauen nur geringfügig seltener hohe Abschlüsse erwerben als Männer, andererseits, dass Männer deutlich häufiger geringqualifiziert sind.

Eine Diagnose des Clusters 5 erübrigt sich, da es nur aus einem Fall besteht und seine Charakterisitika bereits aus den Verteilungen der Mittelwerte ersichtlich sind. Die Klassendiagnose könnte noch mit weiteren Variablen, die nicht zur Clusterbildung verwendet wurden, fortgesetzt werden.

8.5 Umgang mit großen Datensätzen

Ein häufig auftretendes Problem sind große Datensätze, da eine hierarchische Clusteranalyse hier schwer zu interpretieren ist (man stelle sich ein

Dendrogramm bei einem Stichprobenumfang von n = 20.000 vor) und auch durchaus die Rechenkapazitäten des Computers sprengen kann. In diesem Fall könnte man versuchen, mit der Prozedur „TWO STEP CLUSTER" zu arbeiten. Will man jedoch eine bessere Vorstellung über die Clusterstruktur bekommen, bietet sich ein anderes Vorgehen in mehreren Schritten an:
– Ziehen einer Zufallsstichprobe aus dem Datensatz;
– Durchführen einer hierarchischen Clusteranalyse mit dieser Stichprobe und Entscheidung über die Clusterzahl;
– Durchführen eines Clusteraustauschverfahrens mit der Prozedur „Quick Cluster";
– Klassendiagnose.

Mit dieser Vorgehensweise können allerdings keine Ausreißer identifiziert werden.

Kapitel 7
Korrespondenzanalyse

Sabine Fromm

1 Einleitung und Anwendungsbeispiel

Die Korrespondenzanalyse ist ein exploratives Verfahren zur Visualisierung der Datenstruktur einer Kontingenztabelle und zur Verdichtung der in ihr enthaltenen Informationen. Ihre Grundidee besteht darin, die Zeilen und Spalten der Tabelle grafisch als Punkte in einem Koordinatensystem mit – in der Regel – zwei Achsen darzustellen und so einer inhaltlichen, meist dimensionalen Interpretation zugänglich zu machen. Typische Fragestellungen, die mit einer Korrespondenzanalyse bearbeitet werden können, sind:
- Welche dimensionale Struktur haben Präferenzen für unterschiedliche Freizeitaktivitäten und wie unterscheiden sich Schüler/inn/en unterschiedlicher Schulformen in Hinblick darauf?
- Welche Einstellungen zum Umgang mit Gewalttätern finden sich bei unterschiedlichen Alters-/Bildungsgruppen und wie verändern sich diese über die Zeit?
- Welche Konsummuster finden sich in Haushalten mit unterschiedlichen sozio-ökonomischen Status?

Die Zielsetzung ähnelt derjenigen der Faktorenanalyse, setzt aber kein metrisches Skalenniveau voraus. Die Korrespondenzanalyse ist nicht an Voraussetzungen bezüglich des Skalenniveaus oder an Verteilungsannahmen gebunden.

In diesem Kapitel wird die Korrespondenzanalyse anhand der Frage vorgestellt, welche Bedeutung unterschiedlichen Erziehungszielen in verschiedenen Ländern beigemessen wird. Dazu werden die entsprechenden Variablen des World Values Survey 2005 analysiert.[39] Untersucht werden die Fragen, welche Länder ähnliche Muster von Erziehungszielen aufweisen, welche dimensionale Interpretation der Erziehungsziele möglich ist, und wie Länder und Erziehungsziele einander zugeordnet werden können.

---

[39] World Values Survey WVS 2005-List A; siehe Einführung, Tabelle 2.

Die Variablen v12 bis v21 enthalten jeweils ein Erziehungsziel. Gefragt wurde, welche Ziele als besonders wichtig erachtet werden.

Name	Label
v12	Unabhängigkeit, Selbständigkeit
v13	Hart arbeiten
v14	Verantwortungsgefühl
v15	Phantasie, Vorstellungsvermögen
v16	Andere achten, tolerant sein
v17	Sparsamkeit
v18	Entschlossenheit, Durchhaltevermögen
v19	Fester religiöser Glauben
v20	Selbstlosigkeit
v21	Gehorsam

Zunächst wird der Datensatz auf einige europäische Länder und die USA eingeschränkt und unter neuem Namen gespeichert. Ausgewählt werden: Deutschland (West und Ost getrennt), Italien, Spanien, USA, Schweden, Polen, Rumänien und die Türkei.

```
*
*****Länderauswahl.
FREQ /VAR v2a.
COMPUTE cntry = v2a.
RECODE cntry (3, 4, 8, 11, 19, 25, 34, 37, 44 = COPY)
(ELSE = -999).
FORMATS cntry (F3.0).
EXEC.
FREQ /VAR cntry.

**labels kopieren.
APPLY DICTIONARY FROM * /SOURCE VARIABLES   = v2a /target
VARIABLES   = cntry.
FREQ /VAR cntry.

****Auswahl der nicht auf -999 gesetzten Länder.
SELECT IF (cntry NE -999).
FREQ /VAR cntry.

******speichern unter neuem Namen.
SAVE OUTFILE = 'auswahl.sav'.
```

Grundlage der Korrespondenzanalyse ist stets eine bivariate Tabelle. In unserem Fall sollen die Zeilen die Länder repräsentieren, die Spalten die verschiedenen Erziehungsziele. Zur Veranschaulichung erzeugen wir zunächst eine Tabelle mit den Ländern und Erziehungszielen, wobei aus Platzgründen bei allen Eigenschaften nur die Ausprägung 1 („Nennung") dargestellt wird.

Kapitel 7: Korrespondenzanalyse

```
RECODE V12 TO V21 (2 = -9).
MISSING VALUES v12 TO v21 (-9).
EXEC.
* Basic Tables.
TABLES
    /FORMAT BLANK MISSING('.')
    /TABLES cntry
    BY (V12 + V13 + V14 + V15 + V16 + V17 + V18 + V19 + V20 +
V21) >
    (STATISTICS).
```

Country/reg with Germa splitted		Child qualities: independence	Child qualities: hard work	Child qualities: feeling of responsibility	Child qualities: imagination	Child qualities: tolerance and respect for other people	Child qualities: thrift saving money and things	Child qualities: determination perseverance	Child qualities: religious faith	Child qualities: unselfishness	Child qualities: obedience mentioned
	3 West Ger	757	281	770	414	678	419	601	120	66	142
	4 Italy	592	398	881	148	748	399	447	348	444	264
	8 Spain	375	751	835	243	859	227	354	135	401	443
	11 USA	663	770	899	387	987	379	487	632	499	359
	19 Sweden	785	102	919	572	939	388	492	58	348	162
	25 Poland	415	211	815	205	843	535	257	461	184	486
	34 East Ger	803	287	972	381	832	635	689	74	77	198
	37 Romania	517	1480	1221	322	1041	941	539	1115	412	310
	44 Turkey	538	1059	1007	303	932	517	498	562	431	609

In dieser Tabelle, die die absoluten Häufigkeiten der Nennungen enthält, lassen sich Länderunterschiede aufgrund der unterschiedlichen Besetzungen der Zeilen kaum erkennen. Lediglich einige besonders gering besetzte Kategorien fallen auf. So scheint Selbstlosigkeit in Deutschland nicht als wichtiges Ziel zu gelten, und ein fester religiöser Glaube wird in Ostdeutschland und in Schweden besonders selten genannt.

Um die Zeilen (oder Spalten) miteinander vergleichen zu können, werden diese auf Eins normiert, indem sie durch die Zeilen- bzw. Spaltensummen dividiert werden. Diese normierten Zeilen oder Spalten (die nichts anderes sind als die relativen Häufigkeiten) werden in der Korrespondenzanalyse als „Profile" bezeichnet. In unserem Anwendungsbeispiel geht es in erster Linie um die Frage, welche Länder einander in Hinblick auf Muster präferierter Erziehungsziele ähnlich bzw. unähnlich sind. In der Sprache der Korrespondenzanalyse ausgedrückt bedeutet dies, dass wir uns für die Ähnlichkeit der Länderprofile interessieren. Daneben wollen wir aber auch die dimensionale Struktur der Erziehungsziele betrachten, also die Spaltenprofile. Und schließlich untersuchen wir die Beziehungen zwischen Zeilen- und Spaltenprofilen, also die Frage, in welchen Ländern welche Ziele oder welche Typen von Zielen als besonders wichtig angesehen werden.

Unterschiedliche Muster von Erziehungszielen sind bei der Vielzahl der Länder und Ziele nur eingeschränkt aus der Tabelle der Zeilenprofile ablesbar, doch sieht man beispielsweise, dass in Hinblick auf das Ziel „Phantasie, Vorstellungsvermögen" deutliche Unterschiede bestehen und nur in Schweden viele Nennungen auf dieses Ziel entfielen.

Zeilenprofile

cntry	Unabhängigkeit, Selbständigkeit	Hart arbeiten	Verantwortungsgefühl	Phantasie, Vorstellungsvermögen	Andere achten, tolerant sein	Sparsamkeit	Entschlossenheit, Durchhaltevermögen	Fester religiöser Glaube	Selbstlosigkeit	Gehorsam	aktiver Rand
DE-W	,178	,066	,181	,097	,160	,099	,141	,028	,016	,033	1,000
Italien	,127	,085	,189	,032	,160	,085	,096	,075	,095	,057	1,000
Spanien	,081	,162	,181	,053	,186	,049	,077	,029	,087	,096	1,000
USA	,109	,127	,148	,064	,163	,063	,080	,104	,082	,059	1,000
Schweden	,165	,021	,193	,120	,197	,081	,103	,012	,073	,034	1,000
Poland	,094	,048	,185	,046	,191	,121	,058	,104	,042	,110	1,000
DE-O	,162	,058	,196	,077	,168	,128	,139	,015	,016	,040	1,000
Rumänien	,065	,187	,155	,041	,132	,119	,068	,141	,052	,039	1,000
Türkei	,083	,164	,156	,047	,144	,080	,077	,087	,067	,094	1,000
Masse	,113	,111	,173	,062	,163	,092	,091	,073	,060	,062	

Die Profile der Länder sollen mittels einer Korrespondenzanalyse als Punkte in einen Raum projiziert werden. Die Zahl der Dimensionen eines Raumes mit m Zeilen und k Spalten beträgt min $\{(m-1)(k-1)\}$. In unserem Beispiel mit neun Ländern und 10 Erziehungszielen also min $\{(9-1)(10-1)\} = 8$. Ein Raum mit acht Dimensionen lässt sich jedoch nicht mehr darstellen. Ein wichtiges Ziel der Korrespondenzanalyse besteht deshalb in der Reduktion der Dimensionalität des Projektionsraumes. In der Regel werden die Punkte auf eine Ebene projiziert, deren Achsen so festgelegt werden, dass die relative Lage der Punkte zueinander, also die Struktur der Tabelle, möglichst gut erhalten bleibt.

Abbildung 1 zeigt eine solche Projektionsebene für unser Anwendungsbeispiel. Dabei wurde, weil wir uns besonders für die Ähnlichkeiten der Länder interessieren, eine Darstellungsform gewählt, die die Positionen der Länderprofile im Raum der Spalten (Ziele) zeigt. Jede Zeile und jede Spalte der Tabelle wird durch einen Punkt in der Grafik repräsentiert. Profilpunkte, die nahe beieinander liegen, sind einander ähnlicher als solche, die weit von einander entfernt sind. Das in der Graphik enthaltene Achsenkreuz symbolisiert zwei Dimensionen. Auf der ersten Dimension sind Schweden und Rumänien am unterschiedlichsten, auf der zweiten Dimension ebenfalls Rumänien und Spanien. In Hinblick auf die Erziehungsziele sehen wir, dass die erste Dimension von den Zielen „Phantasie, Vorstellungsvermögen" einerseits, „Fester religiöser Glaube" andererseits aufgespannt wird. Im positiven Bereich der Dimension liegen neben dem religiösen Ziel, „Hart arbeiten", „Selbstlosigkeit", „Gehorsam"; im negativen

Bereich „Phantasie", „Unabhängigkeit, Selbstständigkeit", „Entschlossenheit", „Andere achten", „Sparsamkeit" und „Verantwortungsgefühl".

Abbildung 1: Gemeinsame Darstellung von Zeilen- und Spaltenprofilen

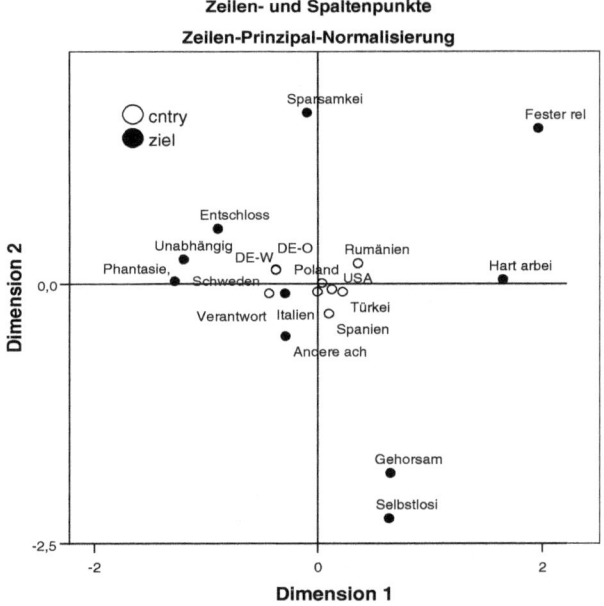

Die Pole der zweiten Dimension werden von den Zielen „Sparsamkeit" im positiven Bereich und „Selbstlosigkeit" im negativen Bereich gebildet.

Je geringer die Distanz zwischen einem Land und einem bestimmten Erziehungsziel ist, desto stärker ist die Assoziation zwischen den beiden. Und schließlich ist die Abweichung der einzelnen Profilpunkte vom Nullpunkt des Koordinatensystems umso größer, je stärker sie von ihrem jeweiligen Durchschnittsprofil abweichen.

Nach diesem ersten Eindruck davon, worum es bei der Korrespondenzanalyse geht, werden ihre Grundlagen und ihre Durchführung mit SPSS nun systematisch entwicklelt.

2 Aufbereitung der Daten

Bevor die Korrespondenzanalyse berechnet werden kann, ist in der Regel ein relativ aufwändiger Arbeitsschritt zur Aufbereitung der Daten erforderlich. Für die Korrespondenzanalyse mit SPSS müssen eine Zeilen- und eine Spaltenvariable definiert werden, mit denen dann die zu analysierende Kontingenztabelle berechnet wird. In unserem Beispiel liegen die Daten jedoch nicht in der gewünschten Form vor, so dass die benötigten Variablen erst über mehrere Schritte erzeugt werden müssen.

Aus den Variablen mit den zehn Erziehungszielen muss eine neue Variable konstruiert werden, die die zehn verschiedenen Ziele als Ausprägungen erhält. Dabei können nicht einfach die ursprünglichen Variablen als Ausprägungen der neu zu konstruierenden Variable rekodiert werden, da die meisten Personen ja mehrere Ziele genannt haben. Eine Zuordnung eines Falls zu mehreren Ausprägungen derselben Variable ist aber nicht möglich. Eine Möglichkeit mit diesem Problem umzugehen besteht darin, drei neue Variablen zu definieren und daraus einen neuen Datensatz zu erzeugen: [40]

- Die Variable cntry, die das Land des Befragten bezeichnet, bleibt bestehen. Allerdings ist es sinnvoll, die Ausprägungen neu durchzunummerieren, so dass keine Lücken entstehen. In den Tabellen des SPSS-Outputs zur Korrespondenzanalyse werden sonst für die nicht besetzten Ausprägungen (zum Beispiel 5, 6 und 7) Zeilen angezeigt, die ausschließlich Nullen enthalten. Auf diese Weise entstehen sehr große Tabellen mit vielen Zeilen, die keine Informationen enthalten.
- Die neue Variable ziel soll als Ausprägungen die zehn Erziehungsziele erhalten.
- Als dritte Variable (weight) wird eine Gewichtungsvariable definiert; sie enthält die Häufigkeiten der Kombinationen von cntry und ziel.

Es soll also eine Datenmatrix erzeugt werden, die folgendermaßen aussieht:

---

[40] Alternative Möglichkeiten zum Einlesen der Daten, die in unserem Beispiel jedoch nicht weniger arbeitsaufwändig wären, werden ausführlich bei Backhaus et al. (2006: 734ff.) erklärt.

Kapitel 7: Korrespondenzanalyse

cntry	ziel	weight
3	12	757
3	13	281
3	14	770
3	15	414
3	16	678
3	17	419
3	18	601
3	19	120
3	20	66
3	21	142
4	12	592
4	13	398
4	14	881
4	15	148
4	16	748
4	17	399
4	18	447
4	19	348
4	20	444
4	21	264
5	12	375
...	...	751
...	...	...
11	21	609

Lesebeispiel: 757 Mal wurde von Befragten aus DE-W Unabhängigkeit als wichtiges Erziehungsziel genannt.

Jedes Land erhält zehn Zeilen, da 10 Erziehungsziele betrachtet werden. In der Variable `weight` wird erfasst, wie häufig Personen aus dem jeweiligen Land das betrachtete Erziehungsziel nannten. Ihre Ausprägungen sind also die Zellenbesetzungen der Kontingenztabelle. Am besten lässt sich eine derartige Tabelle in Excel erzeugen, da man auf diese Weise durch die Autoausfüllen-Funktion viel Schreibarbeit sparen kann. Sinnvollerweise rekodiert man auch gleich in Excel die Zahlencodes für die Ausprägungen, falls diese Lücken enthalten. Damit SPSS später die Variable als numerisch erkennt, müssen die Ausprägungen der neuen Variable `ziel` numerisch sein. Aus der Variable `v12` wird also beispielsweise die Ausprägung 12. Anschließend wird die Excel-Tabelle in SPSS eingelesen, mit der Variable `weight` gewichtet und danach gespeichert.

```
WEIGHT BY weight.
SAVE OUTFILE = 'ziele.sav'.
```

Mit diesem Datensatz wird die Korrespondenzanalyse durchgeführt. Eine Kreuztabelle der Variablen `cntry` und `ziel` zeigt, dass wir die oben angegebene Tabelle auf diese Weise reproduzieren können.

3 Die Befehlssyntax

Der Befehl, mit dem eine Korrespondenzanalyse durchgeführt wird, lautet „CORRESPONDENCE". Daneben existiert noch der alte Befehl „ANACOR", der jedoch weniger Optionen bereitstellt.[41] – Die Syntax für unser Anwendungsbeispiel lautet:

```
CORRESPONDENCE
   TABLE = cntry(3 11) BY ziel(12 21)❶
   /DIMENSIONS = 2❷
   /MEASURE = CHISQ❸
   /STANDARDIZE = RCMEAN❹
   /NORMALIZATION = RPRINCIPAL❺
   /PRINT = TABLE RPOINTS CPOINTS RPROFILES CPROFILES❻
   /PLOT = NDIM(1,MAX) BIPLOT(10) RPOINTS(10) CPOINTS(10)
      TROWS(20) TRCOLUMNS(20)  ❼
   /OUTFILE SCORE ('scores_rprincip.sav')❽ .
```

- ❶ Mit dem Befehl „TABLE =" werden die Zeilen- und die Spaltenvariable der zu analysierenden Tabelle festgelegt. In den Klammern müssen die Codes für die Ausprägungen der Variablen angegeben werden.
- ❷ Der Unterbefehl „/DIMENSIONS" legt die Zahl der Achsen (Dimensionen) des Raumes fest, in den die Profilpunkte projiziert werden sollen. Die Voreinstellung sind zwei Achsen.
- ❸ „/MEASURE" legt das Distanzmaß zur Bestimmung der Abstände zwischen den Profilpunkten fest. Die Voreinstellung ist die Chi^2-Distanz.
- ❹ Der Befehl „/STANDARDIZE" bestimmt die Methode der Standardisierung. „RCMEAN" bedeutet, dass Zeilen- und Spaltenmittelwerte entfernt werden und ist die Voreinstellung.
- ❺ Die Normalisierungsmethode steuert die Berechnung der Koordinaten für die Profilpunkte und damit die grafische Darstellung. Die Voreinstellung ist „SYMMETRICAL" (zur Erklärung siehe Abschnitt 6). In unserem Beispiel wollen wir die Zeilenprofile in dem von den Spaltenprofilen aufgespannten Raum betrachten und wählen deshalb die Option „RPRINCIPAL" (row principal).
- ❻ „/PRINT" legt fest, welcher numerische Output dargestellt werden soll. Im Beispiel werden die Kontingenztabelle, die Statistiken der Zeilen- und Spaltenprofilpunkte und die Zeilen- und Spaltenprofile angefordert.
- ❼ Der Befehl „/PLOT" steuert den grafischen Output: „NDIM(1,MAX)" legt fest, welche Achsen dargestellt werden sollen. Im Beispiel bleiben wir zunächst

---

[41] Eine multiple Korrespondenzanalyse zur Analyse von Tabellen, die mehr als zwei Variablen beinhalten, kann mit der Prozedur „HOMALS" durchgeführt werden.

bei der Voreinstellung. Bei nur zwei Achsen ist hier keine andere Option möglich. Bei beispielsweise drei Achsen würden mit der Spezifikation „NDIM(1,3)" Scatterplots der Achsen 1 und 2 sowie 1 und 3 angezeigt. Einen Scatterplot der Achsen 2 und 3 würde man mit „NDIM(2,3)" erhalten. „BIPLOT(10)", „RPOINTS(10)" und „CPOINTS(10)" bewirken, dass ein gemeinsamer Plot von Zeilen- und Spaltenprofilen angezeigt wird, sowie ein Plot nur der Zeilen bzw. nur der Spalten. Die Zahlen in den Klammern legen fest, wie viele Zeichen zur Beschriftung der Profilpunkte verwendet werden. „TRROWS(20)" und „TRCOLUMNS(20)" steuern die Anzeige von Liniendiagrammen der Zeilen- bzw. Spaltenprofile.

- ❸ Mit dem Unterbefehle „/OUTFILE" können neue Datensätze mit Ergebnissen aus der Korrespondenzanalyse erzeugt werden. Die Spezifikation „SCORE" erzeugt einen Datensatz mit den Koordinaten der Profilpunkte, die Spezifikation „VARIANCE" einen Datensatz mit den Varianzen und Kovarianzen. In Klammern muss der Name des zu erzeugenden Datensatzes eingegeben werden. Im Anwendungsbeispiel wird ein Datensatz der Profilkoordinaten mit dem Namen „scores_rprincip.sav" erzeugt.

4 Profile, Massen, Zentroide

Die Korrespondenzanalyse zielt auf eine räumliche Darstellung der Profilpunkte von Zeilen oder bzw. und Spalten einer Kontingenztabelle ab. Die Profile der Zeilen oder Spalten können als Vektoren aufgefasst und geometrisch als Punkte in einem Raum gedacht werden, wobei ihre Elemente – also die Besetzungen der einzelnen Zellen einer Zeile oder Spalte – als Koordinaten dienen. Je nachdem welches Verfahren man wählt, um die Koordinaten so zu skalieren, dass sie in einer Ebene dargestellt werden können („Normalisierung"), können dann die Beziehungen zwischen den Zeilenprofilen oder zwischen den Spaltenprofilen oder zwischen Zeilen- und Spaltenprofilen als unterschiedlich große Distanzen interpretiert werden. Ähnlich besetzte Profile liegen in diesem Raum nahe beieinander, sehr unterschiedlich besetzte Profile sind weit voneinander entfernt. Sind alle Beobachtungen in einer Zeile oder einer Spalte in nur einer Zelle konzentriert, so spricht man vom „Extremprofil" der Zeile oder der Spalte.

Um die unterschiedlichen Besetzungen der Zeilen und Spalten zu berücksichtigen, wird jedes Profil mit seiner Masse gewichtet. Die Massen der Zeilen bestehen aus den Elementen des durchschnittlichen Spaltenprofils, die Massen der Spalten aus den Elementen des durchschnittlichen Zeilenprofils. Man erhält die Massen, wenn die Randsummen der Zeilen (oder Spalten) durch die Gesamtsumme dividiert werden. Die Massen der Länderprofile finden sich in der Tabelle „*Spalten*profile". Sie zeigen die Verteilung aller Nennungen auf die einzelnen Länder, wenn nicht nach Erziehungszielen differenziert wird.

Spaltenprofile

cntry	Unabhängigkeit, Selbständigkeit	Hart arbeiten	Verantwortungsgefühl	Phantasie, Vorstellungsvermögen	Andere achten, tolerant sein	Sparsamkeit	Entschlossenheit, Durchhaltevermögen	Fester religiöser Glaube	Selbstlosigkeit	Gehorsam	Masse
DE-W	,139	,053	,093	,139	,086	,094	,138	,034	,023	,048	,088
Italien	,109	,075	,106	,050	,095	,090	,102	,099	,155	,089	,097
Spanien	,069	,141	,100	,082	,109	,051	,081	,039	,140	,149	,096
USA	,122	,144	,108	,130	,126	,085	,112	,180	,174	,121	,126
Schweden	,144	,019	,110	,192	,119	,087	,113	,017	,122	,054	,099
Poland	,076	,040	,098	,069	,107	,120	,059	,132	,064	,163	,092
DE-O	,147	,054	,117	,128	,106	,143	,158	,021	,027	,067	,103
Rumänien	,095	,277	,147	,108	,132	,212	,124	,318	,144	,104	,164
Türkei	,099	,198	,121	,102	,119	,116	,114	,160	,151	,205	,134
Aktiver Ra	1,000	1,000	1,000	1,000	1,000	1,000	1,000	1,000	1,000	1,000	

Auf Westdeutschland entfallen somit 8,8% aller Nennungen, auf Italien 9,7% usw. Die Massen der Spaltenprofile (die der Tabelle *Zeilen*profile zu entnehmen sind) zeigen die Verteilung der Erziehungsziele auf alle Nennungen an, ohne Berücksichtigung der Länder. 11,3% aller Nennungen im Datensatz entfielen auf das Ziel „Unabhängigkeit, Selbständigkeit", 11,1% auf „Hart arbeiten" usw.

Die Masse eines Profils quantifiziert seine Bedeutung in der Analyse und beeinflusst seine Lage im Raum. Die Massen der Zeilen sind als Durchschnittsprofil der Spalten zu interpretieren, die Massen der Spalten als Durchschnittsprofil der Zeilen. Das Durchschnittsprofil der Zeilen ist das mit den jeweiligen Massen gewichtete Mittel der einzelnen Zeilenprofile; entsprechendes gilt für das Durchschnittsprofil der Spalten. Die Durchschnittsprofile können als Zentroide der Profile aufgefasst werden. Sie liegen innerhalb der jeweiligen Punktwolken der Profile in einer zentralen Position. Profile mit größerer Masse ziehen den Zentroid stärker in ihre Richtung als Profile mit geringer Masse:

> „In other words, the average profil can be thought of as lying in an average, or central, position in the cloud of profile points, but tends to lie more towards the profiles which have higher mass." (Greenacre 1994: 10)

5 Die räumliche Projektion der Profilpunkte

Die Quantifizierung der Ähnlichkeit/Unähnlichkeit von Profilen und ihre räumliche Projektion basiert auf Chi^2-Statistiken. Je stärker der statistische Zusammenhang zwischen den Zeilen und Spalten einer Tabelle ist, desto stärker weichen die beobachteten Besetzungen der Zellen von ihren unter Unabhängigkeit zu erwartenden Besetzungen ab. Diese Abweichung wird mit der Chi^2-Statistik erfasst, die bei Unabhängigkeit der Variablen den Wert Null annimmt.

$$Chi^2 = \sum_{i=1}^{m}\sum_{j=1}^{k} \frac{(n_{ij} - n_{ij}^0)^2}{n_{ij}} = \sum_{i=1}^{m}\sum_{j=1}^{k} (p_{ij} - p_{ij}^0)^2$$

Dabei ist:
- i = 1, ..., m   Zahl der Zeilen
- j = 1, ..., k   Zahl der Spalten
- n_{ij} beobachtete absolute Häufigkeit in Zelle ij
- n_{ij}^0 unter Unabhängigkeit erwartete absolute Häufigkeit in Zelle ij
- p_{ij} beobachtete relative Häufigkeit in Zelle ij
- p_{ij}^0 unter Unabhängigkeit erwartete relative Häufigkeit in Zelle ij

Die Abweichung zwischen den beobachteten und den bei Unabhängigkeit zu erwartenden Zellenbesetzungen zeigt zugleich, wie stark die Zeilen- (Spalten-) Profile von ihrem jeweiligen Durchschnittsprofil abweichen. Besteht kein Zusammenhang zwischen den Zeilen und Spalten einer Tabelle, so sind alle Zeilenprofile gleich und gleich ihren Durchschnittsprofilen, bzw. es sind alle Spaltenprofile gleich und gleich ihren Durchschnittsprofilen. Als statistisches Maß für die Ähnlichkeit/Unähnlichkeit der Profile, bezogen auf die gesamte Tabelle, ist die sogenannte Total Inertia (Trägheit) definiert.

Total Inertia = Chi^2 / n   mit: $0 \leq Chi^2/n \leq \min\{(m-1), (k-1)\}$

Je größer die Inertia, desto unähnlicher sind die Profile einander und ihrem Durchschnittsprofil und umso näher liegen sie (räumlich) bei den Extremprofilen. Die Inertia nimmt ihr Maximum dann an, wenn alle Profile unterschiedlich sind und sich in jeder Zeile (oder Spalte) in einem Element konzentrieren, wenn also die Tabelle ausschließlich aus Extremprofilen besteht. Die Total Inertia lässt sich zerlegen in die Inertia-Beiträge der Achsen und der Profile. Aus diesem Grund kann untersucht werden, wie stark sowohl einzelne Profile als auch Achsen zur Total Inertia beitragen. Darüber hinaus können die Beiträge von Profilen zur Inertia der Achsen und umgekehrt, die Beiträge der Achsen zur Inertia jedes Profilpunktes bestimmt werden.

Für die Anordnung der Profilpunkte in einem zwei- oder maximal dreidimensionalen Koordinatensystem müssen zwei Probleme gelöst werden:
- Darstellung der Ähnlichkeiten von Profilen als euklidische Distanzen;
- Projektion der Profilpunkte in einen Raum mit nur zwei (oder höchstens drei) Dimensionen derart, dass die Relationen zwischen den Profilpunkten möglichst gut erhalten bleiben.

Die Darstellung der räumlichen Beziehung zwischen den Spalten und/oder den Zeilen der Tabelle erfolgt mit Hilfe sogenannter Chi^2-Distanzen, die auf den Chi^2-Statistiken aufbauen. Mit Hilfe der Chi^2-Distanzen wird es möglich, die Unterschiedlichkeit/Ähnlichkeit zweier Profile bzw. die Unterschiedlich-

$$Chi^2 - Distanz_{a_{ij} - a_{i'j}} = \sqrt{\frac{(a_{i1} - a_{i'1})^2}{c_1}} + ... + \sqrt{\frac{(a_{ik} - a_{i'k})^2}{c_k}}$$

keit/Ähnlichkeit eines Profils zum jeweiligen Durchschnittsprofil als Distanz im physikalischen (euklidischen) Raum darzustellen. Dazu werden die Differenzen zwischen den Zellbesetzungen von jeweils zwei Profilen mit dem jeweils zugehörigen Element des Durchschnittsprofils gewichtet.

Dabei ist, bei Betrachtung der Distanzen von Zeilen:
- a_{ij} Element der i-ten Zeile an der Stelle der j-ten Spalte, i = 1,..., m; j = 1,..., k
- $a_{i'j}$ Element der i'-ten Zeile an der Stelle der j-ten Spalte, i' = 1,..., m; j = 1,..., k
- c_j Masse der Spalte j

Die Chi^2-Distanz der Profile von West- und Ostdeutschland würde sich – bei Verwendung der relativen Häufigkeiten – damit beispielsweise ergeben als:

$$Chi^2 - Distanz_{DE-W, DE-O} = \sqrt{\frac{(0{,}178 - 0{,}162)^2}{0{,}113} + ... + \frac{(0{,}033 - 0{,}040)^2}{0{,}062}}$$

Indem schwach besetzte Kategorien auf diese Weise höheres Gewicht erhalten wird verhindert, dass die Unterschiede zwischen stark besetzten Kategorien die Distanzberechnung dominieren (Greenacre 1994: 11 f.).

Damit die Profilpunkte in einen Raum niedriger Dimensionalität projiziert werden können, muss ein statistischer Zusammenhang zwischen der Zeilen- und der Spaltenvariable existieren. Anderenfalls würden die Profilpunkte gleichmäßig über den gesamten Raum mit maximal min {(k-1) (m-1)} Dimensionen streuen. Bei Vorliegen eines Zusammenhangs liegen die Profilpunkte approximativ in einem Subraum niedrigerer Dimensionalität (Greenacre 1993: 39).

Kapitel 7: Korrespondenzanalyse

Die Ermittlung der Achsen eines Subraumes, der die relationale Struktur der Profile möglichst gut erhält, erfolgt nach dem Prinzip der kleinsten Quadrate: Es wird derjenige Raum bestimmt, der die Summe der gewichteten Chi^2-Distanzen zwischen den Profil-Punkten und dem Raum minimiert.

Die Güte der Approximation wird durch den Inertia-Anteil ausgedrückt, der durch die neuen Achsen erfasst wird. Da die Profil-Punkte nicht mehr in ihrem ursprünglichen Raum dargestellt werden, sind die Abstände zwischen ihnen nun als approximative Chi^2-Distanzen zu interpretieren. SPSS stellt die Inertia und ihre Verteilung auf die Achsen in der Tabelle „Auswertung" dar. Diese enthält die Inertia-Beiträge aller Dimensionen des Korrespondenzraumes.

Auswertung

Dimension	Singulärwert	Auswertung für Trägheit	Chi-Quadrat	Sig.	Anteil der Trägheit		Singulärwert für Konfidenz	
					Bedingen	Kumuliert	Standardabweichung	Korrelation 2
1	,277	,077			,606	,606	,004	,069
2	,144	,021			,164	,770	,004	
3	,116	,014			,107	,877		
4	,096	,009			,072	,949		
5	,063	,004			,031	,980		
6	,046	,002			,017	,997		
7	,018	,000			,003	1,000		
8	,007	,000			,000	1,000		
Gesamtauswertung		,127	6086,791	,000a	1,000	1,000		

a. 72 Freiheitsgrade

Bei 9 Ländern und 10 Erziehungszielen werden die Profilpunkte in einen 8-dimensionalen Raum projiziert. In der Spalte „Auswertung für Trägheit" wird die Inertia der einzelnen Dimensionen wiedergegeben; der „Singulärwert" ist die Wurzel aus der Inertia. Unter „Anteil der Trägheit" finden sich die relativen Inertia-Anteile der Dimensionen.[42] Wir sehen, dass die beiden ersten Dimensionen etwa 77% der Inertia erklären. Das ist akzeptabel, aber nicht besonders gut, weshalb zu prüfen sein wird, ob eine zumindest dreidimensionale Lösung der üblichen zweidimensionalen Lösung vorzuziehen ist. Die Angaben unter „Chi-Quadrat" und „Sig." sind wichtig für die Frage, ob überhaupt ein Zusammenhang zwischen den Zeilen und Spalten der Tabelle besteht. Getestet wird die Nullhypothese, dass kein Zusammenhang zwischen der Zeilen- und der Spaltenvariable besteht. Kleine Signifikanzwerte weisen auf einen Zusammenhang hin.

---

[42] Das Modul zur Berechnung einer Korrespondenzanalyse wurde an der Universität Leiden, Niederlande, entwickelt. Leider ist die Qualität der Übersetzung dieser Tabelle seit vielen SPSS-Versionen unverändert verbesserungsbedürftig.

Der Wert für Chi^2 ergibt sich aus der Multiplikation der „Total Inertia" mit der Zahl der Beobachtungen, in unserem Beispiel also:

$$Chi^2 = 0,127 * 48081 = 6106$$

Die kleine Abweichung zu dem in der Tabelle ausgewiesenen Wert ergibt sich aus der Rundung des Wertes der Total Inertia. Für die Interpretation unserer Tabelle ist die Frage wichtig, wie stark die einzelnen Profile zur Festlegung der Achsen beitragen bzw. von diesen erklärt werden. Dies wird aus der „Tabelle der Zeilenpunkte" ersichtlich, die Ergebnisse für den Zusammenhang von Zeilenprofilen und Achsen für einen zweidimensionalen Merkmalsraum ausweist. Die Inertia-Beiträge der einzelnen Zeilen zeigen, welche Zeilenprofile besonders bedeutsam für die Positionierung der Achsen sind.

Übersicht über Zeilenpunkte

cntry	Masse	Wert in Dimension 1	2	Übersicht über Trägheit	Beitrag des Punktes an der Trägheit der Dimension 1	2	Beitrag der Dimension an der Trägheit des Punktes 1	2	Gesamtübersicht
DE-W	,088	-,379	,137	,016	,165	,080	,807	,106	,913
Italien	,097	-,005	-,075	,005	,000	,027	,001	,123	,123
Spanien	,096	,097	-,286	,011	,012	,378	,080	,694	,774
USA	,126	,123	-,052	,005	,025	,016	,383	,069	,452
Schweden	,099	-,438	-,091	,023	,248	,040	,840	,036	,876
Poland	,092	,036	,007	,012	,002	,000	,010	,000	,010
DE-O	,103	-,377	,143	,018	,190	,101	,790	,113	,903
Rumänien	,164	,357	,201	,029	,273	,321	,731	,233	,964
Türkei	,134	,220	-,076	,009	,085	,037	,742	,089	,831
Aktiver Gesamtwe	1,000			,127	1,000	1,000			

a. Normalisierung mit Zeilen-Prinzipal

Am meisten tragen die Profile von Rumänien und Schweden zur Inertia der Lösung bei (Spalte „Übersicht über Trägheit"). Von besonderem Interesse sind die Spalten „Beitrag des Punktes an der Trägheit der Dimension" und „Beitrag der Dimension an der Trägheit des Punktes". Dargestellt werden die Ergebnisse für die ersten beiden Dimensionen. Wir sehen, dass die Inertia von Dimension 1 sehr stark von Schweden und Rumänien bedingt wird. Die Beiträge zur Inertia sagen jedoch nichts über dimensionale Positionierung der Profile. Diese ist aus ihren Koordinaten auf den Achsen abzulesen („Wert in Dimension"). Auf Dimension 1 sind diese beiden Länder am weitesten voneinander entfernt. Ihre Koordinaten sind -0,438 für Schweden und 0,357 für Rumänien. Die zweite Achse wird am stärksten von Spanien bestimmt, den Gegenpol stellt wiederum Rumänien dar.

Bezüglich der Zeilenprofile scheint also die erste Dimension nord- und mitteleuropäische Länder (Schweden, Deutschland) und südosteuropäische Länder (vor allem Rumänien und Türkei) zu unterscheiden. Die Unterscheidung auf der zweiten Achse ist schwieriger zu interpretieren: Rumänien und Spanien bilden die Pole, doch spielt einerseits Italien als südeuropäisches Land kaum eine Rolle, und werden andererseits West- und Ostdeutschland auf der Seite Rumäniens angeordnet.

Umgekehrt kann auch der Beitrag jeder Achse zur Streuung jedes Profils betrachtet werden. Man erhält so Aufschluss darüber, wieviel der jeweilige Profilpunkt mit der Dimension „zu tun hat" (vgl. die Spalten „Beitrag der Dimension an der Trägheit des Punktes"). Profilpunkte, die einen großen Beitrag zur Positionierung der Achsen leisten, werden gut durch diese erklärt. Aber auch Profilpunkte mit geringem Beitrag zur Achsenfestlegung können gut durch diese dargestellt werden. So trägt zum Beispiel die Türkei relativ wenig zur Berechnung beider Achsen bei, wird aber insgesamt recht gut durch diese erklärt (zu 83%). Rumänien trägt nicht nur stark zur Inertia beider Achsen bei, sein Profil wird auch durch diese beiden Dimension besonders gut erklärt. Beide Achsen zusammen erklären mehr als 96% der Inertia des Landes: 73,1% entfallen auf die erste Achse, 23,3% auf die zweite Achse. Andere Länder werden nur schlecht erklärt: dies gilt insbesondere für Polen und Italien.

Übersicht über Spaltenpunkte

| ziel | Masse | Wert in Dimension | | Übersicht über Trägheit | Beitrag | | | | Gesamtübersicht |
| | | 1 | 2 | | des Punktes an der Trägheit der Dimension | | der Dimension an der Trägheit des Punktes | | |
					1	2	1	2	
Unabhängigkeit, Selbständigkeit	,113	-1,201	,239	,014	,163	,006	,926	,010	,936
Hart arbeiten	,111	1,647	,043	,030	,301	,000	,774	,000	,774
Verantwortungsgefühl	,173	-,295	-,090	,002	,015	,001	,633	,016	,649
Phantasie, Vorstellungsvermögen	,062	-1,280	,028	,011	,101	,000	,695	,000	,695
Andere achten, toleran sein	,163	-,291	-,501	,003	,014	,041	,386	,311	,697
Sparsamkeit	,092	-,097	1,653	,007	,001	,252	,009	,733	,742
Entschlossenheit, Durchhaltevermögen	,091	-,897	,535	,008	,073	,026	,701	,067	,769
Fester religiöser Glaub	,073	1,964	1,503	,029	,281	,165	,756	,120	,876
Selbstlosigkeit	,060	,636	-2,256	,012	,024	,303	,158	,540	,699
Gehorsam	,062	,649	-1,821	,012	,026	,205	,164	,350	,514
Aktiver Gesamtwert	1,000			,127	1,000	1,000			

a. Normalisierung mit Zeilen-Prinzipal

Betrachtet man die Erziehungsziele (Tabelle „Übersicht über Spaltenpunkte"), so tragen die Profile von „Hart arbeiten" und „Fester religiöser Glaube" am stärksten zur Inertia der Tabelle bei. Diese tragen am stärksten zur Erklärung der Total Inertia von Dimension 1 bei. ‚Aber auch die Inertia von Dimension 1 wird am stärksten durch diese beiden Ziele beeinflusst, die beide im positiven Bereich der Achse liegen. Der negative Bereich wird wesentlich durch „Unabhängigkeit, Selbstständigkeit" und „Phantasie, Vorstellungsvermögen" bestimmt. Am weitesten auseinander liegen „Fester religiöser Glaube" und „Phantasie, Vorstellungsvermögen". Wenn man davon ausgeht, dass zu einem festen Glauben die Annahme vorgegebener Glaubensinhalte gehört, könnte man diese Dimension in Richtung Selbstverwirklichung interpretieren. Die zweite Dimension wird am stärksten durch „Sparsamkeit" und „Selbstlosigkeit" bestimmt, die auch die Pole der Dimension bilden. Auch das religiöse Erziehungsziel ist wichtig für die zweite Dimension, wird jedoch durch die erste Dimension weitaus besser erklärt, nämlich zu fast 76%. Während die erste Dimension stärker individualistische Ziele zu erfassen scheint, könnte es bei der zweiten Dimension um das Verhältnis zu anderen gehen, die Verfolgung eigener Ziele oder die Unterordnung unter die Ziele oder Bedürfnisse anderer.

6 Visualisierung der Datenstruktur (Normalisierung)

6.1 Haupt- und Standardkoordinaten

Die Darstellungsmöglichkeiten, die durch verschiedene Normalisierungsoptionen festlegt werden, können an einem einfachen Beispiel veranschaulicht werden. Würde man nur drei Erziehungsziele betrachten, so könnte man sich diese als Ecken eines dreidimensionalen Raumes vorstellen (Abbildung 2). Jede dieser Ecken oder Scheitelpunkte würde das Extremprofil eines Erziehungszieles repräsentieren. Die Länderprofile würden in diesen dreidimensionalen Raum projiziert, indem ihre Elemente jeweils auf allen drei Achsen abgetragen würden. Wenn man die drei Ecken mit einer Linie verbindet, so dass ein Dreieck entsteht, schließt auch dieses alle Länderprofile ein. Kein Länderprofil kann außerhalb des Dreiecks liegen. Dies verdeutlicht noch einmal, dass Profile mit m Elementen ohne Informationsverlust in einen (m-1)-dimensionalen Subraum projiziert werden können.

Kapitel 7: Korrespondenzanalyse 239

Abbildung 2: Skizze zur räumlichen Darstellung von Profilpunkten

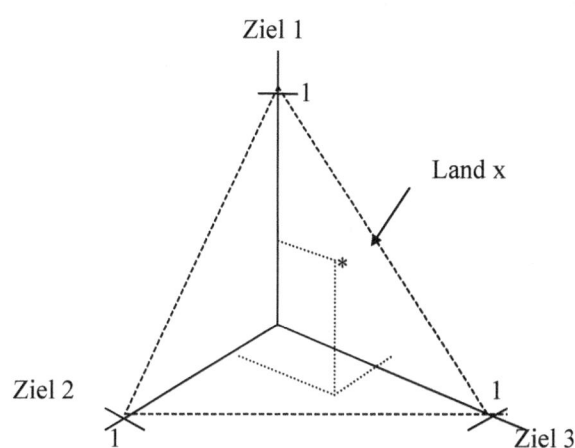

Die Darstellung der Zeilenprofile erfolgt in sogenannten „Hauptkoordinaten". Zu ihrer Berechnung[43] werden die Profile mit ihren Singulärwerten gewichtet. Die Spalten-Scheitelpunkte, die den Darstellungsraum begrenzen werden in „Standardkoordinaten" dargestellt, so dass sie einen Mittwert von 0 und eine Standardabweichung von 1 erhalten. Zwischen den Haupt- und den Standardkoordinaten besteht folgende Beziehung:

Hauptkoordinate = s_k * Standardkoordinate
Standardkoordinate = $1/s_k$ * Hauptkoordinate

mit s_k = Singulärwert der k-ten Dimension

6.2 Asymmetrische und symmetrische Darstellung der Profilpunkte

Werden die Zeilenpunkte, wie in unserem Beispiel und wie auch in der Skizze als Hauptkoordinaten und die Spaltenpunkte als Standardkoordinaten[44] dargestellt, so spricht man von einer *asymmetrischen* Darstellung oder Karte. Zeilen- und Spaltenpunkte liegen zwar im selben Raum, werden aber unterschiedlich skaliert. Da alle Punkte im selben Raum liegen, können die Profilpunkte in

---

[43] Siehe dazu ausführlich Backhaus et al. (2006: 710ff.).
[44] Für eine Spalten-Analyse gilt das Folgende entsprechend.

Standardkoordinaten dann als Referenzpunkte für die Interpretation der Profilpunkte in Hauptkoordinaten herangezogen werden. Es können die Zeilenpunkte miteinander verglichen werden oder aber die Zeilenpunkte mit den Spaltenpunkten. Der Vorteil der asymmetrischen Darstellung liegt somit darin, dass die Distanzen der einzelnen Zeilenprofile zu den Spalten-Scheitelpunkten verglichen werden können.

Wenn wir die Profile der Länder und der Erziehungsziele in einem gemeinsamen Raum interpretieren, wie das auf Basis von Abbildung 1 möglich ist, sehen wir zum Beispiel, dass Ost- und Westdeutschland sowie Schweden relativ nahe am Profilpunkt des Ziels „Phantasie, Vorstellungvermögen" liegen. Dieses Ziel ist also in den genannten Ländern wichtiger als in anderen Ländern. „Hart arbeiten" und „Fester religiöser Glaube" spielen in diesen Ländern dagegen kaum eine Rolle als wichtige Erziehungsziele. Auch eine Interpretation der Quadranten ist in der asymmetrischen Darstellung möglich. Schließlich ist für die Interpretation noch wichtig, dass Profilpunkte, die nahe dem Ursprung des Koordinatensystems liegen, nur wenig von den Durchschnittprofilen abweichen, da diese zentriert werden und somit im Nullpunkt des Koordinatensystems liegen.

Abbildung 3: Asymmetrische Darstellung - Zeilen- und Spaltenpunkte

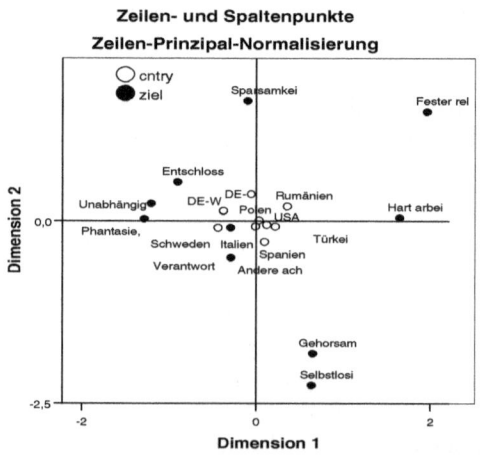

Die Profilpunkte der Zeilen oder Spalten können auch in getrennten Grafiken dargestellt werden. Abbildung 4 zeigt die asymmetrische Darstellung der Zeilenprofile, ohne auch die Spalten-Scheitelpunkte einzublenden. Besser als in der gemeinsamen Darstellung mit den Erziehungszielen wird nun die Struktur der Länderprofile sichtbar. Man sieht zum Beispiel, dass Ost- und Westdeutschland äußerst ähnliche Profile aufweisen oder dass Polen und Italien wenig zur Unterschiedlichkeit der Profile beitragen.

Abbildung 4: Asymmetrische Darstellung - nur Zeilenpunkte

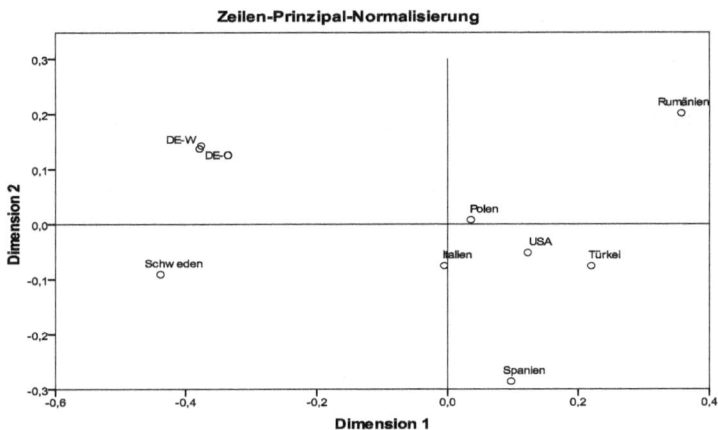

Der Nachteil der asymmetrischen Darstellung liegt darin, dass bei gemeinsamer Darstellung von Zeilen und Spalten die in Hauptkoordinaten dargestellten Profile in Bezug auf die Referenzpunkte sehr nahe beieinander liegen, wenn die Inertia der Tabelle nicht besonders groß ist bzw. oft auch, wenn man viele Profilpunkte hat. Aus diesem Grund wird in den meisten Anwendungen der Korrespondenzanalyse eine *symmetrische* Karte gewählt, bei der die Profile beider Variablen in Hauptkoordinaten dargestellt werden. Dadurch werden die Profile von Zeilen und Spalten identisch skaliert, sie liegen aber nicht mehr in einem gemeinsamen Raum. Es werden also eigentlich zwei Hauptkoordinaten-Plots übereinandergelegt. Dann sind zwar die Entfernungen jeweils zwischen den Zeilenprofilen und zwischen den Spaltenprofilen weiterhin euklidische Distanzen, nicht aber die Entfernungen zwischen den Zeilen- und den Spaltenprofilen (da diese nun nicht mehr im selben Raum liegen). Dies hat zur Konsequenz, dass die Profile der Spalten (Zeilen) nicht länger als Referenzpunkte der Zeilen (Spalten) betrachtet werden dürfen. Eine Interpretation der ungefähren – gemeinsamen – Lage bezüglich der Dimensionen und Quadranten ist aber zulässig.

Obwohl eine solche symmetrische Darstellung beider Variablen in Hauptkoordinaten die häufigste Darstellungsform der Profilpunkte ist, kann sie mit SPSS nicht berechnet werden (siehe zum Folgenden Greenacre 2007: 268f.). Es gibt zwar die Option „Symmetrisch-Normalisierung", diese ist jedoch keine Darstellung der Hauptkoordinaten. Verwendet werden vielmehr mit der Quadratwurzel aus ihren Singulärwerten gewichtete Standardkoordinaten. Eine Möglichkeit, Profilpunkte in Hauptkoordinaten anzeigen zu lassen, ist die Normalisierungsmethode „PRINCIPAL". Allerdings kann hier kein gemeinsamer Plot beider Variablen erzeugt werden. Um eine symmetrische Darstellung zu erhalten, gibt es in SPSS somit zwei Möglichkeiten:
– Auswahl der Option „SYMMETRICAL": Der so erzeugt Plot unterscheidet sich hinsichtlich der Relation der Profilpunkte kaum von einer echten symmetrischen Karte. Man muss aber bei der Interpretation darauf achten, die Abstände nicht als euklidische Distanzen zu interpretieren. Die nachstehende Abbildung 5 zeigt die Karte, die mit der Option „SYMMETRICAL"erzeugt wurde.
– Die zweite Option besteht darin, die Normalisierungsmethode „PRINCIPAL"zu verwenden (die keinen gemeinsamen Plot liefert), mit dem Unterbefehl „/OUTFILE SCOSRE" einen Datensatz mit den Koordinaten beider Variablen zu erzeugen und diese dann mit dem Befehl „GRAPH"als Scatterplot darzustellen.

Abbildung 5: „Symmetrische" Karte mit Option „SYMMETRICAL"

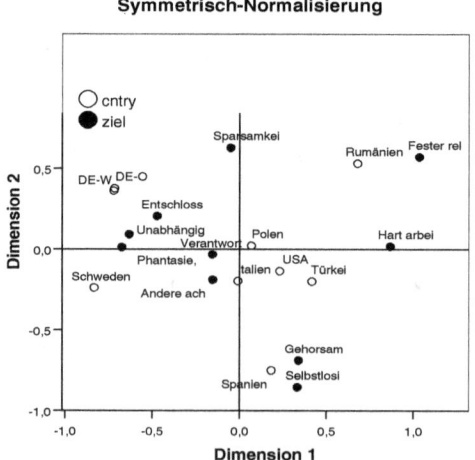

Kapitel 7: Korrespondenzanalyse

Man aus den Abbildungen beider Plots (Abbildungen 5 und 6) deutlichdass keine Unterschiede in den relativen Profilpositionen zu erkennen sind, dass aber die Plots unterschiedlich skaliert sind. Zudem ist der mittels des Koordinaten-Datensatzes erstellte Principal-Plot (Abbildung 6) von weitaus besserer grafischer Qualität.

Abbildung 6: Symmetrische Karte mit Option „PRINCIPAL" und selbst erzeugtem Scatterplot

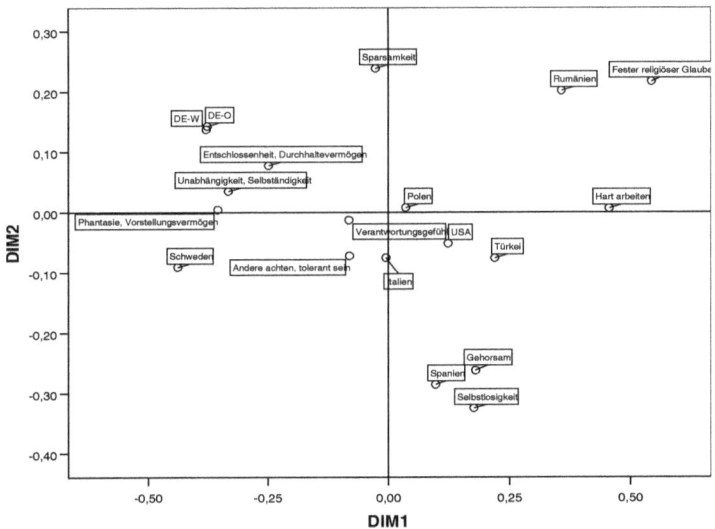

Um einen Scatterplot aus dem Koordinatenfile zu erstellen, zunächst diesen aufrufen (im Beispiel ist der Dateiname „scores_principal.sav") und den nachstehenden Befehl ausführen:

```
GRAPH
    /SCATTERPLOT(BIVAR)=DIM2 WITH DIM1 BY LEVEL_ (IDENTIFY)
    /MISSING=LISTWISE .
```

Die Variable level (Voreinstellung SPSS) enthält die Namen aller Länder- und Spaltenprofile. Den Plot zunächst ohne Variablenbeschriftung erzeugen (identify), dann öffnen, Achsen einfügen und die Variablenbeschreibung aktivieren. So werden die Beschriftungen mit den Profilpunkten verbunden und damit die Interpretation erleichtert. Diese Abbildung ist kann auch wesentlich einfacher vergrößert werden, als die von der Prozedur „CORRESPONDENCE" erzeugte Abbildung. Auch der asymmetrische Plot der Zeilenprofile ist von deutlich besserer Qualität, wie die nachstehende Abbildung 7 zeigt.

Abbildung 7: Asymmetrische Karte mit Option „RPRINCIPAL" und selbst erzeugtem Scatterplot

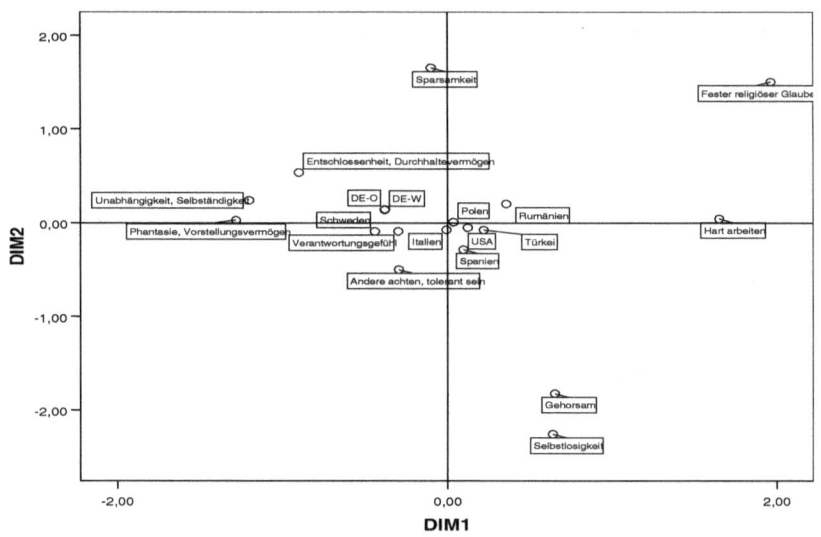

Eine weitere Ausgabe zur Unterstützung der Interpretation sind Liniendiagramme für jede Dimension und jeweils für Zeilen und Spalten. Sie verdeutlichen die Lage der Profilpunkte auf jeweils einer Dimension. Die Linien, die Profilpunkte in der Darstellung verbinden, machen allerdings wenig Sinn.

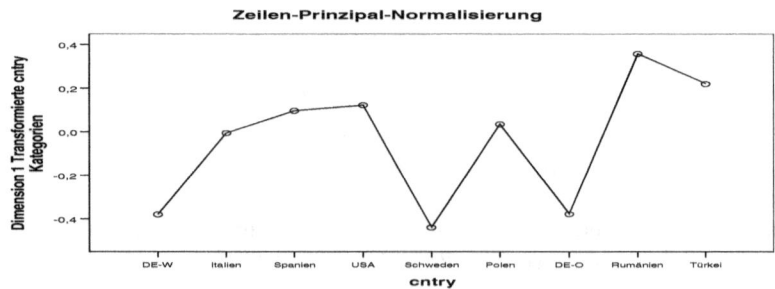

Kapitel 7: Korrespondenzanalyse

Nachstehende Tabelle 1 gibt einen zusammenfassenden Überblick über die in SPSS verfügbaren Normalisierungsverfahren.

Tabelle 1: Übersicht über die Normalisierungsverfahren

Normalization	Darstellungsmöglichkeiten
`symmetrical` (Voreinstellung): Darstellung der Profile beider Variablen in Standardkoordinaten. => Keine symmetrische Mappe im strengen Sinn!	Erzeugt werden symmetrische Karten: – gemeinsamer Plot von Zeilen und Spalten – Plots der Zeilen – Plot der Spalten Abstände zwischen Zeilen- und Spaltenprofilen können nicht als euklidische Distanzen interpretiert werden.
`principal`: Darstellung der Profile beider Variablen durch ihre Hauptkoordinaten.	Es können nur die Zeilen oder nur die Spalten dargestellt werden. Ein Biplot kann nur durch Erzeugung eines Datensatzes mit den Koordinaten berechnet werden.
`rprincipal` (row principal): Die Zeilenprofile werden durch ihre Hauptkoordinaten dargestellt, die Spaltenprofile durch Standardkoordinaten.	Erzeugt werden asymmetrische Karten: – gemeinsamer Plot von Zeilen und Spalten – Plots der Zeilen – Plot der Spalten Abstände zwischen Zeilen- und Spaltenprofilen können als euklidische Distanzen interpretiert werden
`cprincipal` (column principal): Die Spaltenprofile werden durch ihre Hauptkoordinaten dargestellt, die Zeilenprofile durch Standardkoordinaten.	Erzeugt werden asymmetrische Karten: – gemeinsamer Plot von Zeilen und Spalten – Plots der Zeilen – Plot der Spalten Abstände zwischen Zeilen- und Spaltenprofilen können als euklidische Distanzen interpretiert werden
`Benutzerdefiniert`: Durch Angabe eines Wertes zwischen -1 und +1 nach dem Unterbefehl „/normalization" wird eine benutzerdefinierte Darstellung erzeugt. Der Wert +1 entspricht der Methode rprincipal, der Wert -1 der Methode cprincipal.	Erzeugt wird eine symmetrische Karte der Profilpunkte beider Variablen.

7 Optionen bei der Durchführung der Korrespondenzanalyse

7.1 Veränderung der Anzahl der Dimensionen

Per Voreinstellung werden in SPSS die Ergebnisse für die ersten beiden Dimensionen dargestellt. Es ist jedoch möglich die Zahl der Dimensionen zu verändern. Dabei können zwischen einer und min{(Zahl der Zeilen - 1), (Zahl der Spalten - 1)} Achsen berechnet werden. Im graphischen Output können zwei oder drei Dimensionen dargestellt werden. Ist die Inertia auf den ersten Achsen nicht sehr hoch, wird also die Datenstruktur durch diese schlecht abgebildet, kann es hilfreich sein, mehr als zwei oder drei Dimensionen zu berechnen. Der numerische Output gibt dann Aufschluss über deren Beitrag zur Abbildung der Datenstruktur.

Nachdem wir zunächst der Voreinstellung einer Reduzierung auf zwei Dimensionen gefolgt sind, wollen wir nun untersuchen, ob die Berücksichtigung einer dritten Dimension die Interpretation der Ergebnisse verbessern kann. In der Syntax muss dazu lediglich der Unterbefehl „/DIMENSIONS" verändert werden:

```
CORRESPONDENCE
   TABLE = cntry(3 11)  BY ziel(12 21)
   /DIMENSIONS = 3
   /MEASURE = CHISQ
   /STANDARDIZE = RCMEAN
   /NORMALIZATION = RPRINCIPAL
   /PRINT = TABLE RPOINTS CPOINTS RPROFILES CPROFILES
   /PLOT = NDIM(1,MAX) BIPLOT(10) RPOINTS(10) CPOINTS(10)
TROWS(20)   TRCOLUMNS(20)  .
```

Wir sehen, dass die dritte Dimension fast ausschließlich durch Polen bestimmt wird. Dieses Land hatte bei der zweidimensionalen Lösung kaum zur Berechnung der Achsen beigetragen und wird durch die beiden ersten Achsen auch schlecht erklärt. Die Interpretation der Daten wird durch diese Ergebnisse nicht erleichtert.

Übersicht über Zeilenpunkte

cntry	Masse	Wert in Dimension			Übersicht über Trägheit	Beitrag						Gesamtübersicht
		1	2	3		des Punktes an der Trägheit der Dimension			Dimension an der Trägheit des Punktes			
						1	2	3	1	2	3	
DE-W	,088	-,379	,137	-,084	,016	,165	,080	,046	,807	,106	,039	,952
Italien	,097	-,005	-,075	,038	,005	,000	,027	,010	,001	,123	,031	,155
Spanien	,096	,097	-,286	-,093	,011	,012	,378	,061	,080	,694	,074	,848
USA	,126	,123	-,052	-,036	,005	,025	,016	,012	,383	,069	,032	,485
Schweden	,099	-,438	-,091	-,019	,023	,248	,040	,003	,840	,036	,002	,878
Polen	,092	,036	,007	,349	,012	,002	,000	,824	,010	,000	,967	,977
DE-O	,103	-,377	,143	-,013	,018	,190	,101	,001	,790	,113	,001	,904
Rumänien	,164	,357	,201	-,057	,029	,273	,321	,039	,731	,233	,019	,983
Türkei	,134	,220	-,076	-,017	,009	,085	,037	,003	,742	,089	,004	,835
Aktiver Gesamt	1,000				,127	1,000	1,000	1,000				

a. Normalisierung mit Zeilen-Prinzipal

Auch die Tabelle der Spaltenpunkte hilft nicht, eine bessere Interpretion zu finden. Aus diesem Grund versuchen wir die umgekehrte Vorgehensweise und konzentrieren uns auf die erste Achse. Inhaltlich scheint dies sinnvoll, da die Bedeutung einiger Länder uneindeutig für die Festlegung mehrerer Achsen ist, und andererseits bei Betrachtung nur einer Achse bereits große Unterschiede zwischen ihnen bestehen. Die sortierte Darstellung der Profilkoordinaten[45] zeigt dann als jeweils zusammengehörige Ländergruppen einerseits West- und Ostdeutschland sowie Schweden, andererseits Rumänien, die Türkei und die USA. Hinsichtlich der Erziehungsziele wird die erste Gruppe durch „Phantasie", „Unabhängigkeit", „Entschlossenheit" bestimmt; ergänzend kommen „Verantwortungsgefühl" und „Andere achten" hinzu. Für die zweite Gruppe sind insbesondere „Hart arbeiten und „Fester religiösen Glauben" maßgeblich, aber auch „Selbstlosigkeit" und „Gehorsam". Die Länder und Ziele, die kaum oder nicht zur Dimension beitragen, sind in Klammern und kursiv gesetzt. – Eine dimensionale Interpretation der Ziele auf einer Achse könnte lauten, dass es um das Ausmaß der Verwirklichung oder Durchsetzung eigener Lebensentwürfe und Interessen vs. dem Einfügen in Anforderungen und Vorgaben geht.

---

[45] Diese wurde mit Excel erstellt.

Tabelle 2: Profilkoordinaten bei einer Dimension

Profilpunkte	Koordinaten auf Achse 1
Phantasie, Vorstellungsvermögen	-1,28
Unabhängigkeit, Selbständigkeit	-1,20
Entschlossenheit, Durchhaltevermögen	-0,90
Schweden	-0,44
DE-W	-0,38
DE-O	-0,38
Verantwortungsgefühl	-0,29
Andere achten, tolerant sein	-0,29
(Sparsamkeit)	-0,10
(Italien)	-0,01
(Polen)	0,04
(Spanien)	0,10
USA	0,12
Türkei	0,22
Rumänien	0,36
Selbstlosigkeit	0,64
Gehorsam	0,65
Hart arbeiten	1,65
Fester religiöser Glaube	1,96

Es zeigt sich eine klare Zuordnung der Länder zu den Polen der Position. Während in Deutschland und Schweden die Verwirklichung eigener Ziele Priorität hat, sind es in Rumänien, der Türkei, aber auch den USA eher gemeinschaftsorientierte Ziele, die als besonders wichtig erachtet werden.

7.2 Zusätzliche Profilpunkte

SPSS bietet die Möglichkeit, Profilpunkte als „zusätzlich" zu definieren. Sie gehen dann nicht in die Berechnung der Achsen ein, können jedoch in den durch die Achsen aufgespannten Raum projiziert werden. Damit können anspruchsvolle Fragestellungen wie etwa historische Vergleiche untersucht werden. Greenacre (1993) unterscheidet folgende Einsatzmöglichkeiten:
- Einsatz als Referenzpunkte: Die zusätzliche Projektion von Profilen als Referenzpunkten kann zum Beispiel einen historischen Vergleich ermöglichen. Hier gibt es zwei Vorgehensweisen: Entweder werden die in der Gegenwart erhobenen Daten als aktive Profile zur Berechnung der Achsen verwendet und die früher erhobenen Daten dienen als ergänzende Profile dem historischen Vergleich bzw. umgekehrt.[46] Es wäre zum Beispiel interessant zu sehen, ob sich

---

[46] Für ein anschauliches Beispiel siehe etwa Müller-Schneider (1994).

Kapitel 7: Korrespondenzanalyse 249

die Verteilung der Präferenzen für bestimmte Erziehungsziele über die Zeit verändert. Ein starkes Anwachsen der Inertia einzelner Profile wie auch der Gesamtinertia würde dann darauf hinweisen, dass sich die Strukturierung der Daten über die Jahre immer stärker herausbildet. In der Marktforschung werden zusätzliche Profile als „target profiles" in Beziehung zu tatsächlichen Produkt- bzw. Konsumentenprofilen eingesetzt.

- Berücksichtigung von Ausreißern: Enthält der Datensatz gering besetzte Kategorien mit einem sehr stark von den anderen Kategorien abweichenden Profil, so können diese Ausreißer die Berechnung der Achsen so stark beeinflussen, dass die tatsächliche Datenstruktur verwischt wird. In diesem Fall ist es besser die Ausreißer zu deaktivieren und nur als ergänzende Profile zu verwenden.
- Darstellung von Gruppen bzw. Untergruppen von Kategorien: Gruppen entstehen durch die Zusammenfassung von Kategorien. Beispielsweise könnte man die Werte in der Kontingenztabelle für Ost- und Westdeutschland zusammenfassen und als eigenes Profil darstellen lassen. Umgekehrt (Darstellung von Untergruppen) könnte man sich vorstellen, zusätzlich zum aktiven Profil von Deutschland die spezifischen Profile von Ost- und Westdeutschland als eigene Kategorien anzuzeigen.

In unserem Beispiel unterscheidet sich das Profil Rumäniens sehr stark von den anderen Profilen und hat zudem noch eine sehr große Masse. Deshalb wird geprüft, wie sich die dimensionale Struktur ändern würde, wenn man Rumänien als zusätzlichen Profilpunkt definiert. Die Syntax ändert sich dann zu:

```
CORRESPONDENCE
  TABLE = cntry(3 11)  BY ziel(12 21)
  /DIMENSIONS = 2
  /SUPPLEMENTARY cntry(10)
  /MEASURE = CHISQ
  /STANDARDIZE = RCMEAN
  /NORMALIZATION = RPRINCIPAL
  /PRINT = TABLE RPOINTS CPOINTS RPROFILES CPROFILES
  /PLOT = NDIM(1,MAX) BIPLOT(10) RPOINTS(10) CPOINTS(10)
    TRROWS(20) TRCOLUMNS(20) .
```

Durch die Deaktivierung des Profils von Rumänien verringert sich die Inertia der Tabelle und wird anders auf die Achsen verteilt. Obwohl die Total Inertia von 0,127 auf 0,116 sinkt, erhöhen sich die Anteile, die durch die beiden ersten Achsen erklärt werden, geringfügig.

Auswertung

Dimension	Singulärwert	Auswertung für Trägheit	Chi-Quadrat	Sig.	Anteil der Trägheit		Singulärwert für Konfider	
					Bedingen	Kumuliert	Standardab weichung	Korrelatio 2
1	,266	,071			,611	,611	,004	,03
2	,139	,019			,166	,777	,005	
3	,110	,012			,105	,882		
4	,092	,009			,074	,956		
5	,067	,004			,039	,995		
6	,021	,000			,004	,998		
7	,014	,000			,002	1,000		
Gesamtauswertung		,116	4643,448	,000a	1,000	1,000		

a. 63 Freiheitsgrade

In der Tabelle, die die Statistiken der Zeilenpunkte zeigt, wird Rumänien nach wie vor dargestellt. Man sieht jedoch, dass sein Profil nicht länger zur Festlegung der Achsen herangezogen wird, weshalb die Werte in den Spalten „Beitrag des Punktes an der Trägheit der Dimension" für beide Dimensionen den Wert Null annehmen.

Übersicht über Zeilenpunkte

		Wert in Dimension			Beitrag				
					des Punktes an der Trägheit der Dimension		der Dimension an der Trägheit des Punktes		
cntry	Masse	1	2	Übersicht über Trägheit	1	2	1	2	Gesamtü bersicht
DE-W	,106	-,344	,026	,015	,177	,004	,842	,005	,847
Italien	,116	,071	-,028	,005	,008	,005	,113	,017	,130
Spanien	,115	,217	,226	,014	,077	,307	,380	,413	,794
USA	,151	,200	,008	,010	,085	,000	,592	,001	,593
Schweden	,119	-,360	,076	,021	,217	,036	,721	,033	,754
Polen	,110	,100	-,335	,015	,016	,640	,073	,820	,893
DE-O	,123	-,352	-,024	,018	,216	,004	,829	,004	,833
Rumänien	,197	,362	-,104	,055	,000	,000	,471	,039	,510
Türkei	,161	,299	,024	,016	,203	,005	,877	,006	,883
Aktiver Gesamtwe	1,000			,116	1,000	1,000			

a. Ergänzungspunkt
b. Normalisierung mit Zeilen-Prinzipal

Durch die neuen Achsen wird die Inertia des Profilpunktes von Rumänien zu 51% erklärt; in der Analyse mit Rumänien als aktivem Profil waren es ca. 96%. Wie verändert sich die Struktur der Länderprofile? – Die erste Achse wird nun wesentlich von West- und Ostdeutschland sowie Schweden einerseits, der Türkei andererseits bestimmt. Maßgeblich für die zweite Achse sind Polen und Spanien.

Die Übersicht über die Spaltenpunkte zeigt eine inhaltliche Verschiebung des Musters der Erziehungsziele. Die erste Dimension bleibt im Wesentlichen unverändert. Für die zweite Dimension wird nun „Fester religiöser Glaube" das wichtigste Ziel, während „Selbstlosigkeit" und „Gehorsam" stark an Bedeutung verlieren. Diese Dimension erscheint nicht besonders gut interpretierbar.

Übersicht über Spaltenpunkte

ziel	Masse	Wert in Dimension		Übersicht über Trägheit	Beitrag				
					des Punktes an der Trägheit der Dimension		der Dimension an der Trägheit des Punktes		
		1	2		1	2	1	2	Gesamtübersicht
Unabhängigkeit, Selbständigkeit	,123	-1,056	,086	,011	,137	,001	,914	,002	,915
Hart arbeiten	,096	1,646	1,729	,027	,260	,287	,679	,204	,883
Verantwortungsgefühl	,177	-,263	-,072	,002	,012	,001	,511	,011	,522
Phantasie, Vorstellungsvermögen	,066	-1,232	,744	,011	,100	,037	,644	,064	,708
Andere achten, tolerant sein	,170	-,133	-,067	,002	,003	,001	,120	,008	,128
Sparsamkeit	,087	-,591	-1,457	,007	,030	,185	,301	,498	,799
Entschlossenheit, Durchhaltevermögen	,095	-,911	,465	,008	,079	,021	,708	,050	,759
Fester religiöser Glaube	,059	1,815	-2,372	,023	,196	,335	,591	,275	,866
Selbstlosigkeit	,061	1,102	1,226	,013	,074	,092	,391	,132	,522
Gehorsam	,066	1,279	-,796	,012	,108	,042	,651	,069	,719
Aktiver Gesamtwert	1,000			,116	1,000	1,000			

a. Normalisierung mit Zeilen-Prinzipal

Auch mit Rumänien als zusätzlichem Profilpunkt erscheint eine eindimensionale Lösung am besten geeignet.

Literaturverzeichnis

Akremi, Leila / Ziegler, Markus (2007): Skalenkonstruktion nach Mokken für mehrdimensionale-Variablenstrukturen. Ein Anwendungsbeispiel mit SPSS. Reihe: Bamberger Beiträge zur empirischen Sozialforschung. Band 14.
Alemann, Heine von (1984): Der Forschungsprozess. Eine Einführung in die Praxis der empirischen Sozialforschung. 2., durchgesehene Auflage. Stuttgart: B. G. Teubner.
Angele, German (2006): SPSS 13 für Windows. Eine Einführung. Bamberg: Schriftenreihe des Rechenzentrums der Otto-Friedrich-Universität Bamberg. http://www.uni-bamberg.de/fileadmin/ uni/service/rechenzentrum/serversysteme/dateien/spss/skriptss2006.pdf.
Asher, Herbert B. (1983): Causal Modeling. Beverly Hills / London / New Delhi: Sage Publications.
Atteslander, Peter / Cromm, Jürgen / Grabow, Busso (2000): Methoden der empirischen Sozialforschung. Berlin: De Gruyter.
Bacher, Johann (2000): A Probabilistic Clustering Model for Variables of Mixed Type. In: Quality and Quantity, Vol. 34, 223-235.
Bacher, Johann / Wenzig, Knut / Vogler, Melanie (2004): SPSS TwoStepCluster – A First Evaluation. Universität Erlangen-Nürnberg, Arbeits- und Diskussionspapiere des Lehrstuhls für Soziologie, Arbeitspapier 2004-2, http://www.opus.ub.uni-erlangen.de/opus/volltexte/2004/81/.
Backhaus, Klaus / Erichson, Bernd / Plinke, Wulff / Weiber, Rolf (2006): Multivariate Analysemethoden. Eine anwendungsorientierte Einführung. Berlin / Heidelberg / New York u. a.: Springer.
Baltes-Götz, Bernhard (1997): Korrespondenzanalyse mit SPSS. Universitäts-Rechenzentrum Trier, AWS.SPSS.7 http://www.uni-trier.de/fileadmin/urt/doku/ka/ka.pdf .
Baltes-Götz, Bernhard (2006): Logistische Regressionsanalyse mit SPSS. (Universitäts-Rechenzentrum Trier. <http://www.uni-trier.de/urt/user/baltes/docs/logist/logist.pdf>. (28.12.06).
Baur, Nina (2003): Wie kommt man von den Ergebnissen der Faktorenanalyse zu Dimensionsvariablen? Eine Einführung in die Dimensionsbildung mit SPSS für Windows. Reihe: Bamberger Beiträge zur empirischen Sozialforschung. Band 13.
Baur, Nina (2003a): Takeoff der Auswertung. Zur Vorbereitung statistischer Analysen. Reihe: Bamberger Beiträge zur empirischen Sozialforschung. Band 5.
Baur, Nina / Fromm, Sabine (Hrsg.) (2004): Datenanalyse mit SPSS für Fortgeschrittene. Ein Arbeitsbuch. Wiesbaden: VS Verlag.
Baur, Nina (2004a): Das Ordinalskalenproblem. In: Baur, Nina / Fromm, Sabine (Hrsg.) (2004): Datenanalyse mit SPSS für Fortgeschrittene. Ein Arbeitsbuch. Wiesbaden: VS Verlag. 191-202.
Baur, Nina (2004b): Univariate Statistik. In: Baur, Nina / Fromm, Sabine (Hrsg.) (2004): Datenanalyse mit SPSS für Fortgeschrittene. Ein Arbeitsbuch. Wiesbaden: VS Verlag. 134-156.
Baur, Nina (2004c/2008): Kontrolle von Drittvariablen für bivariate Beziehungen. In: Baur, Nina / Fromm, Sabine (Hrsg.) (2008): Datenanalyse mit SPSS für Fortgeschrittene. Ein Arbeitsbuch. Wiesbaden: VS Verlag. 291-313.
Baur, Nina / Lamnek, Siegfried (2006): Multivariate Analysis. In: Ritzer, George (Hrsg.) (2006): The Blackwell Encyclopedia of Sociology. Blackwell Publishing Ltd. .
Baur, Nina / Lamnek, Siegfried (2007): Variables. In: Ritzer, George (Hrsg.): The Blackwell Encyclopedia of Sociology. Blackwell Publishing Ltd. 3120-3123.
Beck-Bornholdt, Hans-Peter / Dubben, Hans-Hermann (2003): Der Hund, der Eier legt. Erkennen von Fehlinformationen durch Querdenken. Reinbek: Rowohlt.
Beck-Bornholdt, Hans-Peter / Dubben, Hans-Hermann (2003a): Der Schein der Weisen. Irrtümer und Fehlurteile im täglichen Denken. Reinbek: Rowohlt.
Beck-Bornholdt, Hans-Peter / Dubben, Hans-Hermann (2006): Die Bedeutung der statistischen Signifikanz. In: Diekmann, Andreas (Hrsg.) (2006): Methoden der Sozialforschung. Wiesbaden: VS-Verlag. 61-74.

Behnke, Joachim / Behnke, Nathalie (2004): Kurs zur Wissenschaftstheorie. Kurs Nr. 33206 der Fernuniversität Hagen.
Behnke, Joachim / Behnke, Nathalie (2004a): Kurs zur Statistik. Kurs Nr. 33208 der Fernuniversität Hagen.
Behnke, Joachim / Behnke, Nathalie (2006): Grundlagen der statistischen Datenanalyse. Eine Einführung für Politikwissenschaftler. Wiesbaden: VS-Verlag.
Behnke, Joachim / Behnke, Nathalie / Baur, Nina (2004): Empirische Methoden der Politikwissenschaft. Paderborn: Ferdinand Schöningh. .
Benninghaus, Hans (2002): Deskriptive Statistik. Eine Einführung für Sozialwissenschaftler. 9., überarbeitete Auflage. Wiesbaden: Westdeutscher Verlag.
Blasius, Jörg / Winkler, Joachim (1989): Gibt es die „feinen Unterschiede"? Eine empirische Überprüfung der Bourdieuschen Theorie. In: KZfSS, 01/89. 72-94.
Bleymüller, Josef / Gehlert, Günther / Gülicher, Herbert (1998): Statistik für Wirtschaftswissenschaftler. 11. Auflage. München: Verlag Franz Vahlen. 139-162.
Blossfeld, Hans-Peter / Hofmeister, Heather (Hrsg.) (2006): Globalization, Uncertainty and Women's Careers: An International Comparison. Cheltenham (UK) / Northampton (MA): Edward Elgar.
Bortz, Jürgen (1989): Statistik für Sozialwissenschaftler. Berlin / Heidelberg: Springer.
Bortz, Jürgen / Döring, Nicola (2002): Forschungsmethoden und Evaluation für Human- und Sozialwissenschaftler. 3., überarbeitete Auflage. Berlin u. a.: Springer.
Bourdieu, Pierre (1982): Die feinen Unterschiede. Kritik der gesellschaftlichen Urteilskraft. Frankfurt/M.
Brosius, Felix (2005): SPSS-Programmierung. Effizientes Datenmanagement und Automatisierung mit SPSS-Syntax. Bonn: MITP-Verlag.
Brosius, Felix / Brosius, Gerhard (1996): SPSS. Base System and Professional Statistics. Bonn u. a.: Thomson.
Brosius, Hans-Bernd / Koschel, Friederike (2001): Methoden der empirischen Kommunikationsforschung. Eine Einführung. Wiesbaden: Westdeutscher Verlag.
Cabena, Peter / Hadjinian, Peter / Stadler, Rolf / Verhees, Jaap / Zanasi, Alessandro (1997): Discovering Data Mining. From Concept to Implementation. Upper Saddler River (NJ): Prentice Hall.
Clauß, Günter / Ebner, Heinz (1982): Statistik. Für Soziologen, Pädagogen, Psychologen und Mediziner. Band 1: Grundlagen. 4. Auflage. Thun / Frankfurt am Main: Harri Deutsch.
Cortina, Jose M. / Nouri, Hossein (2000): Effect Size for ANOVA Designs. Thousand Oaks / London / New Delhi: Sage.
Creswell, John W. (1998): Qualitative Inquiry and Research Design. Choosing Among Five Traditions. Thousand Oaks / London / New Delhi: Sage.
DeMaris, Alfred (1992): Logit modeling: practical applications. (= Sage University Paper series on Quantitative Applications in the Social Sciences, 07-086). Newbury Park, CA: Sage. 42-59.
Diaz-Bone, Rainer; Künemund, Harald (2003): Einführung in die binäre logistische Regression. (=Freie Universität Berlin, Fachbereich Politik und Sozialwissenschaften, Institut für Soziologie: Mitteilungen aus dem Schwerpunktbereich Methodenlehre, Heft Nr. 56). Berlin 2003. <http://www.rainer-diaz-bone.de/Logreg.pdf> .
Diekmann, Andreas (2000): Empirische Sozialforschung. Grundlagen, Methoden, Anwendungen. Reinbek: Rowohlt.
Engel, Uwe (2002): Methoden der empirischen Sozialforschung in Forschung und Lehre. In: Soziologie. Forum der Deutschen Gesellschaft für Soziologie. Heft 2 / 2002. 78-89.
Esser, Hartmut (1999): Soziologie. Allgemeine Grundlagen. Frankfurt a. M. / New York: Campus.
Esser, Hartmut (2002): Wo steht die Soziologie? In: Soziologie. Forum der Deutschen Gesellschaft für Soziologie. Heft 4. 20-32.

Ferstl, Otto K. / Sinz, Elmar J. (2001): Grundlagen der Wirtschaftsinformatik. Band 1. 4., überarbeitete und erweiterte Auflage. München: Oldenbourg.
Flick, Uwe (2002): Qualitative Sozialforschung. Eine Einführung. 6., vollständig überarbeitete und erweiterte Ausgabe. Reinbek: Rowohlt.
Flick, Uwe / Kardoff, Ernst von / Steinke, Ines (Hrsg.) (2000): Qualitative Sozialforschung. Ein Handbuch. Reinbek: Rowohlt.
Friede, Christian / Schirra-Weirich, Liane (1992): Standardsoftware – Statistische Datenanalyse SPSS/PC +. Eine strukturierte Einführung, Reinbek: Rowohlt.
Friedrichs, Jürgen (2006): Methoden empirischer Sozialforschung. Wiesbaden: VS-Verlag.
Fromm, Sabine (2005): Binäre logistische Regressionsanalyse. Eine Einführung für Sozialwissenschaftler mit SPSS für Windows. Reihe: Bamberger Beiträge zur empirischen Sozialforschung. Band 11.
Gabler, Siegfried (1993): Die graphische Darstellung in der Korrespondenzanalyse.In: ZUMA-Nachrichten 32, Jg. 17, Mai 1993. 22-37.
Gigerenzer, Gerd (1981): Messung und Modellbildung in der Psychologie. München / Basel: Ernst Reinhardt Verlag.
Gigerenzer, Gerd (1999): Über den mechanischen Umgang mit statistischen Methoden. In: Roth, Erwin / Holling, Heinz (Hrsg.) (1999): Sozialwissenschaftliche Methoden. Lehr- und Handbuch für Forschung und Praxis. 5.Auflage. München / Wien: R. Oldenbourg. 607-618.
Gigerenzer, Gerd / Krüger, Lorenz / Beatty, John / Daston, Lorraine / Porter, Theodore / Swijtink, Zeno (1999): Das Reich des Zufalls. Wissen zwischen Wahrscheinlichkeiten, Häufigkeiten und Unschärfen. Heidelberg / Berlin: Spektrum Akademischer Verlag.
Girden, Ellen R. (1992): ANOVA. Repeated Measures. Newbury Park / London / New Delhi: Sage.
Greenacre, Michael (1993): Correspondence analysis in practice. London u.a..
Greenacre, Michael (1994): Correspondence Analysis and its Interpretation. In: Greenacre, Michael /Blasisus, Jörg (1994). 3-23.
Greenacre, Michael (2007): Correspondence Analysis in Practice, second edition. New York: Chapman & Hall.
Greenacre, Michael / Blasius, Jörg (Hrsg.) (1994): Correspondence analysis in the social sciences. London u.a.
Hardy, Melissa A. (1993): Regression with dummy variables. (= Sage University Paper series on Quantitative Applications in the Social Sciences, 07-093). Newbury Park, CA: Sage.
Hartung, Joachim / Elpelt, Bärbel (2005): Multivariate Statistik. Lehr- und Handbuch der angewandten Statistik. München: Oldenbourg.
Hartung, Joachim / Elpelt, Bärbel / Kösener, Karl-Heinz (2002): Statistik. München: Oldenbourg.
Hocking, Ronald R. (1996): Methods and Applications of Linear Models. Regression and the Analysis of Variance. New York u.a.: John Wiley & Sons.
Iversen, Gudmund R. / Norpoth, Helmut (1976): Analysis of Variance. Reihe: Sage University Papers. Quantitative Applications in Social Sciences. Herausgegeben von Richard G. Niemi und John L. Sullivan. Band 1. Beverly Hills / London: Sage.
Jaccard, James (2001): Interaction Effects in Logistic Regression. (= Sage University Paper series on Quantitative Applications in the Social Sciences, 07-135). Newbury Park, CA: Sage.
Jann, Ben (2002): Einführung in die Statistik. München / Wien: Oldenbourg.
Kaiser, Henry F. (1974): An Index of Factorial Simplicity. In: Psychometrika. Band 39. 31-36.
Kim, Jae-On / Mueller, Charles W. (1978): Factor Analysis. Statistical Methods and Practical Issues. Newbury Park / London / New Delhi: Sage Publications.
Knobloch, Bernd (2001): Der Data-Mining-Ansatz zur Analyse betriebswirtschaftlicher Daten. In: Informationssystemarchitekturen. Heft 8 (2001). 59-116. http:// www.seda.wiai.uni-bamberg.de/mitarbeiter/knobloch/publ/ Knob01a.pdf.
Knobloch, Bernd / Weidner, Jens (2000): Eine kritische Betrachtung von Data-Mining-Prozessen. Ablauf, Effizienz und Unterstützungsotentiale. In: Jung, R. / Winter, R. (Hrsg.) (2000): Date Warehousing 2000. Methoden, Anwendungen, Strategien. Heidelberg: Physica. 345-365

http://pda15.seda.sowi.uni-bamberg.de/ceus/papers/ [KnWe00].pdf.
Kolbe, Wiebke (2002): Elternschaft im Wohlfahrtsstaat. Schweden und die Bundesrepublik im Vergleich 1945 – 2000. Frankfurt a. M. / New York: Campus.
Krämer, Walter (2001): Statistik verstehen. Eine Gebrauchsanweisung. München / Zürich: Piper.
Krämer, Walter (2006): Statistik: Vom Geburtshelfer zum Bremser der Erkenntnis in den Sozialwissenschaften. In: Diekmann, Andreas (Hrsg.) (2006): Methoden der Sozialforschung. Sonderheft 44 der KZfSS. Wiesbaden: VS-Verlag. 51-60.
Krishnaiah, Paruchuri R. (Hrsg.) (1980): Handbook of Statistics 1: Analysis of Variance. Amsterdam u.a.: North-Holland.
Kristof, Ariane (1995): Datenvisualisierung. Neuere Entwicklungen der explorativen graphischen Datenanalyse mittels metrischer Skalierungsverfahren, Pfaffenweiler.
Kromrey, Helmut (2006): Empirische Sozialforschung. Stuttgart: UTB.
Kühnel, Steffen-M.; Krebs, Dagmar (2001): Statistik für die Sozialwissenschaften. Reinbek: Rowohlt.
Küsters, Ulrich (2001): Data Mining und Methoden: Einordnung und Überblick. In: Hippner, H. / Küsters, U. / Meyer, M. / Wilde, K. D. (Hrsg.) (2001): Handbuch Data Mining im Marketing – Knowledge Discovery in Marketing Databases. Wiesbaden: Vieweg Verlag, 95-130. http://www.ku-eichstaett.de/Fakultaeten/WWF/Lehrstuehle/WI/Lehre/dm_v/Sections/content/DM%203.pdf (20.1.2004).
Lewis-Beck, Michael S. (1980): Applied Regression. An Introduction. London / Beverly Hills: Sage.
Lück, Detlev (2003): Datenaufbereitung. Arbeitsschritte zwischen Erhebung und Auswertung quantitativer Daten. Reihe: Bamberger Beiträge zur empirischen Sozialforschung. Band 21.
Maier, Jürgen / Maier, Michaela / Rattinger, Hans (2000): Methoden der sozialwissenschaftlichen Datenanalyse. Arbeitsbuch mit Beispielen aus der Politischen Soziologie. München / Wien: Oldenbourg.
Mardia, Kanti V. (1980): Tests of Univariate and Multivariate Normality. In: Krishnaiah, P.R. (Hrsg.) (1980): Handbook of Statistics 1: Analysis of Variance. Amsterdam u.a.: North-Holland. 279-320.
Mayer, Martin (2001): Data Mining mit genetischen Algorithmen. http://www.sagenhaftwasda nochrausgeht.de.
Mayntz, Renate / Holm, Kurt / Hübner, Peter (1978): Einführung in die Methoden der empirischen Soziologie. 5. Auflage. Opladen: Westdeutscher Verlag.
Meulemann, Heiner (2000): Quantitative Methoden. Von der standardisierten Befragung zur kausalen Erklärung. In: Soziologische Revue. Sonderheft 5. 217-230.
Müller-Schneider, Thomas (1994): The Visualization of Structural Change by Means of Correspondence Analysis. In: Greenacre, Michael /Blasius, Jörg (1994). 267-279.
Pfau-Effinger, Birgit (1999): Welfare Regimes and the Gender Division of Labour. In: Christiansen, Jens / Koistinen, Pertti / Kovalainen, Anne (Hrsg.) (1999): Working Europe. Reshaping European Employment Systems. Aldershot u. a.: Ashgate. 69-96.
Pötter, Ulrich / Rohwer, Götz (2002): Methoden sozialwissenschaftlicher Datenkonstruktion. Weinheim / München: Juventa.
Reynolds, Henry T. (1989): Analysis of Nominal Data. Newbury Partk / London / New Delhi: Sage.
Roth, Erwin (Hrsg.) (1987): Sozialwissenschaftliche Methoden. Lehr- und Handbuch für Forschung und Praxis. 2., unwesentlich veränderte Auflage. München / Wien: R. Oldenbourg.
Royston, Patrick (1982): An Extension of Shapiro and Wilk's Test for Normality to Large Samples. In: Applied Statistics. Band 31. Heft 2. 115-24.
Sahai, Hardeo / Ageel, Mohammed I. (2000): The Analysis of Variance. Fixed, Random and Mixed Models. Boston u.a.: Birkhäuser.
Schlittgen, Rainer (1990): Einführung in die Statistik. Analyse und Modellierung von Daten. München / Wien (2. Auflage).

Schnell, Rainer (1986): Missing-Data-Probleme in der empirischen Sozialforschung. Inaugural-Dissertation zur Erlangung des akademischen Grades eines Doktors der Sozialwissenschaft an der Ruhr-Universität Bochum – Abteilung Sozialwissenschaft.
Schnell, Rainer (1997): Nonresponse in Bevölkerungsumfragen. Ausmaß, Entwicklung und Ursachen. Opladen: Leske + Budrich.
Schnell, Rainer / Hill, Paul B. / Esser, Elke (1995): Methoden der empirischen Sozialforschung. München: Oldenbourg.
Schulze, Gerhard (1997): Messung: Postulate und Forschungspraxis. Paper 10 zum HS „Daten und Theorie I". WS 2001/2002. Otto-Friedrich-Universität Bamberg: Unveröffentlichtes Seminarpaper.
Schulze, Gerhard (1998): Skalierungsverfahren in der Soziologie. Paper 12 zum HS „Daten und Theorie I". WS 1997/1998. Otto-Friedrich-Universität Bamberg: Unveröffentlichtes Seminarpaper.
Schulze, Gerhard (1998a): Zur Kritik der klassischen Testtheorie. Paper 13 zum HS „Daten und Theorie I". WS 1997/1998. Otto-Friedrich-Universität Bamberg: Unveröffentlichtes Seminarpaper.
Schulze, Gerhard (1998b): Multivariate Analyse nichtmonotoner Syndrome. Paper 5 zum HS „Daten und Theorie II". SS 1998. Otto-Friedrich-Universität Bamberg.
Schulze, Gerhard (2000): Die Interpretation von Ordinalskalen. Paper 2 zum HS „Forschung und soziologische Theorie II". SS 2000. Otto-Friedrich-Universität Bamberg: Unveröffentlichtes Seminarpaper.
Schulze, Gerhard (2002): Einführung in die Methoden der empirischen Sozialforschung. Reihe: Bamberger Beiträge zur empirischen Sozialforschung. Band 1. Bamberg.
Schulze, Gerhard (2002a): Das Modell der klassischen Testtheorie in Grundzügen. Paper zum soziologischen Forschungspraktikum 2002/2003 an der Otto-Friedrich-Universität Bamberg. Bamberg 2002.
Schulze, Gerhard (2002b): Faktorenanalyse in Grundzügen. Paper zum soziologischen Forschungspraktikum 2002/2003 an der Otto-Friedrich-Universität Bamberg. Bamberg 2002.
Schulze, Gerhard (2002c): Regressionsanalyse im Überblick. Paper zum soziologischen Forschungspraktikum 2002/2003 an der Otto-Friedrich-Universität Bamberg. Bamberg 2002.
Schur, Stephen G. (1994): The Database Factory. Active Database for Enterprise Computing. New York u. a.: John Wiley.
Shapiro, Sam S. / Wilk, M.B. (1965): An Analysis of Variance Test for Normality (Complete Samples). In: Biometrika. Band 52. 591-611.
SPSS Inc. (2001ff.): SPSS Command Syntax Reference (jeweils zu jeder SPSS-Version).
Stuber, Ralph (2003): Data Preprocessing – Datenvorverabeitungsschritte des Prozessmodells. erstellt am 16.01.2003, DIKO-Projekt an der Universität Oldenburg. http://www.diko-project.de/dokumente/ausarbeitungen/stuber.pdf (20.1.2004).
Thurstone, Luis Leon (1945): Multiple Factor Analysis. Chicago: University of Chicago Press.
Überla, Karl (1977): Faktorenanalyse. Eine systematische Einführung für Psychologen, Mediziner, Wirtschafts- und Sozialwissenschaftler. 2. Auflage. Berlin / Heidelberg: Springer-Verlag.
Vogel, Friedrich (1975): Probleme und Verfahren der numerischen Klassifikation unter besonderer Berücksichtigung von Alternativmerkmalen, Göttingen: Vandenhoeck und Ruprecht.
Vogel, Friedrich (Hrsg.) (1995): Hierarchisch-agglomerative Klassifikation von Merkmalsträgern. Programmpaket KOMIXH. Bamberg.
Vogel, Friedrich (Hrsg.) (1995a): Iterative Klassifikation von Merkmalsträgern. Programmpaket KOMIXI. Bamberg.
Vogel, Friedrich (1997): Studienskript Parametrische und nichtparametrische (verteilungsfreie) Schätz- und Testverfahren. Bamberg: Otto-Friedrich-Universität Bamberg.
Vogel, Friedrich (2000): Beschreibende und schließende Statistik. Formeln, Definitionen, Erläuterungen, Stichwörter und Tabellen. 12., vollständig überarbeitete und erweiterte Auflage. München: Oldenbourg.

Vogel, Friedrich; Dobbener, Reinhard (1980): Ein Streuungsmaß für komparative Merkmale. Bamberg.

Vollhüter, Sabine (o. J.): Korrespondenzanalyse - ein multivariates Verfahren zur numerischen und graphischen Darstellung von Daten verschiedener Skalenniveaus, (unveröffentl. Diplomarbeit an der Universität Bamberg).

Wellhöfer, Peter R. (1997): Grundstudium Sozialwissenschaftliche Methoden und Arbeitsweisen. Eine Einführung für Sozialwissenschaftler und Sozialarbeiter / -pädagogen. 2., überarbeitete und erweiterte Auflage. Stuttgart: Ferdinand Enke Verlag.

Wildt, Albert R. / Ahtola, Olli T. (1978): Analysis of Covariance. Beverly Hills / London: Sage.

Wittenberg, Reinhard / Cramer, Hans (2003): Datenanalyse mit SPSS für Windows. Stuttgart: Lucius & Lucius.

Zöfel, Peter (2002): SPSS- Syntax. Die ideale Ergänzung für effizientes Arbeiten. München: Pearson Studium.

Umfassender Überblick zu den Speziellen Soziologien

> Profunde Einführung in grundlegende Themenbereiche

Georg Kneer /
Markus Schroer (Hrsg.)
**Handbuch
Spezielle Soziologien**

2010. 734 S. Geb. EUR 49,95
ISBN 978-3-531-15313-1

Das „Handbuch Spezielle Soziologien" gibt einen umfassenden Überblick über die weit verzweigte Landschaft soziologischer Teilgebiete und Praxisfelder. Im Gegensatz zu vergleichbaren Buchprojekten versammelt der Band in über vierzig Einzelbeiträgen neben den einschlägigen Gegenstands- und Forschungsfeldern der Soziologie wie etwa der Familien-, Kultur- und Religionssoziologie auch oftmals vernachlässigte Bereiche wie etwa die Architektursoziologie, die Musiksoziologie und die Soziologie des Sterbens und des Todes.

Damit wird sowohl dem interessierten Laien, den Studierenden von Bachelor- und Masterstudiengängen als auch den professionellen Lehrern und Forschern der Soziologie ein Gesamtbild des Faches vermittelt. Die jeweiligen Artikel führen grundlegend in die einzelnen Teilbereiche der Soziologie ein und informieren über Genese, Entwicklung und den gegenwärtigen Stand des Forschungsfeldes.

Das „Handbuch Spezielle Soziologien" bietet durch die konzeptionelle Ausrichtung, die Breite der dargestellten Teilbereichssoziologien sowie die Qualität und Lesbarkeit der Einzelbeiträge bekannter Autorinnen und Autoren eine profunde Einführung in die grundlegenden Themenbereiche der Soziologie.

Erhältlich im Buchhandel oder beim Verlag.
Änderungen vorbehalten. Stand: Juli 2011.

Einfach bestellen:
SpringerDE-service@springer.com
tel +49 (0)6221 / 3 45 – 4301
springer-vs.de

GPSR Compliance
The European Union's (EU) General Product Safety Regulation (GPSR) is a set of rules that requires consumer products to be safe and our obligations to ensure this.

If you have any concerns about our products, you can contact us on

ProductSafety@springernature.com

In case Publisher is established outside the EU, the EU authorized representative is:

Springer Nature Customer Service Center GmbH
Europaplatz 3
69115 Heidelberg, Germany

www.ingramcontent.com/pod-product-compliance
Lightning Source LLC
Chambersburg PA
CBHW071718100426
42873CB00016B/327